揭開
穆斯林世界

伊斯蘭共同體概念
是如何形成的？

The Idea
of the
Muslim World

A Global
Intellectual History

賈米勒・艾丁 著
Cemil Aydin

江孟勳、苑默文 譯

獻給茱莉安、萊拉和梅赫塔普

導讀 《揭開穆斯林世界》和全球知識史給我們的啓示

中央研究院歷史語言研究所副研究員　吳孟軒
賴炣姸／翻譯

我不是研究「穆斯林世界」的專家，但我的學術經歷和個人生活都與之有深刻的交集。二〇〇一年，高中畢業的我隻身從臺灣搬往紐約市就讀大學。當新學期正要展開之際——那是開學第一週——劫機者迫使民航客機撞向了世貿中心大樓。猶記得那日我站在宿舍頂樓上，一面看著遠方大樓竄出的火苗和陣陣濃煙，一面想著自身該如何理解這場災難性的事件。從各種層面回顧往事，也許我之所以決定研究全球宗教史和跨文化互動史，都源自於那令全世界震動的一刻。

九一一之後迎來的是一個混亂的局面，社會上充斥著衝動、浮誇的言辭：小布希總統（President George W. Bush）援引基督教經文喚醒大眾對抗恐怖主義所代表的「邪惡」；校園同學間也散布著「反伊斯蘭情緒」（Islamophobic）的言論。美國的大眾媒體帶出新的輿論風向，人們開始重新閱讀薩謬爾．杭亭頓（Samuel P. Huntington）《文明衝突與世界秩序的重建》（*The Clash of Civilizations and the Remaking of World Order*），他著作的理論框架合於時事的論調，即伊斯蘭、西方和亞洲的文明根源走在碰撞的軌跡上。接下來的幾個月，柏納．路易斯（Bernard Lewis）這位同為支持「西方」與伊斯蘭世界之間水火不容的評論人，在頗具影響力的《大西洋月刊》（*The Atlantic Monthly*）上發表了〈哪裡出了錯？〉（"What Went Wrong?"），他將恐怖行動歸咎於伊斯蘭世界缺乏自由。同年稍後，他將這篇文章擴展成一本書的篇幅，旋即登上暢銷書排行榜，成為一時之選；儘管當時也有人指出，這部著作也成為了隨後美國入侵伊拉克、發起「伊拉克自由行動」的知識基石。回到課堂上，我很幸運地遇到了幾位教授，他們教我如何批判性地評估和定位這些論述，並指派我們探討八〇年代路易斯與愛德華．薩依德（Edward Said）在《紐約書評》（*The New York Review of Books*）之間的辯論。但要將這種細膩思路轉化為現實，是極具挑戰性的：在我所加入的反戰左翼圈子中，討論主要圍繞著對美國帝國主義的批評。當我們確實思考蓋達組織和其他伊斯蘭聖戰主義團體的根源時，我們主要用他們的故事來抨擊美帝主義，或點出美國國內政策的過失致使未能將移民融入美國夢。唉！假如時光能夠倒流，我多希望在九一一事件後立刻就有像賈米勒．艾丁（Cemil Aydin）這樣非凡的學者，用他精彩的論著引導我們度過那段混沌蒙昧的時期。

但正如艾丁所述，這本書不可能在二〇〇一年的時空背景下問世——這本書是在歷經九一一事件後論辯的淘洗，以及二〇一四年ＩＳＩＳ崛起進入全球公眾視野的背景下寫成的。再次談及一點我個人的歷史，二〇一四年，完成博士學位後，我在巴黎的一所美國大學找到了第一份教職。我和我的太太才剛抵達那裡不久，兩名與蓋達組織有聯繫的法國公民攻擊了諷刺報紙——《查理週刊》（*Charlie Hebdo*）的總部，造成十二人死亡。隨後，幾名伊斯蘭主義者攻擊了一間當地的猶太超市。次年十一月，一場裡應外合的襲擊又造成了一百三十多人死亡。即視感乍現，只是那時候，我成為了課堂上的老師。學生們向我提出許多我難以回答的問題，像是：「為什麼這些人覺得他們需要藉由攻擊一個劇院來捍衛伊斯蘭？」然後，再一次地，我多麼希望我們在二〇一五年十一月事件發生後，馬上就有賈米勒・艾丁，以他曠世的著作來引導我們度過那段時光。

為什麼這本書是幫助我們關照現世處境的寶貴指南？首先，它能夠對伊斯蘭主義者和伊斯蘭恐懼症者兩造給予一個細膩而成熟的回應。對伊斯蘭主義者來說，艾丁表明「穆斯林世界」的概念是一個晚近、現代的發明，與伊斯蘭主義者聲稱正在努力重構的歷史性*Ummah*（穆斯林共同體）無關。對於反伊斯蘭情緒患者而言，艾丁向他們展示了「穆斯林世界的統一性」本身就是一個神話；它是在種族、國籍和差異的迷戀中，於十九世紀歐洲帝國主義計畫的核心鍛造而成。艾丁的中心論點提醒我們，「穆斯林世界」應以多樣性為標誌；相反地，真正聯合伊斯蘭主義者和反伊斯蘭情緒患者的共識，是兩造對單一穆斯林世界神話信仰的膜拜。

為了證明他的觀點，艾丁具啟發性地運用全球知識史為方法，向讀者展示這種「共識」究竟如何形成。全球知識史在二〇一〇年左右興起，象徵著歷史學領域將部分野心挹注於全球和跨國史轉向。學者們意識到有必要開展出超越單一國家界限的思想和智慧，拓展視野，以便探討全球尺度的互動和交流如何促進人類思想和發展。雖然過去學者們長期從事跨文化的「文明」比較，但全球知識史學家們試圖利用知識史，來檢查全球串聯如何影響、甚至加劇思想傳播。艾丁是握有這項史家技藝的大師：他放眼全球，從伊斯坦布爾到巴黎，再從突尼斯到印度，書中廣泛引介歷史人物並帶領讀者來往穿梭，一步步沙盤推演出晚近穆斯林世界的思想。艾丁的全球史方法還向我們展示了思想本身的不穩定性和流動性，以及這股動能如何成為爭論的場域，又如何被不同的歷史行動者廣泛運用於各自的目的和論述中。例如，他展示了反穆斯林的基督教傳教士和穆斯林改革者，都分別在同一個時期裡推進了穆斯林世界觀，以促成他們的現代化宏圖。

更重要的是，艾丁的全球知識史對今日的我們仍深具啟示意義。此時此刻，二〇二四年四月，我正提筆撰寫這篇導讀，以色列－加薩戰爭已持續了半年，有超過三萬三千人死亡，其中大多數是婦女和兒童。就在上週，伊朗發動了一系列對以色列的導彈和無人機攻擊；以色列已承諾報復。再一次地，「穆斯林世界」與「西方」捲入了一場世界歷史性的大戰。艾丁在書中所言提醒了我們，這些衝突的主要動力是地緣政治。如果「西方」和「穆斯林世界」都是神話構造，那麼它們之間並不存在根本的矛盾。而這正是我們希望的所在：如果這些都是政治衝突，那麼，就有政治可解決的方案。

寫於二〇二四年四月十九日

中文版序

當我收到江孟勳博士的電子郵件，得知他正在把《揭開穆斯林世界》一書翻譯成中文時，我十分激動。很感謝臺灣商務印書館邀請了研究穆斯林社會的優秀學者進行翻譯，他們能夠公允地處理一些細微的術語，這些術語涉及了全球歷史背景下有關穆斯林世界的種族、地緣政治和文明觀念的政治含義變化。

但令我尤其興奮不已的是，這本書被翻譯成了中文。我在書中提出的一些論點，關於亞洲和亞洲主義觀點的歷史的內容，可以因此更容易被中文讀者理解。在二十世紀最初二十年裡，現代中國的知識分子和公眾們是透過亞洲文明、亞洲團結的術語來想像他們在這個全球化、以歐洲為中心的世界定位，以及他們對平等和正義的人文主義願景。孫中山等中國領導人認為，亞洲人之間的團結以及與亞洲穆斯林的團結，是結束不平等和帝國主義、實現中國人和亞洲其他地區人民解放的一步。我認為孫中山於一九二四年在神戶發表的「大亞洲主義」演說，是對亞非國際主義政治複雜性的最佳反映之一，我在課堂上使用這篇演說的內容，來向我的學生解釋為什麼非歐洲社會會利用亞洲、非洲和穆斯林世界的觀念，來試圖重塑世界秩序，實現自由和正義。孫中山提到了土耳其獨立戰爭的成就和穆斯林世界的民族主義覺醒，還為他的日本讀者提供了亞洲團結的解放和進步願景。然而，孫中山神戶演說後二十年間，東亞的局勢發展表明了日本帝國如何劫持了亞洲團結的解放願景，並利用這份願景來為自身的不公正統治和占領行為加以辯護。

因此中文讀者可以瞭解到，亞洲人的身分認同以及創造亞洲團結的地緣政治願景並非亙古不變且自然的，它形成於十九世紀末，被不同的國家、帝國和民族主義運動為不同的政治項目而重新塑造和利用。儘管穆斯林世界這種現代觀念，是和我們看到非洲文明和亞洲文明這種當代觀念同時出現的，但人們普遍錯誤地認為穆斯林世界是「溫瑪（*Ummah*）」觀念的現代翻譯，而它自先知穆罕默德時代以來就始終是穆斯林思想史的一部分。本書的其中一項主要目標，就是標舉出「穆斯林世界」這一理念在文明、地緣政治和種族敘事中的現代性、發明性和當代性，以及去想像、推動這股理念背後的強大動力如何可以拿來和想像「亞洲世界」和「非洲世界」的動力進行類比。

在此之前，我曾寫過一本關於泛亞洲主義與泛伊斯蘭主義之間比較的專著（《亞洲反西方主義政治》〔*Politics of Anti-Westernism in Asia*〕，哥倫比亞大學出版社，二〇〇七年）。然而我意識到，記者和學者著作中對穆斯林世界理念的自然性和宗教根源的信念仍然根深蒂固，這往往助長了對穆斯林的再種族化，將他們對不平等國際秩序的正義訴求與穆斯林世界與基督教西方之間的永恆衝突劃上等號。不幸的是，在今天仍能看到這種敘事框架的例子，比如歐美媒體將以巴衝突描述為猶太或猶太／基督教世界與伊斯蘭／穆斯林世界之間的衝突。我希望能夠澄清「文明衝突」或「穆斯林世界與西方基督教世界的狹路相逢」等地緣政治術語的現代根源，以便我們對世界各地為權利和正義而進行的鬥爭有更深一層的認識。

一些穆斯林書評人認為我對穆斯林團結和文明神話的批評過於嚴厲和不公平，指出我應該更進一步論述被壓迫社會渴望團結與合作的解放和進步潛力。我同意這一建議，事實上，從日本、中國到埃及、土耳其，孫中山都是這樣看待亞洲各國團結的。一本以中文為基礎、看待穆斯林世界視角的書，藉由現代中國的經驗和歷史記憶，重新思考穆斯林社會在不平等的歐洲中心主義世界秩序中的現代歷史，可以為當代關於世界混亂原因的爭論提供重要的啟示。透過這本著作，我希望我們能從歷史角度來理解，為什麼被歐美帝國殖民或遭受不平等帝國主義待遇的亞洲、非洲、拉丁美洲社會需要發展亞非拉和伊斯蘭文明的敘事來反駁西方和白人至上的意識形態，以及為什麼他們相信亞非拉和穆斯林世界內部和之間的地緣政治聯盟。讓我們帶著對自身歷史經驗的反思，來看待這些我們用來理解世界秩序中不平等術語的發展源流，這麼做可以讓我們發展出更具感染力的語言來解釋這些問題，並解決它們。我希望我們能夠超越文明衝突話術的局限和扭曲，來解釋世界上發生的事件。

然而我也注意到，不同文明類型的說法，以及非洲世界、亞洲世界和穆斯林世界認同和團結的地緣政治思想，在過去十年間變得更加強大了。如今，給世界上已然發生的事件賦予地緣政治性論述的做法已經復興，其中的一個原因是歐美政治人物和知識分子在談論中國經濟崛起、俄國入侵烏克蘭和巴勒斯坦問題時態度傾向保守，擁護「歐洲白人性」（Eurowhiteness）[1]和西方文明優越論。因此，歐美關於西方文明道德優越性的新語言，加上他們對待非西方社會的持續虛偽作為，可能會重新吸引亞非穆斯林世界團結一致的理想。即便如此，當代公眾仍有必要了解他們用來解釋動盪世界事務的這些關鍵術語的誕生和演變歷史，而不是對它抱持一種天然和必然的假設。這將使得人們能夠在相互合作中想像一個更美好、更不同的世界，而不是將當前的衝突視為認同政治無止盡循環的結果。

目錄

緒論：穆斯林世界是什麼？

在當今的世界上，有大約有五分之一的人口是穆斯林。穆斯林社會分布在全球各個角落，它們的語言、種族、政治意識形態、民族、文化和財富各不相同，但在整個現代史的進程中，穆斯林和非穆斯林都在呼籲一種想像中的全球穆斯林大團結。然而，你只要看看新聞標題，就會發現這種團結實際上並不存在：今天，正是那些聲稱代表所有穆斯林說話的人把其他穆斯林當作他們的敵人；穆斯林社會比以往任何時候都更加分裂，內戰和跨國界的長期衝突使得穆斯林社會四分五裂。即便如此，穆斯林大團結的錯覺卻依然存在。

這種錯覺在普遍流行的「穆斯林世界」的概念中得到了扼要的呈現。這個詞彙有著自己的集體歷史和未來，經常與假定的「西方」形成對比。但我們很少會去質疑這些詞彙固有的歷史根源和既定概念。政治領袖、知識分子和普通人是從什麼時候開始談論穆斯林世界的呢？這個詞彙是如何涵蓋文明、宗教傳統和地緣政治單元的呢？為什麼那些認為穆斯林世界的存在是理所當然的人們，不願意以同樣的方式談論基督宗教世界、非洲世界或佛教世界呢？把多樣化的十五億人口歸類在一個想像的統一體裡顯然是幼稚的，但為什麼穆斯林世界作為一個整體的概念仍會如此根深蒂固呢？

巴拉克・歐巴馬總統於二〇〇九年在開羅發表一場「致穆斯林世界」的演講時，他實際上也肯定了一個當代流行的假設，亦即存在著一個美國需要與之互動的全球穆斯林社群。[1] 歐巴馬當時正試著彌補美國的形象，因為小布希總統的反恐戰爭讓美國在穆斯林心中的形象大為受損。為此，歐巴馬讚揚了穆斯林在代數、醫學、航海和印刷等領域的歷史貢獻。他還批評了美國人對穆斯林信仰傳統的負面成見。他提到了這些傳統中正向的道德價值觀，並讚揚了美國穆斯林。這是在他提出美國政府對美國與不同穆斯林社會之間政治緊張關係的看法之前，給出的一點甜頭。這是種奇怪的表態。難道美國與中國談論政治爭端之前，也會去提中國對東亞文明、佛教和儒學的貢獻嗎？這麼做是可被接受的嗎？甚至是明智的嗎？

與歐巴馬和其他許多所謂的西方人一樣，穆斯林領袖和知識分子也依賴著「穆斯林世界」的概念，同時闡述一個有著數百萬人的多元地緣政治、文明和宗教傳統。大約在歐巴馬總統發表演講的二十年前，一九八八年一月，伊朗的阿亞圖拉・魯霍拉・何梅尼（Ayatollah Ruhollah Khomeini）代表穆斯林世界給戈巴契夫寫了一封信，敦促這位蘇聯領導人不要被西方資本主義誤導，要學習伊斯蘭的精神和政治價值觀。何梅尼在信的最後宣稱：「伊朗伊斯蘭共和國作為伊斯蘭世界最偉大、最有力量的基地，可以輕而易舉地填補你們社會中宗教信仰的真空。」[2] 我們怎麼會走到這一步，讓一個虛幻的實體如此存在，在政治思想中如此盛行呢？為什麼這麼多的穆斯林和非穆斯林政治領袖、知識分子和宗教人士，都把「穆斯林世界」這一概念不假思索地作為他們許多論點和決策的基礎，而不反思這一術語所代表的概述是否準確呢？

與普遍的假設迴異，「穆斯林世界」一詞並非源於「溫瑪」（*Ummah*，一個與伊斯蘭一樣古老的概念，指穆斯林宗教的社群）。相反地，「穆斯林世界」這一概念是在十九世紀開始成形，並在一八七〇年代達到鼎盛。同樣錯誤的是，有人認為在國族主義（nationalism，或譯民族主義）意識形態和歐洲殖民主義撕裂穆斯林之前，穆斯林曾是一個大一統的實體。事情恰恰與此相反，實際上，**直到**十九世紀晚期歐洲霸權達到巔峰時，穆斯林才開始想像自己是屬於一個全球的政治統一體；當時穆斯林悲慘的被殖民境遇、歐洲關於穆斯林種族劣等的論調，以及穆斯林關於自身明顯衰落的理論，孕育出泛伊斯蘭團結的最初論點。換句話說，穆斯林世界是伴隨著帝國全球化及隨之而來的人類種族排序而到來的。伊斯蘭的種族化（the racialization of Islam），與伊斯蘭被轉化成普世統一的宗教傳統、國際政治中的一股力量以及文明論述中的獨特對象等過程，是息息相關的。這一政治戰略和知性工作推動了這種新現實的創造，而穆斯林和歐洲基督徒都參與其中。

第一次世界大戰前夕是全球穆斯林團結的高潮。一九一四年秋天，歐斯曼帝國（the Ottoman Empire，或譯鄂圖曼土耳其帝國）蘇丹利用他作為全球穆斯林社群的哈里發所具有的權威，代表穆斯林世界宣布發動吉哈德（*jihad*，奮戰）。然而即使在當時，在歐斯曼帝國的敵國境內——英國、法國、荷蘭和俄羅斯帝國，仍有穆斯林大加表達對這些敵國的忠誠。接下來十年，穆斯林和非穆斯林對穆斯林世界的概念產生了巨大的變化。在國族主義和布爾什維克主義等現代化意識形態有可能取代其他政治形式的時代，一九二四年歐斯曼帝國哈里發政權的廢除，激發了對穆斯林世界認同的自我反思和辯論。

第二次世界大戰期間，軸心國和同盟國都在尋求穆斯林的支持，因此穆斯林世界的概念仍然是帝國宣傳的核心。但之後的一九五〇年代和六〇年代是去殖民化的高峰期，穆斯林世界的論述逐漸衰落。沒有後繼者能夠像歐斯曼帝國那樣讓穆斯林世界站穩腳跟。印度的獨立和混亂的印巴分治削弱了印度穆斯林的影響力，一個世紀以來，他們一直透過對英國統治者施壓和勸說來左右全球事務。在此期間，很少有記者和學者將伊斯蘭教作為解釋世界政治的因素。

但這種情況並沒有持續下去。從阿以衝突到伊朗革命，相互關聯的政治事件讓人們於一九七〇和八〇年代再次見證了帝國時代萌生的泛伊斯蘭思維模式的復興。雖然當時穆斯林社會已經被五十多個後殖民的民族國家所分治，但是穆斯林世界又再一次地被視作一個地緣政治上的統一體。

在一九八〇年代，全球體系發生了翻天覆地的變化，但如何解釋這種百年老調重彈的現象呢？歐洲帝國在穆斯林社會的霸權已經消失了，歐斯曼帝國的哈里發統治不復存在，僅餘的只有那些民族國家。然而，穆斯林一統的論調保存了下來。這種論調透過穆斯林的種族化而再度浮現，並以後冷戰時期伊斯蘭意識形態的形式回歸。

穆斯林世界的地緣政治觀念從第一次世界大戰的巔峰時期一直延續至今，它並不是穆斯林社會內部共同歷史或亙古不變的意識形態產物。[3] 相反地，它在穆斯林社會與戰後歐洲帝國相遇時，具有編造文明和敘述地緣政治的作用，且會根據冷戰的迫切需要進行重構。

本書的核心目的是展示這些敘事的起源，並理解這些敘事在穆斯林世界與西方基督教世界並存的吸引力。因此，我對穆斯林世界的概念進行了批判性的系譜分析，展示了從十九世紀末開始，泛伊斯蘭主義者（pan-Islamists）和反伊斯蘭情緒患者（Islamophobes）如何利用穆斯林一統的假設、理想和威脅來推動各自的政治議程。他們為了自己的戰略目的，共同創造了穆斯林世界，並將其置於與西方的持久衝突之中。我希望，透過還原帝國時期的時空背景（關於伊斯蘭和西方世界簡要的觀念都是在這個背景下發展出來的），我們能夠體會到穆斯林世界的歷史偶然性，更加全面理解宗教認同在國際事務中的作用，並反思種族和地緣政治的交疊對於爭取權利和正義的限制。

★ ☾ ★

穆斯林世界的概念，與穆斯林是一個種族的說法密不可分。穆斯林世界與西方基督教世界的區別在一八八〇年代開始形成，當時大多數穆斯林和基督徒是居住在同一個帝國裡。將穆斯林視為種族上的劣等他者——這麼做需要同時強調其「閃族」的民族性和宗教差異——目的是為了剝奪和否認他們在歐洲帝國中的權利要求。穆斯林知識分子沒法駁斥穆斯林具有一些根本上的差異這一假設，但他們回應，他們與基督徒是平等的，理應享有權利和公平待遇。在第一次世界大戰和第二次世界大戰期間，同樣的穆斯林大一統和差異性概念為呼籲穆斯林形成單一全球共同體提供了一個正當論據。種族上的假設也確保了後來的從屬階級（subaltern）和國族主義者的權利訴求，以穆斯林團結和伊斯蘭教與西方之間持久衝突的慣用語彙為框架，從而產生了一九八〇年代及其後的伊斯蘭主義和反伊斯蘭情緒。

正是這種對穆斯林差異和穆斯林團結的闡述，使得當代的學術和非學術著作都傾向去強調穆斯林的例外論。其前提假設是，穆斯林因其虔誠及其信仰的本質，自然而然地抵制具獨立、多元特色的民族國家所形成的自由國際秩序。穆斯林對政治的態度被假定為不同於佛教徒、印度教徒、猶太教徒和基督徒，後者所屬的社會毋需用信仰傳統或文明認同來解釋。然而，這樣的穆斯林例外論是沒有根據和證據的。歐斯曼帝國、土耳其共和國、英國統治下的印度穆斯林、阿富汗、沙烏地阿拉伯王國、巴基斯坦、後殖民時期的埃及以及國王統治下的伊朗，都曾大力支持帝國主義和後來的國族主義世界秩序。在穆斯林占多數的社會中，伊斯蘭教在當代政治中表面上的重要性並非來自神學要求或穆斯林獨特的高度虔誠，而是來自帝國將「穆斯林性」加以種族化（racialization of Muslim-ness）的遺緒，以及穆斯林抵抗這種種族化身分認同的特定知性策略和政治策略。

對十九世紀下半葉的種族化和抵抗過程而言，帝國的地理分布和技術至關重要。蒸汽輪船和電報等新的交通和通信技術促進了穆斯林之間前所未有的聯繫，使歐洲及其殖民地的「穆斯林世界」這一地緣政治概念顯得自然且合理。這些技術帶動形成的網絡成為泛伊斯蘭思想的媒介，而這種思想是在與帝國種族主義的對抗過程中產生的。

帝國種族主義（Imperial racism）**並非**帝國本身。十九世紀和二十世紀初的穆斯林領袖和思想家大多不是反帝國主義者。相反地，他們在歐洲四大帝國——英國、荷蘭、法國和俄國

——內部尋求公平待遇。這些帝國都是多元種族和多元文化的（cosmopolitan arrangements），是各種族和宗教群體的家園。但是，歐洲各帝國共有的種族化法律分類、被殖民穆斯林臣民的培力策略以及帝國競爭中採用的策略，都是在確認而不是去挑戰穆斯林的差異，並確保穆斯林成為帝國整體中的一個獨立階級。英國統治著世界上近一半的穆斯林，因此在引導泛伊斯蘭思想的發展方面扮演著特別重要的角色。英國人對叛亂的恐懼和壓迫政策尤其引發了穆斯林的特別反應。同時，穆斯林明白，他們人數眾多，對帝國的忠誠度極高，這使他們握有真正的影響力。

因此，穆斯林的團結具有重要的戰略意義。歐斯曼帝國的蘇丹們作為現代最強大的穆斯林統治者和穆斯林聖地的監護者，享有全球穆斯林社會領袖的特殊地位。他們利用這一優勢，宣稱對全球穆斯林擁有精神上的主權，並在與英國和其他歐洲帝國的政治爭鬥中利用這一影響力。為了尋求競爭優勢，各帝國也不擇手段，利用全球穆斯林團結的理念來削弱對手，為與對手結盟尋找理由，並加強宣傳攻勢。

帝國時代的進步帶來了財富的增長和知識的復興，受益者包括基督教政權下的穆斯林臣民。印刷和蒸汽船等技術條件為穆斯林思想和出版業帶來了流動性和生產力。女性權益、教育和經濟活動狀況都得到改善。[4] 然而到了二十世紀初，把穆斯林歸類為傾向於反抗白人全球霸權的劣等有色人種，這一傾向引起了殖民地都市裡的多疑氛圍，並衍生出壓迫行為和穆斯林自己的受害者情緒。

十九世紀晚期的穆斯林知識分子曾採取一系列策略來應對種族化下的不平等。透過闡述伊斯蘭文明的概念，這些改革者試圖提升穆斯林的地位，從而對抗劣等種族的說法——如果不是源自種族差異本身的話。伊斯蘭文明理念的先驅們將穆斯林社會的價值觀、理想和成就與作為信仰傳統本身的伊斯蘭區分開來，但這些先驅認為，伊斯蘭文明受到了伊斯蘭信仰價值觀的啟發。這使得人們重新關注非宗教性的穆斯林哲學、藝術和文化創作的「黃金時代」。

改革者的目標是使伊斯蘭教與現代性相容。法國歷史學家和哲學家埃赫內斯特．赫農（Ernest Renan）等人聲稱伊斯蘭教與現代科學不相容，改革派作家反駁，伊斯蘭教與現代理性和進步的標準是一致的。穆斯林創造的文明就是證據。現代主義改革者強調安達魯斯（al-Andalus，穆斯林西班牙）的穆斯林歷史是伊斯蘭對歐洲貢獻的標誌，為阿維羅伊（Averroes，伊本．魯什德）和阿維森納（Avicenna，伊本．西納）在全球科學和醫學史上開闢了一席之地。討論伊斯蘭文明與世界史、歐洲史的關係，成為了每個穆斯林社會知性生活的標誌。

但是，這種透過維護伊斯蘭文明敘事來反駁穆斯林較為劣等的策略，只會強化歐洲的種族論述，在這種論述中，穆斯林因其宗教和傳統而團結，也因其宗教和傳統而與其他人區分開來。穆斯林對伊斯蘭文明的思考和書寫創造出一種抽象概念，將麥加與爪哇和塞內加爾、伊斯坦堡與撒馬爾罕和德里等地聯繫在一起。這種單一的穆斯林文明敘事導致了對世界性穆斯林帝國的失憶，而這些帝國並不能被簡單化約為單一的文明模式。穆斯林與印度教徒、猶太教徒、佛教徒、薩滿、信仰基督宗教的阿拉伯人、希臘人、亞美尼亞人以及其他族群數個世紀的共同經歷也被忽視了。

改革者旨在提升伊斯蘭歷史當中的非宗教特徵，讓非穆斯林能夠平等視之，同時他們還試圖利用自己的信仰傳統來實現新的目的，透過將伊斯蘭教的各種傳統整合為一個可與基督宗教相比的單一性世界宗教，來重新塑造伊斯蘭教。穆斯林現代主義者聲稱，如果伊斯蘭的真正精神得到恢復，那麼伊斯蘭就可以成為受害的、衰落的穆斯林世界復興的工具。作為一個與科學相容的普世宗教追隨者，穆斯林也加以吸收並回應歐洲的世俗意識形態，如啟蒙運動、社會達爾文主義和進步觀。

為了給這一新的世界宗教帶來統一而系統性的意義，現代主義學者嚴格專注於文本，他們聲稱可以從文本中推導出超越文化、時間和地點差異的伊斯蘭精髓。當然，長期以來，穆斯林在文本詮釋方面有著豐富的傳統。無數的爭論，例如嘎扎利（Ghazali）對哲學的批判和阿維羅伊堅持啟示與理性相和諧的回應，讓人們清楚看到了透過解讀來理解真主旨意時的長期糾葛和人們對宗教文本的爭論。但改革者們採取了一種新穎的方法。他們不重視民間性的穆斯林習俗，但從歷史上看，這些習俗與文本學術一樣，都是伊斯蘭意義的組成部分。十九世紀晚期的穆斯林知識分子撰寫了《伊斯蘭的精神》（*The Spirit of Islam*）、《伊斯蘭與進步》（*Islam and Progress*）、《伊斯蘭的興衰》（*The Rise and Decline of Islam*）、《基督宗教與伊斯蘭》（*Christianity and Islam*）、《伊斯蘭中的婦女權利》（*Women's Rights in Islam*）等精練化的書籍。早期穆斯林的學術研究曾避免這樣的概括化，並保有多樣性傳統；它們會把多元的穆斯林習俗慣例揉合在一起，然後批評它們是不純潔的，或是乾脆就忽略這些習俗。[5] 至於十九世紀的穆斯林社會，多樣性實際上並不比以前少，但改革菁英們希望加以重塑，將伊斯蘭教的內容和原則固定下來，以建立一個能夠賦予穆斯林權力的統一體。

從賽義德·阿赫瑪德汗（Syed Ahmad Khan）、賽義德·阿米爾·阿里（Syed Ameer Ali）和穆罕默德·阿布杜（Muhammad Abduh）到拉須德·理達（Rashid Rida）、沙基布·阿爾斯蘭（Shakib Arslan）和穆罕默德·阿薩德（Muhammad Asad），兩個世代的現代穆斯林知識分子的著作中展現了這一改革過程。他們所啟發的團結思想不僅跨越了信仰上的差異，還跨越了過去十分廣泛的政治和道德議程。對奴隸制的態度就是一個很好的例子。十九世紀中葉，突尼西亞統治者阿赫邁德・拜伊（Ahmet Bey）禁止奴隸制，穆斯林學者以伊斯蘭教法（*Sharia*）為依據，為此禁令進行了辯護。但他們的推論並不是反映出一種鐵板一塊（monolithic）的伊斯蘭統一原則。可以合理推斷，埃及和參吉巴爾（Zanzibar，或譯桑吉巴爾）的伊斯蘭教法學者可能會做出不同的裁決。在歐斯曼帝國禁止奴隸貿易後，奴隸貿易最終在穆斯林統治的國家裡消失了，而且沒有任何關於奴隸制的伊斯蘭教法普遍性規定主張出現。但是，在不到一個世紀的時間裡，歐洲和美國的阿赫瑪迪亞（Ahmadiyya）穆斯林傳教士們就談到了伊斯蘭對種族主義和奴隸制的明確禁止，這與基督教對種族歧視的縱容形成鮮明對比。

於是，隨著時間的推移，十九世紀將伊斯蘭定位為開明和寬容——因此穆斯林在種族上與西方統治者平等——的目標形塑出抽象的伊斯蘭概念，為二十世紀初的穆斯林改革主義和泛伊斯蘭思想提供了核心內容。穆斯林現代主義的這一策略的目的原本是打破種族劣等的看法，闡明穆斯林在全人類中的歸屬感，卻反而助長了僵化的東方主義觀念，即穆斯林在本質上不同於其他人的觀念。諷刺的是，在殖民地和後殖民背景下，這種假設進一步使穆斯林社會種族化了。

儘管歷史學家能夠在種族化與改革下所想像出的穆斯林世界中區分出固有地緣政治、文明和宗教的知識和話語模式，但這些模式全都緊密交織在一起。基督教傳教士和世俗理論家（如赫農）都認為，穆斯林信仰本身的缺陷使其文明變得衰弱，而這合理化了帝國的存在。因此，世俗穆斯林改革者透過重寫科學史和哲學史（通常與地緣政治無關）來做出回應，而神學改革者則透過新的宗教注釋來回應。他們試圖駁斥基督教傳教士的主張和社會達爾文主義，但在某些情況下，他們也同意上述主張，接受了穆斯林衰落的說法，並重新解釋了《古蘭經》和其他宗教文本，敦促信徒透過道德改良來獲得救贖。[6]

這段十九世紀和二十世紀的歷史有助於揭示當今穆斯林世界主流政治敘事中的謬誤——既包括穆斯林想像的政治，也包括非穆斯林想像的伊斯蘭政治。穆斯林例外論的文獻依賴於一個本質化的概念，認為西歐是國族主義、民主和進步的；與之形成鮮明對比的是一個保守的、反國族主義的哈里發國家，而這個哈里發國家則是透過選擇性解讀伊斯蘭主義者對西方現代性的批判和對穆斯林傳統的重新定義而產生的。穆斯林和非穆斯林通常都認定，現代歐洲在《西發里亞條約》（*Treaty of Westphalia*）確立了國家主權的概念，之後隨著歐洲中心主義價值觀的擴展被視為普世價值，散布到世界各地。當今的一些跨國伊斯蘭主義政治計畫和認同的主張，則以無國界穆斯林世界的名義挑戰了西發里亞國家邊界。

但是，這種關於現代西方與伊斯蘭世界相遇的敘事缺乏歷史感，其奠基在關於西方和穆斯林世界構成的迷思上。實際上，在殖民時期之前或在殖民期間，穆斯林的政治觀點既可以像維多利亞女王那樣具有帝國主義色彩，也可以像甘地那樣具有國族主義色彩，還可以像列寧那樣具有社會主義色彩。在帝國主義者和改革者發明了一統的伊斯蘭的時代，這些穆斯林可以是無政府主義者、女權主義者及和平主義者。他們與歐洲人一樣具有現代意識。十九世紀中葉以後的穆斯林政治願景，包括泛伊斯蘭主義，反映的不是歷久不衰的傳統，而是穆斯林思想史與從帝國時代到當代國族國家時期國際秩序轉變之間的特殊糾葛。

★ ☾ ★

我從二〇〇八年開始研究這一課題，當時我正在反思九一一事件後國際事務中有關伊斯蘭的爭論。然而，即使是到了二〇一二年，我也無法想像今天由ＩＳＩＳ組織控制的伊拉克和敘利亞地區會出現一個自封的哈里發國。ＩＳＩＳ的號召對世界各地潛在的追隨者具有吸引力，也有阻礙性。同時，歐洲和美國的反伊斯蘭情緒持續將ＩＳＩＳ領導人及其穆斯林受害者歸類為同一種族和文明統一體的成員。

ＩＳＩＳ的哈里發只是一幅具諷刺意味的示意圖，但它卻要求人們承認其所謂的正統。

今天自稱哈里發的阿布・巴克爾・巴格達迪（Abu Bakr al-Baghdadi）是否知道歐斯曼帝國最後幾任哈里發的文化習俗呢？比方說，阿布杜・哈米德二世（Abdulhamid II），或是阿布杜・馬吉德（Abdulmecid），他們都欣賞歐洲作曲家的歌劇，並按照帝國宮廷的風格為其女兒們繪製肖像畫。這位所謂的哈里發是否知道，穆斯林統治者曾驕傲地佩戴基督教領袖授予他們的勳章，並投桃報李地給予對方同樣的榮譽？與此相似，順尼派和什葉派的政治分裂如今也被錯誤地說成對穆斯林的生活至關緊要。敘利亞和伊拉克的對手們相互鼓吹穆斯林團結的理念，但他們是否意識到，什葉派和順尼派的區別在二十世紀初的歐洲帝國世界並無政治意義，當時的什葉派和順尼派穆斯林都指望歐斯曼帝國的哈里發作為他們的精神領袖和世界舞台的代表。

這些危險的錯誤彰顯出一些問題。我們必須細緻且透徹地解讀歷史，來解決這些問題。包括「溫瑪」和「哈里發體制」（caliphate）等詞彙現在所代表的實踐，為何與一百年前如此不同？以及第一次世界大戰到現在、當今的穆斯林問題與其帝國歷史之間有哪些敘事和歷史聯結？

透過密切關注「穆斯林世界」的敘事在這一百五十年間的演變，我們可以看到，穆斯林世界的概念和認識論從帝國時代轉移到了後殖民時代。每一代人都為這些概念和思維方式賦予新的政治涵義。歐斯曼蘇丹阿布杜．哈米德二世、巴勒斯坦託管地（Mandate Palestine）的哈吉．阿明．胡賽尼（Haj Amin al-Husseini）、沙烏地阿拉伯國王費瑟（King Faisal bin Abdulaziz bin Saud）和伊朗的何梅尼有著不同的政治目標，但他們都依賴於一個相似的框架，也就是「想像的穆斯林世界」與「基督教西方世界」的關係。同樣地，儘管赫農和後來的學者，比方說阿諾德．湯恩比（Arnold Toynbee）和薩謬爾．杭亭頓（Samuel Huntington）表達了不同的政治見解，但他們都有一個相同模板，亦即一個有別於西方的種族、文明和地緣政治的穆斯林世界。正是在這個由許多人在十九世紀晚期建立，並在此後不斷翻新的劇場中，上演著當代的衝突；它不是由永恆的宗教理論所形塑，而是由偶然的政治和觀念所建構的。

第一章

十九世紀前的帝國式溫瑪

提普蘇丹（Tipu Sultan）需要盟友。一七九八年，印度南部邁索爾（Mysore）的蘇丹想把英國東印度公司從自己的領土上趕出去，但他缺乏單槍匹馬實現願望的力量。當他向法國統治者（先是法國王室，後是共和國）尋求援助時，提普蘇丹提到以雙方結盟來對抗共同的敵人——大英帝國。當他向歐斯曼帝國蘇丹塞里姆三世（Sultan Selim III）尋求同樣的援助時，他是以穆斯林團結的名義提出這個要求的。除了軍事援助外，他還能從歐斯曼帝國的支援中漲其聲勢，有利於他與境內其他穆斯林對手展開競爭。

但伊斯坦堡的蘇丹並不像提普所期望的那麼積極。提普口中的共同宗教和文化無法動搖歐斯曼人的戰略利益，因為他們正與英國和俄國結盟對抗拿破崙，後者剛剛入侵了歐斯曼帝國管轄的埃及。塞里姆不但沒有答應提普蘇丹的提議，還勸阻提普與法國合作，並敦促他與英國人講和。第二年，當戰爭降臨邁索爾時，共同的宗教信仰再次被證明不能成為穆斯林團結的因素：英國士兵與其他印度穆斯林國王（例如海德拉巴的尼扎姆）合作，藉著海德拉巴的軍隊和軍火，征服並掠奪了邁索爾。

提普痛苦地發現，穆斯林團結的理念在政治上是無力的。溫瑪和**穆斯林性**（Muslimness）的概念確實存在，但無論它們意味著什麼，都要再過將近一百年，才能激發出按照地緣政治或文明線劃分的全球穆斯林團結論述。[1]

這就是穆斯林帝國一千多年來的狀況。從十三世紀中期的蒙古擴張到拿破崙戰爭，穆斯林皇帝、國王、埃米爾和蘇丹統治著數百個歐亞大陸和非洲的不同王朝。穆斯林統治者之間的相互征伐，跟他們與非穆斯林作戰一樣頻繁，有時候穆斯林還和所謂的異教徒結盟。[2]現代穆斯林世界大團結的倡導者，如印度－巴基斯坦伊斯蘭主義者阿布・阿拉・毛杜迪（Abul Ala Maududi）和伊朗革命者阿里・沙里亞蒂（Ali Shariati），都傾向根據自己的政治利益來解讀這段歷史。有些人選擇性地美化歐斯曼帝國和蒙兀兒帝國的軍事成就，以激發一種愛國激情。另一些人則將世界性帝國的統治者形容為不虔誠的人，他們無法認識到增強全球穆斯林社群能力的必要性。[3]

這些歷史假定穆斯林有一種共同的、不變的政治想像，儘管它經常被自我膨脹的統治者所拋棄。然而，從七世紀到十八世紀穆斯林的實際政治經歷，呈現的是一個多元、競爭和變化的狀態；穆斯林世界的概念是後來才出現的，它與後來西方的文明敘事是一同發展起來的。[4]

早期穆斯林帝國：多樣性與綜合性

在十九世紀以前，溫瑪的概念不是按地域區分。它主張跨部落的親緣關係、共同的律法實踐和集體的末日願景——先知穆罕默德說過，在後世到來時，他會把他跨越時間的所有世代溫瑪召集起來，但是這並不代表要建立具體的政府，或在地圖上標明具體位置。溫瑪的成員既不居住在同一塊土地上，也不臣屬同一個政權。

即使穆斯林擴大了他們控制的領土，溫瑪的範圍也不一定是一個要考慮的問題。波斯、北非、中亞和南亞的居民逐漸皈依伊斯蘭，但穆斯林統治者並沒有試圖讓所有的臣民都皈依，更不用說讓全人類皈依了。穆斯林神學並不要求皈依是得救的先決條件。[5] 因此，穆斯林帝國的擴張並不導致穆斯林對其他信仰的人懷抱持續的、強烈的傳教熱情，對於有經書的子民——基督徒和猶太人尤其如此。

正是由於這種允許被征服者保持其傳統的意願，在整個歷史中，穆斯林統治的區域才如此多樣化。另一個因素是穆斯林自身的行為，他們遵循多種精神軌則，遵從各種律法學派，使用多種語言，來自不同的背景。世界各地的穆斯林**曾經**透過教育、貿易、朝聖、政治和親屬關係聯繫在一起，其產生連結的方式不僅僅是透過宗教，也不僅僅是透過與非穆斯林的集體競爭。然而，政治忠誠和自我認知主要並非是由全球宗教和文明的身分認同決定的。[6]

可以想像，相距遙遠的穆斯林之間以此交流，會促成全球團結。伊斯蘭宗教的書面文本和口頭傳述廣泛流傳。從印度到摩洛哥的瑪德拉沙（*Madrasas*，教育機構）都使用類似的教科書，並在《古蘭經》（*Qur'an*）、聖訓（*hadith*，先知穆罕默德的行誼傳統）、律法、語法和邏輯方面對學生進行培訓。伊斯蘭教法是律法，它的解釋者都非常尊重它，在穆斯林統治的地方，律法學者都擔任著重要的公民職務。傳授特定文本的老師都是有證書認證的，從而確保了與弟子之間跨越地域的縱向師承聯繫。[7]師承關係的系譜（*shajara*）勾勒出了一個由信眾和成員組成的跨歷史社群。例如，賽義德（*Sayyids*）和謝里夫（Sherifs）們，也就是先知穆罕默德經由胡塞因（Hussein）和哈桑（Hasan）的血脈傳續的孫輩們，他們生活在不同的穆斯林社會中，他們在各地傳教，將他們與伊斯蘭的歷史中心聯繫在一起。即使是生活在非穆斯林統治下的中國穆斯林，也有多個世代相傳的家族可溯源至阿拉伯半島。蘇非*和其他群體提供了精神、社會和個人的指引之道，此道可在任何地方被遵循。

但穆斯林並不侷限於學習伊斯蘭的基本教義、虔誠觀念和先知穆罕默德的生平故事。他

---

* 編者注：Sufis，伊斯蘭教的神祕主義，重視冥想、誦經等方法。

們還了解易布拉欣（亞伯拉罕）、穆薩（摩西）、努海（諾亞）、優素夫（約瑟）、爾薩（耶穌）和麥爾彥（瑪麗）的故事，諸般事蹟在《古蘭經》也有所講述。穆斯林政治菁英們熟悉伊斯蘭人物和歷史，就像熟悉亞歷山大大帝和成吉思汗、波斯寓言和印度故事一樣。許多深受穆斯林喜愛的故事，例如《科爾庫特之書》（*Dede Korkut*）、《列王記》（*Shahnameh*）和《賽義夫・穆魯克》（*Saif al-Muluk*），都無法溯源至宗教典籍。像《萊拉與馬吉農》（*Layla wa Majnun*）之類的愛情故事，與宗教法典一樣為穆斯林所熟知。賽義夫・穆魯克王子與仙女巴德魯・賈瑪勒（Badrul Jamal）的愛情故事、蓋斯（Qays）對萊拉（Layla）單相思的故事、《列王記》裡的波斯國王傳奇故事——這些故事都屬於一個不以文明和地緣政治劃分的世界。《科爾庫特之書》中的一些穆斯林英雄愛上了異教徒婦女，並讚美她們的美德。穆斯林醫生和數學家也同樣接觸到伊斯蘭傳統以外的知識，並為他們與古希臘和古埃及人之間的學科淵源感到自豪，他們從不將東方和西方進行簡化的二元區分。

對宗教文本和實踐方法的闡釋，會因當地的語言和背景而有所差異。[8]即使在單一文本律法傳統中，也存在著許多種聲音和闡釋空間，任何一個人都無法代表穆斯林世界和廣大的穆斯林信仰發言。[9]正因為穆斯林生活的地方是如此多樣，旅人們才會在各地尋找學術和精神知識。他們在旅途中共享了普世性的學識傳統。他們還注意到，儘管有共同的信仰傳統，但相距遙遠的穆斯林社群之間卻存在著明顯的差異。由於沒有類似於教會的中央機構來結合穆斯林，因此也沒有正統與非正統實踐之分。

穆斯林分布在眾多政治實體中，這些實體各自以其方式面對伊斯蘭信仰，並以不同的軌道推動伊斯蘭教的發展。穆斯林居住的地方在律法上被歸類為伊斯蘭境域（Darul Islam，穆斯林權威的領地）和異教徒之領地（Darul Harb，敵對的地方），前者是穆斯林統治者的領地，在這裡，穆斯林可以在統治者的保護下自由地實踐其信仰，後者是穆斯林缺乏律法保護、不安全的地方。此外，還有和平之地（Darul Aman），穆斯林在那裡雖然沒有統治權，但可以自由信教。例如，歷史上中國的穆斯林大多生活在非穆斯林君主的統治下，但他們並不認為中國人的帝國是戰爭之地，事實上，他們還會為這些帝國效力。許多穆斯林更喜歡把中國人的政權作為一種可能選項。相反地，在印度穆斯林王朝統治的人口中，穆斯林占少數，因此他們就必須相應地調整其法律的特性。但這些都是理論上的區分，與實情相去甚遠。穆斯林和非穆斯林的所在地並不存在有效的二元劃分，這也是合情合理的，因為「溫瑪」描述的是一個信仰群體，而不是一個地緣政治統一體。

在穆斯林統治的地方，政治菁英與非穆斯林結盟來對抗其他的穆斯林，這就像歐洲的基督徒與非基督徒結盟一樣，這種情形在理論上是被禁止的，但在現實中卻很常見。[10]不僅基督宗教統治者與穆斯林統治者結盟，十字軍王國最終也不得不容忍其治下的穆斯林宗教活動。

穆斯林統治者確實希望基督教臣民服從自己，因此他們採取一些做法，例如區分穆斯林和基督徒的服裝，這種做法似乎是在伊斯蘭境域和異教徒領地之間，或在伊斯蘭教和基督教之間劃定了嚴格的界限。但是，在區分穆斯林和非穆斯林的同時，歐斯曼帝國、薩法維帝國、蒙兀兒帝國和摩洛哥的統治者也讓猶太人、希臘人、印度教徒和亞美尼亞人在貿易、外交和政府官僚機構中擔任要職，這表明群體邊界是有互通性的。[11]地中海地區的穆斯林海盜稱他們的海盜行為為「海上吉哈德」，但他們也與非穆斯林合作，並共享基督教海盜的文化，這促進了他們頻繁地從一種信仰皈依另一種信仰。十六世紀歐斯曼帝國海軍一個很重要的部分，是由基督徒出身的地中海水手組成，他們和對手使用的是相同的語言。[12]鑑於現代以前穆斯林身分在理論和實踐上的多樣性，以及穆斯林與基督教之間的相互影響，我們無法在中世紀穆斯林與基督教的關係中找到現代伊斯蘭與西方分裂的種子。

早期穆斯林的政治生活也表明，哈里發的概念與溫瑪的概念一樣，無法支持當代穆斯林統一的主張。先知穆罕默德於西元六三二年去世後，最初的哈里發政權在麥地那相對較小的早期穆斯林社群中形成。不久之後，內部矛盾和外部影響便顯現出來。先知的孫子胡塞因及其同伴在卡爾巴拉戰役（battle of Karbala，西元六八〇年）中被伍麥亞王朝哈里發亞齊德（Yazid）殺害，穆斯林內部的暴力衝突達到了頂峰。到這個世紀末時，伍麥亞王朝已經吸收了拜占庭和波斯傳統的帝制措施。統治者們居住在豪華的宮殿中，並採用了其他帝國的制度和人才。最早的哈里發認為他們代表已故的先知，而一些親伍麥亞王朝的解釋者則認為哈里發代表「真主在大地上的影子」，這個解釋一如拜占庭對皇帝的釋義。在短短兩個世代裡，哈里發的概念就被重塑了。

伍麥亞王朝（西元六六一－七五〇年）和阿巴斯王朝（西元七五〇－一二五八年）都聲稱擁護單一穆斯林哈里發的理想，但這兩個王朝都表現出多樣化、大規模帝國的特徵。他們並沒有統治一個穆斯林統一體，而是試圖在名義上控制遙遠地區的許多民族，以實現不同的目的。阿巴斯王朝在十世紀失去了政治權威之後的三百年來，擁有強大軍隊的穆斯林蘇丹國和王朝（如塞爾柱王朝、加茲尼王朝和布依王朝）保護著巴格達軟弱的哈里發，以換取哈里發對其王國合法性的承認。在這一時期，哈里發的法律和政治理論不斷發展，但它從未完全接受穆斯林社會中存在競爭權力中心的現實。

西元一二五八年，實力衰弱的阿巴斯王朝最終被蒙古人擊敗，儘管阿巴斯王朝的一些後裔繼續聲稱自己是哈里發，但並不承擔任何政治責任。而儘管信仰穆斯林的蒙古統治者並未宣稱自己是哈里發，但他們確實尊重穆斯林的律法和道德規範，這也是他們在被征服的穆斯林前確立其統治正當的一種手段。

十三、十四世紀之交，蒙古和穆斯林政治傳統的結合重塑了「溫瑪」、「穆斯林權威領地」、和「哈里發」的含義，創造了持久的帝國遺緒。蒙古伊兒汗家族的統治者合贊汗（**Ghazan Khan**，卒於一三〇四年）是這種綜合體的源頭之一，他從小信仰基督教，但在一二九五年掌權之前皈依了伊斯蘭。合贊汗和他的穆斯林－蒙古繼任者完者都（**Öljeitü**，一三〇四－一三一七年在位）都試圖透過征服敘利亞的馬穆魯克（**Mamuluk**），從波斯往外擴張。但如何說服伊朗和伊拉克戰敗的穆斯林居民為蒙古軍隊作戰，或說服馬穆魯克上的穆斯林服從蒙古統治呢？合贊汗採用了「伊斯蘭之王」（*padishah al-Islam*）的稱號，並指出馬穆魯克人在入侵蒙古人統治的馬爾丁城（Mardin）時違反了各種穆斯林道德和律法規範，以此論證他對馬穆魯克人發動戰爭的必要性。西元一三〇〇年，合贊汗在取得軍事勝利後，在大馬士革的伍麥亞清真寺宣讀了和平與保護宣言，以此訴諸穆斯林的情感。他曾試圖向麥加派出了運送禮物和慈善物資的商隊，以改善自己作為穆斯林君主的形象，但遭到了馬穆魯克統治者的阻攔。

在敘利亞穆斯林眼中，合贊汗和後來的伊兒汗王朝的統治者們只要給予穆斯林合宜的待遇，就可以成為合法的統治者。這些統治者促進了地方秩序和穩定，並延續了成吉思汗的顯赫王朝血統。這些蒙古人不僅自己是穆斯林，而且還允許其子民實踐自己的宗教和律法，因此沒有什麼理由與他們作對。[13]

然而，對蒙古人而言，馬穆魯克王朝仍然是一個對手，他們試圖抵制穆斯林和蒙古傳統的結合，希望削弱人民對伊兒汗王朝的支持。可以說，他們發起了一場建立公共關係運動，灌輸穆斯林團結一致抵禦外來侵略的說法。因此，馬穆魯克法學家伊本·泰米亞（Ibn Taymiyyah，一二六三－一三二八年）發表了三篇反蒙古的教法解釋（*fatwa*，法特瓦），說明為什麼儘管伊兒汗國王皈依了伊斯蘭，軍隊中也有大量穆斯林士兵，但與伊兒汗軍隊作戰是正當合法的。透過類比穆斯林對基督徒將耶穌視為神的兒子所提出的批評，伊本·泰米亞對蒙古人將成吉思汗視為聖人的觀點提出了質疑。伊本·泰米亞譴責蒙古政府在一個相對中立的國家裡容忍宗教多樣性。他還嘲笑伊兒汗王朝的蒙古人給予薩滿巫師、基督教教士和穆斯林學者宗教自由和自治權，而不管他們的信仰傳統的真偽。[14]

在接下來的六個世紀中，歐亞大陸上由穆斯林統治的主要帝國繼承了合贊汗宗教融合的遺續，但並沒有摒棄伊本·泰米亞等學者的法學文本傳統。只要統治者能夠公正地保護其臣民的安全，並允許私人踐行伊斯蘭教法，那麼這個統治者如何取得權力並不重要。伊本·泰米亞和其他法學家關於善政的著作可能對一些穆斯林官員有所啟發，但沒有一個王朝是根據嚴格的文本解釋來治理社會的。一絲不苟遵循穆斯林律法規定的原教旨主義王國是不存在的。

帖木兒（Tamerlane）這個人是一位蘇非穆斯林，他曾驕傲地表示自己是成吉思汗和先知穆罕默德的後代，他才是蒙古和穆斯林政治理念結合的最佳代表。帖木兒及其繼承者以成吉思汗家族血統為榮，並將成吉思汗的多民族帝國視為典範，這一點表明了新的帝國願景。儘管如此，恰恰是成吉思汗的帝國入侵並摧毀了阿巴斯王朝的首都。帖木兒最重要的遺緒之一是他對國家機關的法律「札薩」（*yasa*）的強調，這種法律有別於伊斯蘭教法。這並不意味著對伊斯蘭教法的否定，但它確實有助於使此種統治不同臣民的世界性帝國擁有統治正當性。

蒙兀兒帝國、薩法維帝國和歐斯曼帝國的統治實踐有很大的差異，每個帝國內部也會隨著時間的推移而發生變動，但所有這些帝國都繼承了合贊汗和帖木兒的普世理念。十五世紀以後的穆斯林君主，如薩法維帝國的國王伊斯瑪儀（Shah Ismail）、歐斯曼帝國的蘇萊曼大帝（Suleiman the Magnificent）以及蒙兀兒帝國的統治者阿克巴（Akbar），他們的穆斯林身分不亞於阿巴斯王朝的哈里發，但他們的**政治**願景卻與先知穆罕默德之後的那三個世紀的哈里發大相逕庭。[15]

蒙兀兒和歐斯曼帝國的菁英階層在繼承王權實踐的基礎上建立了自己的帝國，同時也進行了自己的創新。他們可能接觸過有關穆斯林理想政治秩序的書面理論，但學者們從未就這一理想達成共識，也沒有政黨或意識形態的運動來闡明與宗教文本一致的政治制度。[16] 普世性穆斯林政治實踐最鮮明的例子之一是印度的蒙兀兒帝國，這個帝國的統治菁英們將國王的身體視為神聖的，其態度類似於對待一位蘇非聖人。這樣的態度，是將君主身分以救世主的角色去理解，按照這個觀點，蒙兀兒統治者不分宗教信仰，要為所有的臣民維持正義和秩序。[17]

在馬穆魯克王朝和歐斯曼帝國時期，哈里發的含義發生了進一步變化。西元十四和十五世紀，馬穆魯克帝國在開羅接待了阿巴斯王朝哈里發的殘部——他聲稱擁有宗教而非政治權力，並保護著穆斯林聖城麥加、麥地那和耶路撒冷。儘管馬穆魯克人從未宣稱要在單一哈里發的領導下建立一個溫瑪，但這種聲望使他們在與其他君主的外交互動中獲益匪淺。[18] 事實上，庇護一個無權的、象徵性的哈里發違反了所有早期著作中關於哈里發的論述。

將聖地和哈里發託付給馬穆魯克人並不能阻擋歐斯曼帝國於一五一七年入侵埃及，這導致了一個重要的穆斯林王國在另一個穆斯林王國手中的滅亡。與傳說相反，歐斯曼帝國蘇丹塞里姆並沒有試圖繼承哈里發的頭銜。一旦歐斯曼帝國接管了麥加和麥地那的保護權，塞里姆就為自己創造了一個新的合法頭銜：兩大聖城之僕。歐斯曼人在伊斯坦堡接待了最後一任阿巴斯王朝哈里發穆特瓦基爾三世（Mütevekkil III）長達十年之久，這使得繼承問題變得更加複雜。穆特瓦基爾回到開羅後仍然聲稱自己是哈里發，而歐斯曼帝國統治者對此沒有提出任何異議。

隨著阿巴斯王朝哈里發逐漸消亡，歐斯曼帝國蘇丹作為最強大的穆斯林統治者，被視為哈里發最具正當性的繼承者。[19]然而，蘇丹塞里姆和他的兒子蘇丹蘇萊曼將歐斯曼帝國的版圖擴展到了中東阿拉伯地區、歐洲和埃及，他們通常自稱為沙（Shah，帝王）和可汗（Khan）。在塞里姆之後，歐斯曼帝國的多位蘇丹都自豪地使用哈里發的頭銜，此外他們還使用大汗和帕迪沙（padishah，帝王）的君主頭銜，從未單獨使用哈里發的頭銜。[20]同時，歐斯曼帝國的蘇丹可以聲稱自己繼承了羅馬帝國並使用「凱撒」的頭銜，而不必擔心與蒙古人和穆斯林的帝國遺緒相牴觸。[21]對一個統治著人口組成多樣化且範圍廣大地區的帝國而言，統治正當性來自許多方面。

值得注意的是，歐斯曼帝國領土以外的穆斯林很少將伊斯坦堡的蘇丹視為溫瑪的唯一哈里發。[22]有很多規模更小的蘇丹國也會在追求其各自的政治目的時宣稱擁有哈里發的頭銜。

在十六世紀，摩洛哥蘇丹艾哈邁德·曼蘇爾（Ahmad al-Mansur）就沒有把歐斯曼帝國蘇丹的哈里發頭銜放在眼裡，他宣布自己是哈里發，並與英國結盟，一起對抗哈布斯堡王朝的西班牙。[23]

正如我們所見，一個僅以哈里發或溫瑪概念為基礎的穆斯林政治秩序並不存在，但這不妨礙穆斯林律法和信仰傳統下的習俗、規則和價值觀在各帝國之間傳遞、共享。例如，穆斯林有權前往麥加朝聖，儘管在十九世紀之前，能夠前往麥加朝聖的穆斯林比例很低。所有穆斯林統治者都或多或少尊重伊斯蘭教法關於商業與民事的解釋，儘管各地在應用上存在差異，這是理所當然的。在穆斯林統治者之間發生軍事衝突時，共同的律法和原則規範了戰爭行為以及戰俘與平民的待遇。因此，在開羅的歐斯曼戰俘和在歐斯曼帝國境內的馬穆魯克戰俘都可以訴諸伊斯蘭教法，以獲得更好的待遇。[24]即使橫跨三大洲的穆斯林社會沒有形成一個單一的經濟、律法或政治體系，但存在著一個「論述共同體」，在這個共同體中，人們共享類似的法律正當性和道德正確性觀念。[25]穆斯林信仰的在地化比其文本和菁英的解釋更為普遍。

然而，我們不應過分強調這些穆斯林內部連結的密集度和因果效應。波士尼亞穆斯林與東歐基督徒的文化和貿易聯繫自然多於與東南亞穆斯林的聯繫。中國和北非穆斯林與鄰國和區域性帝國的聯繫比彼此間的聯繫更為密切。在地中海、東南歐、高加索、南亞和東南亞地區，穆斯林總是與非穆斯林生活在一起，在政治、文化、經濟和日常生活中接受當地文化的薰陶。在地中海南部穆斯林占多數的港口城市，非穆斯林商人、居民甚至社群比比皆是，而在許多南亞城市，穆斯林的人數也次於占多數的印度教徒，位居第二。從非洲到東亞，人們可以發現穆斯林之間的相似處，但其多樣性和差異性，與其共通處和連結性同樣鮮明和重要。更重要的是，共同的宗教知識和實踐從來都不意味著全球範圍內的政治統一和團結。

在所有這些複雜多變的過程中，「溫瑪」作為一個抽象的宗教術語和理想中的概念依然存在。但其變體多種多樣，層出不窮。兩位穆斯林旅行家（一位來自十四世紀，另一位來自十七世紀）的著作，持續描繪了這個沒有文明和地緣政治統一概念的多樣化世界。

穆斯林學者兼探險家伊本・巴圖塔（Ibn Batuta，一三〇四－一三六八年）因其在穆斯林區和非穆斯林區的長途旅行而聞名於世。在某些人看來，記錄其旅途見聞的《遊記》（*Rihla*），呈現了阿巴斯王朝首都巴格達被蒙古人摧毀後穆斯林政治的多樣性和模糊性。在另一些人看來，伊本・巴圖塔的世界是統一的、無國界的穆斯林社會典範。[26] 但伊本・巴圖塔是怎麼想的呢？他在旅行中是否看到了這樣的一個穆斯林世界呢？

根據《遊記》裡的內容，伊本・巴圖塔從北非到中東、安納托利亞、印度和中國，橫跨國王、蘇丹和皇帝們的領地，行程達七萬五千英里。在他所到之處，伊本・巴圖塔與當地受過教育的穆斯林以阿拉伯語為紐帶聯結在一起。他還與十多位不同的穆斯林蘇丹交往，其中一些蘇丹曾讓他擔任大使和法官的職務。

但是，伊本・巴圖塔所遊歷的寰宇主義（cosmopolitanism）多元文化空間是有其界限的。他對於阿拉伯語（受過教育的穆斯林的語言）的依賴，限制了他對地方性穆斯林語言文學的理解，也限制了他對印度教、佛教、儒家思想和基督教傳統的接觸。伊本・巴圖塔的確造訪了很多非穆斯林的所在地，也會和非穆斯林交談，但他所講述的關於他們的故事缺少細節內容，不像他在描述他所遇到的一些會說阿拉伯語的非阿拉伯穆斯林時那般詳實。[27]也許是因為跨國穆斯林網絡和其他民族與習俗具有高度流通性，伊本・巴圖塔從來沒有在穆斯林世界和非穆斯林世界之間、伊斯蘭和基督教之間，或是伊斯蘭和西方之間做出簡單的區分。無論是對基督徒、印度教徒或是佛教徒，他都沒有一種具有威脅性的、疏離的文明的概念。實際上，對於伊本・巴圖塔而言，並不存在一個抽象的、全球化的穆斯林文明的概念。

後來的旅行家，歐斯曼帝國的埃夫里亞・切勒比（Evliya Çelebi，一六一一－一六八二年）更強調了伊本・巴圖塔曾經在穆斯林土地上發現的多樣性。在伊本・巴圖塔之後約三百年，埃夫里亞・切勒比將他的旅行範圍限定在他所效力的歐斯曼帝國境內。但這個帝國百分之四十以上的居民都是非穆斯林，切勒比的旅行日誌詳細而富有同情心地描述了他們的文化、語言和歷史。在穆斯林蘇丹的保護下，如此廣袤領土上，不同的人們和平生活，而他顯然感到自豪。他對陌生的風俗習慣充滿好奇，為讀者介紹了布爾薩（Bursa）的歌手和藝人、在麥加跳舞的阿比西尼亞（Abyssinian）女奴、阿爾巴尼亞（Albanian）穆斯林的兩個男性同伴公開展示的感情。儘管他意識到伊斯坦堡的一些人可能會認為這些習俗是可恥的，但他還是讓讀者明白，對於其他地方的穆斯林來說，這些習俗是正常的，是可以接受的。[28]

切勒比會說歐斯曼突厥語、阿拉伯語和波斯語，但他不侷限於這些主要的穆斯林語言，他還去學習了波蘭南部、羅馬尼亞和高加索地區的當地語言和故事。他對吸血鬼故事以及當地穆斯林和基督徒的詩歌非常著迷。他對各地的建築和學術研究進行了細緻的觀察，而不把當地居民的宗教信仰作為評價的依據。他認為自己作為一個穆斯林，背誦《古蘭經》的虔敬之心與對非穆斯林文化的尊重並不是矛盾的。

儘管切勒比認同自己是享有特權的穆斯林菁英階級成員，但他也將非穆斯林視為歐斯曼帝國秩序的一部分。對切勒比來說，「他者」並不是基督宗教或西方，而是特定的帝國，如哈布斯堡帝國和薩法維帝國。[29]與他同時代，但沒有親戚關係的卡提普．切勒比（Kâtip Çelebi，一六〇九－一六五七年）也寫了大量關於不同帝國和世界地理的文章，並留意歐洲人的海上航行以及關於東亞和美洲大陸的著作。雖然這兩位地理大發現時代的作家都會利用那些遙遠國度不斷增進的知識，但他們都沒有對穆斯林世界和西方進行地緣政治區分，這種情形在當時的歐斯曼學者中也是相同的。

當然，世界性的帝國仍然充斥著偏見。我們可以在穆斯林著作中找到關於對基督徒和印度教徒的各種貶抑和成見。同樣地，歐洲基督徒也用非人化的聯想和符號攻擊穆斯林。正如納比勒·馬塔（Nabil Matar）所指出的，英國作家們將用於西半球美洲原住民的辱罵詞語（例如，獸交和雞姦的指控）描述其於北非和南亞遇到的穆斯林身上。

但這種宗教偏見與十九世紀晚期穆斯林世界與西方基督教之間的關係、被種族化與採取地緣政治競爭的詞彙之間有兩個重要區別。首先，即使十九世紀前的穆斯林作家將穆斯林的所在地與其他地方區分開來，他們也沒有全世界穆斯林在文明和宗教上團結一致對抗共同敵人的概念。例如，十六世紀歐斯曼帝國的政治專著作者哈桑·卡菲·阿基薩里（Hasan Kafi al-Akhisari）用「*Islam memleketleri*（穆斯林國家）」一詞來指穆斯林居住的地方，但他這樣做並不意味著地緣政治和文明的統一性與西方基督教假定的統一性相對立。[30]其次，雖然偏見依然存在，但是公正對待所有子民的概念在各個穆斯林帝國裡都廣泛流傳。正如哈桑·卡菲·阿基薩里所言，一個不公正的穆斯林君主並不比一個公正的非穆斯林君主好多少。

帝國的衝突，而非文明的衝突

埃夫里亞·切勒比在一六八三年歐斯曼帝國第二次圍攻維也納的前一年去世，因此他沒有親眼目睹哈布斯堡的勝利。如今，無數書籍和流行文化都將這次圍攻作為伊斯蘭教和基督教之間長期衝突的終極表現。二〇一一年七月在工黨青年營展開屠殺的挪威人恐怖分子安德斯·布雷維克（Anders Breivik）在題為《二〇八三：歐洲獨立宣言》的宣言中寫道，維也納戰役具有歷史意義。在布雷維克看來，歐洲的基督徒在一六八三年阻止了穆斯林的進攻，因此在四百週年紀念日到來之際，歐洲基督徒應該做好準備，將所有穆斯林驅逐出歐洲大陸。

但實際上，一六八三年的圍攻和歐斯曼－哈布斯堡的其他衝突主要是帝國之間的對抗，而不是敵對信仰或文明之間的對抗。誠然，「穆斯林性」是歐斯曼帝國一個重要的自我認同，而天主教對於哈布斯堡的自我認知和在國際上的合法性同樣重要。[31]詳述歐斯曼帝國與哈布斯堡帝國之爭的文本和演說經常提到「聖戰」（Holy War）一詞，雙方都曾用宗教語言來對抗異教徒。但現在將維也納圍城說成是伊斯蘭與基督宗教之間的衝突的說法，忽略了歐斯曼人是為支持匈牙利新教徒而戰的事實。歐斯曼帝國一方也有基督徒士兵和盟友參戰。與此同時，歐斯曼帝國的穆斯林對手，如薩法維帝國，並沒有因為哈布斯堡帝國與其他穆斯林交戰而將其視為敵人。歐斯曼帝國戰敗後，帝國的穆斯林菁英並沒有排斥他們的基督教臣民。事實上，結束歐斯曼帝國與哈布斯堡戰爭的《卡洛維茨條約》（*Treaty of Karlowitz*，簽訂於一六九九年）就是由歐斯曼帝國的希臘基督徒文官亞歷山大・馬夫羅科達托斯（Alexander Mavrocordatos）所起草。[32]

歐斯曼人在幾個世紀與天主教哈布斯堡敵人的戰爭中，經常與法國人等基督徒結盟。在十八世紀，歐斯曼人出於戰略因素而非任何宗教因素，與俄羅斯和哈布斯堡帝國作戰，以維護基督教波蘭的完整和主權。在這些衝突中，「奮戰」可能為部分說辭，但是認為穆斯林即是友人而天主教徒即是敵人的邏輯並不能套用在這裡。

十六世紀歐斯曼帝國與葡萄牙在印度洋的衝突也是如此。歐斯曼人曾大肆宣揚敵人的基督教信仰，並尋求與非洲之角和印度次大陸的穆斯林蘇丹國結盟。然而葡萄牙人也有自己的穆斯林盟友，一些穆斯林統治者不願與歐斯曼人合作。歐斯曼帝國在印度洋的統治並未持續到十七世紀，一旦葡萄牙人不再對當地穆斯林商人產生威脅，歐斯曼帝國就停止了干預。[33]

在十八世紀，當歐洲帝國勢力向歐亞大陸擴張時，伊朗、阿富汗、中亞和印度的穆斯林統治者並沒有轉向泛伊斯蘭團結，而是以犧牲他人為代價尋求自身的發展。即使在歐洲人登門挑釁時，穆斯林統治者也沒有想到西方會對共同的穆斯林世界構成威脅。他們追求的是各自獨立的利益。

蒙兀兒帝國被削弱和分裂的原因不是歐洲帝國，而是波斯穆斯林統治者納德爾沙（Nader Shah）在一七二七年發動的毀滅性入侵。納德爾沙取得勝利後不久，波斯就被來自阿富汗的杜蘭尼（Durranis）家族控制了。當俄國向高加索以穆斯林占多數的波斯領土擴張時，歐斯曼帝國卻袖手旁觀，無動於衷。[34]沒有印度或北非穆斯林呼籲對抗俄國人入侵。英國東印度公司在與邁索爾的戰爭中得到了穆斯林君主和蘇丹以及穆斯林士兵的支持。[35]

在十八世紀的某些時刻，人們的確發覺了全體穆斯林團結一致的主張，在穆斯林感到宗教自由受到威脅的情況下尤其如此。例如，在十八世紀末，印度穆斯林學者開始將歐斯曼帝國的蘇丹稱為他們宗教實踐和價值觀的潛在保護者。與此相似的是，中亞的穆斯林汗國在與歐斯曼帝國的外交信函中呼籲彼此團結，共同抵禦俄羅斯帝國的擴張。[36]但這些呼籲並沒有產生效果。穆斯林的教育、宗教上的兄弟之誼、貿易和朝聖網絡在十八世紀裡蓬勃發展，但是並沒有一個特定的穆斯林帝國或是穆斯林政權同盟為其提供保護。在政治上，這些網絡無法抵禦來自歐洲海洋和陸地帝國在馬六甲、爪哇、孟加拉、克里米亞、高加索和東非的干預，也從未凝聚成任何形式的世界性團結。

俄羅斯吞併穆斯林克里米亞汗國就是一個很好的例子。吞併之後，歐斯曼法學家們對於生活在基督教徒統治下的穆斯林宗教和法律義務展開了辯論。[37] 一七七四年的《庫楚克－卡伊納爾卡條約》（*Küçük Kaynarca Treaty of 1774*）化解了部分爭論，該條約賦予了歐斯曼帝國蘇丹對俄羅斯境內穆斯林予以保護的權利，以換取俄羅斯對歐斯曼帝國東正教基督徒的相同權利。但該條約只承認歐斯曼帝國對克里米亞穆斯林的保護，而不是對全球所有穆斯林的保護。蘇丹也很少利用其權力干涉俄羅斯帝國穆斯林的事務。除了關於生活在基督教徒統治境內穆斯林的權利，或是關於被俄軍俘虜的穆斯林士兵的自由的法律爭論之外，歐斯曼法學家並不關心伊斯蘭的普世概念。他們並不關注印度、中國或馬來法學家在基督教君主的統治下是如何履行宗教義務

與此同時，各式各樣在地化的伊斯蘭、蘇非和傳統的伊斯蘭在十八世紀裡繼續傳播。納格什班迪蘇非道團（Naqshbandi Sufi order）展示了中亞蘇非實踐的影響，這些實踐透過印度傳到了歐斯曼阿拉伯省分、安納托利亞和非洲。毛拉納・哈立德・巴格達迪（Mawlana Khalid Baghdadi，一七七六－一八二七年）的歐斯曼追隨者擴大了納格什班迪蘇非在整個帝國的影響——從伊斯坦堡到庫德斯坦、黎凡特和巴爾幹半島，從菁英階層到普通臣民。其他蘇非道團，如哈勒瓦提（Khalwatiyya）、提加尼（Tijaniya）、薩曼尼（Sammaniyya）、塞努西（Sanusiya）和薩利希（Salihiyya）道團，在歐斯曼帝國的北非和撒哈拉以南的非洲地區傳

播，由各自的地方政權統治。

與這些蘇非網絡相互重疊，有時又相互衝突的是，出現了多種看似清教徒式的伊斯蘭復興運動。德里的沙・瓦利安拉（Shah Wali Allah，一七〇三－一七六三年）、內志的（Najdi）穆罕默德・伊本・阿布杜勒・瓦哈布（Muhammad Ibn Abd al-Wahhab，一七〇三－一七九二年）和奈及利亞人烏斯曼・丹・福迪奧（Uthman dan Fodio，一七七五－一八一六年）這三位復興倡導者經常被認為是泛伊斯蘭主義的鼻祖。但在穆斯林宗教思想史上，這種要求清教改革式的呼聲並不罕見——十三世紀和十六世紀也曾出現過這種呼聲，而且這迥然不同的三人並不特別關注伊斯蘭的全球形勢或想像的穆斯林世界。他們並不回應歐洲帝國蠶食印度洋和非洲海岸的行動。他們沒有闡述關於西方威脅的泛伊斯蘭思想，也沒有試圖構思一種具有全球伊斯蘭本質的概念。他們也沒有產生任何全球性的影響力。這些伊斯蘭復興主義者之間沒有任何可經證實的聯繫，這表明，他們的思想和影響應該在西非、阿拉伯和南亞的特定背景下加以理解。[38]

拿破崙轉捩點的迷思

與之前的維也納圍攻一樣，一七九八年拿破崙對歐斯曼帝國埃及行省的進犯，也常常被看作歐洲和中東穆斯林歷史上的一次轉型經驗。有些人甚至將其描繪得更為宏大，將其視為西方與穆斯林世界衝突的一個實例——傳統穆斯林社會覺醒時，一個痛苦難忘卻也激勵人心的時刻，穆斯林在這次經驗中對歐洲的軍事力量和革命意識形態有了新的認識。

然而，細究之下會發現相反的情況。拿破崙並不是以基督徒或白人君主的身分入侵埃及，為落後的穆斯林世界帶來西方現代性。他的目標之一是到達印度，幫助他的穆斯林盟友提普・蘇丹來抵抗英國人。對於拿破崙的到來，穆斯林也無任何泛伊斯蘭式的回應；他來到埃及，就像其他十八世紀晚期歐洲人入侵穆斯林社會時一樣，沒有激起「穆斯林世界」身分認同的願景。

儘管如此，拿破崙對埃及的遠征在某些方面還是與早期的歐洲帝國活動大相徑庭。[39]正是拿破崙，而不是埃及人或歐斯曼人，嘗試了對伊斯蘭抽象概念的應用。他以穆斯林甚至是歐斯曼帝國蘇丹的朋友自居，表明來到埃及是為了消除距離伊斯坦堡數百英里外馬穆魯克貴族的暴政。

拿破崙對於確認歐洲的優越性或為基督教文明打擊穆斯林世界並不感興趣。事實上，他非常渴望得到穆斯林民眾的愛戴，以至於他的軍官向埃及的宗教人士詢問改宗伊斯蘭是否會使他的統治得到合法性。[40]似乎有一部分埃及穆斯林願意接受這樣的安排。[41]我們不知道，如果法國公眾知道穆斯林宗教學者正在考慮拿破崙的改宗條件的話，他們會如何看待他們的革命將軍，但拿破崙本人認為，他在開羅所希望扮演的穆斯林保護者的角色與在巴黎所希望扮演的革命共和主義者角色並不矛盾。[42]隨拿破崙返回法國的幾百名阿拉伯人，也不必在阿拉伯人、穆斯林和法國人的身分之間做出選擇，這種情況一直到一八三〇年法國入侵阿爾及爾（Algiers）後開始的新一輪的法國帝國主義才終止。[43]

歐斯曼帝國對法國入侵埃及的反應是典型的帝國戰略，它歡迎基督教列強的援助，並沒有任何宗教或文明上的爭執。歐斯曼帝國與英國合作對抗法國，甚至與俄羅斯帝國結盟，儘管雙方在十八世紀裡經常發生衝突。這一對昔日的敵手在愛奧尼亞群島（Ionian Islands）成功地開展了針對法國的聯合海軍行動。[44]正是在這樣的背景下，歐斯曼帝國拒絕了提普蘇丹提出的在邁索爾與英國作戰的要求。

邁索爾與歐斯曼帝國之間的外交斡旋體現了十八世紀穆斯林世界主義的複雜性。提普寫給歐斯曼帝國蘇丹的信函展現了他作為穆斯林統治者在多樣化的、受波斯文化影響的蒙兀兒帝國傳統中的混合合法性，而這個傳統長期以來一直在英國的圍困下日益衰落。雖然提普完全以穆斯林的政治詞彙為基礎，但他的書信也顯示出他對突厥和波斯帝國傳統的認同，以及強烈意識到全球帝國的潮流。[45]他尊重歐斯曼帝國的蘇丹，曾稱其為哈里發，部分原因是得到一個重要的穆斯林君主的認可會增強邁索爾蘇丹對抗南亞其他穆斯林領袖的能力。然而，由於歐斯曼帝國與英國結盟共同對抗法國，因此歐斯曼帝國無法為他提供幫助。而且他們也不願意捲入南亞混亂的政局，在那裡，不同的穆斯林和印度教國家與德里名義上的蒙兀兒皇帝，以及以孟加拉為中心的強大的英國東印度公司之間，有著錯綜複雜的互動。

歐斯曼人的選擇得到了回報，其軍隊最終在英國海軍的幫助下將拿破崙趕出了埃及，英國海軍在埃及沿海摧毀了法國海軍。[46]蘇丹塞利姆三世為英國海軍司令、海軍上將霍雷肖·納爾遜（Admiral Horatio Nelson）創制了新的榮譽——新月勳章，納爾遜自豪地將勳章佩戴在軍服上，並在外交信函中使用這一頭銜。納爾遜的新月形勳章甚至也出現在他的墓碑上，顯示出一種跨越基督宗教和穆斯林宗教身分標誌的帝國普世主義（imperial universalism）。

與此同時，一七九九年提普在塞林加帕坦戰役（Battle of Seringapatam）中戰敗身亡後，一支由基督徒和穆斯林組成的跨宗教勝利軍隊洗劫了他的宮殿和城市。在二十年後，歐斯曼人也拒絕對擔心俄羅斯擴張的布哈拉（Bukhara，位於今天的烏茲別克境內）的埃米爾海達爾（Emir Haidar）提供保護。針對埃米爾的請求，歐斯曼政府提出，哈里發會為所有穆斯林提供精神上的保護，但也暗示哈里發既不需要提供軍事上的保護，也不需要提供政治上的保護。哈里發的政治援助將有選擇性地、戰略性地分配，而不是根據任何穆斯林團結的概念給予。

★ ☾ ★

革命中的法國、歐斯曼帝國、歐斯曼埃及行省和邁索爾蘇丹國之間的複雜關係表明，幾十年後出現的情況——西方基督教國家與穆斯林世界之間清晰而僵化的邊界，並非一定會出現的狀況。在十九世紀初期，各個穆斯林政體所表現出來的做法與發展了一千年的王朝和帝國如出一轍。

穆斯林居住的地理區域從馬利（Mali）和奈及利亞一直延伸到東南亞，範圍太廣，相互之間的聯繫太少，無法支持單一的政治體系。在一八〇〇年前後，大約有三十個王朝統治著穆斯林社會，而它們絕非團結。摩洛哥的謝里夫阿拉維王朝（Sharifian Alaouite Dynasty）、波斯的卡扎爾王朝（Qajar Dynasty）、尼日地區的博爾努帝國（Bornu Empire）、中亞的希瓦汗國（Khiva khanate）和浩罕汗國（Kokand khanate）、東南亞的萬丹蘇丹國（Banten sultanate）和亞齊蘇丹國（Aceh sultanate）只是一小部分非屬歐斯曼帝國且具有重要建國傳統的穆斯林統治政體。而一些正式歸歐斯曼帝國統治的領土，如北非的突尼斯（Tunis）和的黎波里

（Tripoli）的拜伊（Beys，地方部族首領）則是自治的。[47]強大的穆斯林王朝可能受到其他穆斯林王朝的挑戰和削弱。[48]雖然交通和通信技術確實使穆斯林學者和菁英之間增加了很多相互聯繫，但當時還沒有全球穆斯林輿論的意識，更不用說對穆斯林歷史和政治經驗的共同敘事了。穆斯林網絡在對推動多樣性的作用上至少不亞於加強大一統上的作用。

在拿破崙入侵埃及的七十五年間，穆斯林輿論出現了一種跨越帝國界線的聯繫，但它卻循著一條彎曲的路線發展。從拿破崙戰爭到一八七〇年代間，穆斯林社會的政治動能主要是以鞏固現有的穆斯林王朝為主，而不是賦予非穆斯林君主統治下的穆斯林臣民權力。在十九世紀上半葉，當歐洲列強在亞洲和非洲擴張時，「穆斯林世界」概念的發展仍然遙遙無期。泛伊斯蘭主義遠非長久積累下來的全球性的遺產，甚至也不是面對新帝國主義時最初始或最自然的回應。

第二章

帝國主義世界秩序的強化
（一八一四年－一八七八年）

在十九世紀上半葉，當歐洲的帝國在軍事、法律和政治上對穆斯林社會擁有更大干預力時，「穆斯林世界」的概念卻仍不見蹤影。帝國，而非文明，仍然是政治歷史的主要推動者。在一八四〇年代末，米爾扎．阿薩杜拉．葛利布（Mirza Asadullah Ghalib）和賽義德．艾哈邁德汗這兩位著名的印度穆斯林知識分子權衡大英帝國和蒙兀兒帝國的優劣，沒有讓因宗教產生的同情左右他們的選擇。[1] 印度穆斯林想像著維多利亞女王統治下未來的政治情勢，而許多巴爾幹半島上的基督徒則接受了伊斯坦堡改革派的穆斯林蘇丹的統治。歐斯曼帝國事實上是歐洲帝國俱樂部的一員，並確保對數百萬基督徒擁有主權。

帝國要求不同種族和宗教群體在一個可能與其語言、遺緒和信仰不同的統治者的統治下共存。在十九世紀上半葉，帝國是作為進步和文明推動者的這一政治理想被重申和支持。無論是由基督徒還是穆斯林領導的帝國，都被期望作為在國際舞台上擁有相同權利和義務的主權實體，以平等的條件相互交往。實際上，帝國體制充滿了不平等，但許多帝國都渴望實現普世性和對差異的寬容。在整個十九世紀，世界列強都在努力維護帝國體系，承諾在國內實現一定程度的平等，並將戰略性的聯盟擺在種族和宗教團結之前。

在一八二〇年代至一八八〇年代，「穆斯林性」的種族化進程與黑人和亞洲人的種族化進程同時展開了，這對帝國的平衡構成了挑戰。在一八七五年，就在阿薩杜拉．葛利布和賽義德·艾哈邁德汗就帝國統治的性質展開辯論僅僅幾十年後，被稱為「泛非洲主義之父」的西非黑人新教徒愛德華·布萊頓（Edward Blyden）寫了一篇很有影響力的文章，題為「穆罕默德教主義與黑人種族（Mohammedanism and the Negro Race）」。[2]在這裡，「穆罕默德教」指的是一個種族類別，類似於「黑人」的種族類別。更重要的是，在愛德華·布萊頓的筆下，全世界穆斯林和黑皮膚人的未來與基督教白人的未來截然不同。布萊登的寫作代表了一種在兩代人中形成的一種意識——這種意識是一種種族和地緣政治的統一與差異的意識，它與帝國忠誠和現實同時存在，但又相互矛盾。

這種意識的歷史新穎性不管怎麼強調都不為過。在此之前，歐斯曼帝國內的穆斯林看待他們的俄羅斯、希臘和塞爾維亞敵人，與穆斯林臣民對待荷蘭或法國統治者的態度似乎截然不同。政治環境決定了一些穆斯林是征服者，一些穆斯林忠於基督教統治的帝國，還有一些穆斯林是不服從命令的反抗者。在這種情況下，將全世界的穆斯林歸結為一個無差別的群體是講不通的。

然而，隨著十九世紀下半葉的時局變動，殖民地的歐洲宗主國和穆斯林社會的內部開始了對穆斯林的他者化（othering）和種族化。對全球性穆斯林的想像抹去了從保加利亞到奈及利亞再到馬來西亞的穆斯林之間的差異。歐斯曼帝國鎮壓保加利亞的叛亂一事也加劇了歐洲對穆斯林敵人的妖魔化，營造出了一個壓制基督徒的蘇丹暴君形象。然而所有人都知道，基督徒正統治著世界各地的穆斯林。在這個背景下，英國對歐斯曼帝國的政策就考驗了印度穆斯林的忠誠度，這有效連結了南亞穆斯林政治狀況和歐斯曼統治下東南歐的動盪情況。

隨著在十九世紀裡不斷演進的局勢，穆斯林社會與基督教統治者及鄰近國家的關係越來越是因為宗教差異而破裂，這種因素在先前的帝國架構中是被湮沒的。可以想想拖著流蘇的紅色毛氈帽菲茲帽（fez）的例子，一八二〇年代，歐斯曼人開始要求所有官僚穿上從東正教希臘人的傳統服裝中引進的貼身歐式服裝，戴上菲茲帽。菲茲帽法令是歐斯曼帝國一系列現代化改革的一部分，這是為了促進、維護歐斯曼帝國臣民之間的平等，消除階級和宗教歸屬的標誌。如果突厥人、亞美尼亞人和希臘人官僚都穿同樣的衣服，人們就無法透過外表區分他們的宗教背景：所有人都會被看作是歐斯曼人。到了一八九〇年代，世界各地的穆斯林改革者都已採用菲茲帽來表示其信仰與現代化進程是一致的。但歐洲人從這頂帽子上看到的卻是其敵人伊斯蘭的象徵，而不是穆斯林版本的普世現代性。作為世界性帝國身分象徵的菲茲帽，最終在半個世紀內成為了全球穆斯林身分的象徵。

人們的內心情感反映政治問題。一八七〇年代初期，當印度穆斯林看到了歐洲人關於「野蠻的」歐斯曼帝國鎮壓基督徒叛亂的辯論，他們自己也感受到被羞辱的椎心之痛。隨著基督徒要求從歐斯曼帝國獲得民族獨立，越來越多的穆斯林社會落入到基督徒的統治之中，帝國內的平等地位不復存在了，穆斯林越來越被理解為一個獨立和邊緣化的帝國臣民階級。許多穆斯林想知道，為什麼他們帝國的基督徒統治者可以慶祝希臘人和保加利亞人的民族自決，而他們自己卻不得不屈從於外來控制。帝國框架內的這些矛盾是新興的穆斯林世界意識的根源。帝國平衡的毀棄——而非任何經典的哈里發理論，是現代穆斯林統一概念的基礎。

帝國體系毀滅了自己。帝國的普世主義壓制了種族分離和階級制度的思維，但帝國內的菁英人士卻投入先天差異的論述中。他們自己選擇這樣做不僅是出於權宜——差異和團結是對內對外政策中、確保合法性和建立聯盟的有用工具，而且也符合新的自由主義價值觀，即以人類和文明的名義犧牲舊的帝國體系。

建立「穆斯林世界」既不是穆斯林共有的歷史，也不是穆斯林一成不變的傳統。恰恰相反，其根源為從一八二〇年代到一八七〇年代帝國的偶然政策、衝突和意識形態的累積影響。

改革中的帝國

伊斯蘭與西方之間的種族化和衝突並不是線性發展而成。從一八一五年維也納會議（Congress of Vienna 1815）到一八七七－一八七八年歐斯曼帝國與俄羅斯帝國的戰爭期間，君主國家試圖通過對內改革、對外尊重盟友和主權來鞏固帝國體系。整體而言，這些帝國在其臣民的眼中可因對彼此的尊重而取得統治的正當性。

基督徒和穆斯林菁英之間的接觸揭示了帝國框架的概括樣貌。在這些接觸中，最重要的一次是歐斯曼帝國蘇丹阿布杜阿齊茲（Sultan Abdulaziz）於一八六七年的歐洲之行，他在那裡受到了法國、英國、奧匈帝國以及比利時和普魯士王國統治者的隆重歡迎。[3] 在倫敦，代表阿布杜阿齊茲和維多利亞女王的官員們討論了皇儲穆拉德（Murad）和一位英國公主的聯姻，以求鞏固兩個帝國間的緊密關係。[4] 在阿布杜阿齊茲和維多利亞討論基督徒和穆斯林在一夫多妻制上的理解時，皇儲還當眾跳了舞。在聖喬治教堂舉行的儀式上，蘇丹還接受了嘉德勳章（Order of the Knights of the Garter）。歐斯曼帝國代表團注意到忠於英國女王的印度穆斯林出席了東印度公司舉辦的招待會，但並不覺得這有什麼不尋常。畢竟，歐斯曼帝國也有許多忠實的歐洲基督徒臣民；歐斯曼帝國蘇丹派駐倫敦的大使、他最喜愛的官僚之一科斯塔基・穆蘇魯斯・帕夏（Kostaki Musurus Pasha）就是一名希臘基督徒。[5]

歐斯曼人在跨帝國合作以及帝國優先於宗教認同的基礎上，與歐洲領導人建立了關係。採取這種做法的不僅是歐斯曼人。在一八四六年時，突尼斯的艾哈邁德・貝伊（Ahmed Bey）成為第一個訪問巴黎的穆斯林統治者。一八六七年，埃及的赫迪夫伊斯瑪儀（Khedive Ismail，赫迪夫為埃及統治者的頭銜）陪同阿布杜勒阿齊茲蘇丹訪問了巴黎。在一八七九年，柔佛（Johor）（馬來西亞）大君阿布・巴克爾前往了宗主國英格蘭。卡扎爾（波斯）王朝的國王們也曾於一八七三年和一八七八年出訪。波斯國王納西魯丁（Nasiruddin）也被授予嘉德勳章，從而確立了統治者透過授予勳章和榮譽來相互認可的國際制度。穆斯林君主們會自豪地佩戴他們的勳章，其中一些勳章上還有十字裝飾。

在一八六九年蘇伊士運河開通期間，埃及的赫迪夫伊斯瑪儀頭戴菲茲帽，他接待的人中，來自歐洲王室的客人比穆斯林王朝的來賓還要多。他後來宣稱，由於運河促進了交通，當時還是歐斯曼帝國自治行省的埃及逐漸成為歐洲帝國秩序的一部分。為慶祝運河開通，伊斯瑪儀委託了朱塞佩・威爾第（Giuseppe Verdi）創作了歌劇《阿依達》（*Aida*）。這一齣歌劇是在一八七一年於開羅首演的。[6]設計紐約港自由女神像的法國雕塑家弗雷德里克・奧古斯特・巴托爾迪（Frédéric Auguste Bartholdi）也計劃在運河口處建造一座類似的雕像，雕像上是一位手持自由火炬的埃及農婦。

在一八六九年，最具影響力的印度穆斯林改革家之一賽義德・艾哈邁德汗訪問了倫敦以強化他對英屬印度穆斯林身分的認同。[7]在北方邦（Uttar Pradesh）的盎格魯－穆罕默德教學院，艾哈邁德汗出於對統治基督徒和穆斯林混居區的歐斯曼帝國君主的尊重，向他的印度穆斯林學生介紹了菲茲帽。艾哈邁德汗在一八八八年被封為爵士，他認為英國女王可以統治一個由穆斯林、印度教徒和基督徒組成的多元帝國。歐斯曼帝國與英國的聯盟可以讓印度穆斯林保持對維多利亞女王的忠誠，同時尊重作為聖城保護者的哈里發。

歐斯曼帝國的旅行家兼宗教學者阿布杜拉赫曼・埃芬迪（Abdurrahman Efendi）從一八六六年開始對巴西進行為期三年的訪問，他的訪問強化了帝國體系的全球性特質。當時，他將歐斯曼帝國與葡萄牙統治者唐・佩德羅二世（Dom Pedro II，一八三一－一八八九年）統治下的巴西「帝國」進行比較。他認為歐斯曼帝國的地位更高，但問題是，在阿布杜拉赫曼・埃芬迪看來，世界的秩序不是由信仰、語言、傳統和地理決定的，而是由統治著不同臣民且包含廣大地區的帝國決定。[8]後來，佩德羅在他的歐洲之行期間，以歐斯曼帝國蘇丹的客人的身分訪問了伊斯坦堡。

這種寰宇主義不應該和為基督徒君主效力的穆斯林菁英的親西方的幻想混為一談。歐斯曼帝國蘇丹、突尼西亞拜伊、埃及赫迪夫或賽義德・艾哈邁德汗的穆斯林身分是不容質疑的。寰宇主義菁英也沒有被誤導，相信自己是帝國世界秩序的成員。穆斯林統治者是在打造他們自己版本的帝國現代性。當然，在當時也有對穆斯林國王的戰略和改革的批評。但這些批評並沒有挑戰帝國的合法性，也不認為這種改革與傳統伊斯蘭相悖。帝國改革並不一定就是世俗主義和親西方主義。[9]

歐斯曼帝國的改革進程被稱為「坦志麥特」（Tanzimat）*，這場改革甚至在大維齊爾穆斯塔法・拉須德・帕夏（Mustafa Reşit Paşa）在一八三九年頒布《玫瑰宮帝國詔》（Gülhane Imperial Edict of 1839）之前就開始了。改革的目的是確保平等對待所有帝國臣民（無論其宗教和種族差異為何），並以此更加確保帝國在歐洲協調（the concert of Europe）中的地位，從而鞏固歐洲帝國的行為規範。詔書表達了對帝國普世性的強烈支持，指出伊斯蘭教法和現有的文明規範都保證了不同信仰傳統的自由和平等。[10]歐斯曼帝國的統治始終包括民法，即所謂的「法典」（Kanun），它本身源自蒙古的「札薩」（*yasa*）傳統。因此，詔書提及伊斯蘭教法既是為了證明保障平等權利的合理性，也是為了表明民法與穆斯林教法之間的一致性。坦

* 編者注：字面意思為「重組」，指歐斯曼帝國在十九世紀的現代化改革。

志麥特改革也啟發埃及、突尼西亞和伊朗進行類似的改革。與此同時，俄羅斯、法國、荷蘭和大英帝國也根據自己的統治戰略，對穆斯林臣民實行不同的寬容方式。

這種帝國寬容的理想從未完美實現，而且在穆斯林和基督徒共享的土地上存在著不同程度的歧視和特權。但是，這一理想本身允許不同帝國的臣民訴諸法律和原則，向帝國中心要求自己的權利。它還歡迎人們跨越身分上潛在的障礙，效忠帝國。歷屆歐斯曼帝國政府中都有希臘和亞美尼亞背景的大臣和官僚，他們傑出而有影響力。寰宇主義為改信了新教的馬龍派黎巴嫩人艾哈邁德．法里斯．希迪亞格（Ahmad Faris al-Shidyaq，一八〇四－一八八七年）等人提供了發展空間，他在一八六〇、七〇年代以記者身分為歐斯曼帝國服務。希迪亞克長期從事將英文《聖經》翻譯成阿拉伯文的工作，並參與了巴黎社會主義運動，之後還以阿拉伯文出版了泛歐斯曼雜誌《回聲報》（*al-Jawaib*）。[11]

帝國自強改革的思想基礎是穆斯林對於文明理念的詮釋。文明並不是指具有獨特宗模式、政治和傳統的獨立文化特定群體，而是指全人類都能共享的一種有教養的生活方式：成為有文明的人並生活在文明政體中。歐斯曼帝國的菁英們在一八三〇年代從歐洲人那裡採用了這一概念，並創造了自己的術語：*medeniyet*。到一八五〇年代時，*medeniyet* 一詞的含義透過參照「文明國家」、「文明世界」和「文明進步」等詞彙確定下來。歐斯曼帝國的菁英們和基督宗教帝國的菁英們一樣，都相信存在一個以進步、善政和繁榮為標誌的單一世界文明。

採用歐洲文明概念的穆斯林，也同時接受了其具爭議性的政治行動。一八六〇年代的歐斯曼帝國官僚穆尼夫・帕夏（Munif Pasha）將中國在鴉片戰爭中的損失歸咎於中華帝國所謂的低文明水平。若非如此，要如何解釋中國敗給英國的小規模軍隊呢？在一八七一年的一篇文章中，頗具影響力的歐斯曼記者、劇作家和改革家納米克・凱末爾（Namık Kemal）問道：「這些未開化（*gayri-mütemeddine*）的國家要如何在這麼多的文明國家前維護自己的自由呢？」如果抵制文明的「教訓、教導、機器、進步和創新，」納米克・凱末爾寫道，「就會失去自由，淪落到外國勢力的統治下——這對於人類的尊嚴來說絕對是不合適的。」在他看來，受歐洲控制的印度人和阿爾及利亞人太落後了，無法維持他們的自由。

儘管納米克・凱末爾和與他理念相似的人們堅信歐洲的文明理念，但他們並不一定要效仿歐洲人：就像我們不需要按照中國人的方式烤羊肉串才能成為文明人（*temeddün*），我們也不需要盲目模仿歐洲人的舞蹈或婚姻原則……我們的希望是這樣的：如果採取適當行動，根據伊斯蘭（伊斯蘭教法）的原則和我們所掌握的情況，以及我們人民的非凡能力，〔在〕歐斯曼帝國的土地上透過〔我們的〕傑出作為，將有可能以一種令世界欽佩的方式帶來文明。但是在當下，我們的土地上的知識教育場所要比曾經在古埃及人、迦勒底人、猶太人、伊朗人、阿拉伯人和希臘人的時代少六到七倍，而且這些地方是推動進步的中心。[12]

請注意，即使納米克・凱末爾反對模仿，但他也沒有把穆斯林世界和西方基督教世界區分開來。歐斯曼帝國的菁英們相信，他們可以保有一定程度的差異，同時透過歐洲國家所珍視和推崇的文明模式來增強帝國的力量。

文明的理念在戰略上也非常重要。一八四八年，歐斯曼帝國蘇丹為匈牙利和波蘭革命者提供了保護，其中包括企圖從奧匈帝國獲得自由的匈牙利領導人拉約什・科蘇特（Lajos Kossuth）。蘇丹這樣做贏得了英國自由派的尊重，英國自由派反對奧匈帝國的盟友俄羅斯帝國。革命者最終戰敗並被流放，但在離開伊斯坦堡的臨時住所後，他們在英國受到了約翰・斯圖亞特・米爾（John Stuart Mill）以及朱塞佩・馬志尼（Giuseppe Mazzini）等人的圈子的歡迎，形成了有利於歐斯曼人對抗俄國人的輿論氛圍。密切的關係為雙方帶來了回報。歐斯曼人在克里米亞戰爭（一八五三－一八五六年）中受益於英國的援助，於是歐斯曼帝國的菁英階層在一八五七年的印度兵變中支持了英國人鎮壓穆斯林和印度教戰士的行動。

歐斯曼人並不是唯一從文明歐洲汲取靈感的穆斯林改革者。埃及是伊斯坦堡統治下第二強大的穆斯林自治政體，穆罕默德・阿里帕夏（Muhammad Ali Paşa）在這裡將歐洲的財政和軍事方法，以及他對早期穆斯林和歐斯曼前例的了解相結合。[13]憑藉更強大的軍事力量，穆罕默德・阿里向南擴大了埃及的統治，並於一八二一年將蘇丹（Sudan）名義上納入歐斯曼帝國的統治之下。[14]

大約在同一時期，阿曼的馬斯喀特蘇丹國（Omani sultanate of Muscat）的阿布・賽義迪（Abu Saidi）家族的統治者們將桑吉巴爾島（Zanzibar Island）和蒙巴薩（Mombasa）海岸線併入了自己的王國，從而展示了他們在帝國秩序中的野心。[15]在此之後，桑吉巴爾蘇丹巴爾加什・本・賽義德（Barghash bin Said，一八七〇－一八八八年在位）——其以密切關注世界新聞而著稱——要求自己的私人助理每天為他總結英國報紙的內容。他的自強計畫與坦志麥特改革相一致，包括建設電報站、公共時鐘和路面電車系統。一八八〇年，桑吉巴爾成立了蘇丹國出版社，持續推動阿拉伯語出版物的發行。[16]

突尼西亞也是如此，表現出了自強改革的巨大活力。這包括在出身切爾克斯（Circassian）的大維齊爾海雷丁・帕夏（Hayreddin Pasha）的領導下起草立憲。[17]海雷丁堅信，議會制政府和現代歐洲模式與穆斯林和歐斯曼帝國的政治傳統是相容的，部分原因是坦志麥特式的改革源於普遍適用的文明概念。[18]因此，當突尼西亞當局廢除奴隸貿易時，他們是在穆斯林律法論據和全球反奴隸制論述的基礎上這樣做的。[19]在這一改革過程中，歐斯曼和埃及當局也禁止了奴隸貿易，但沒有提出任何關於「伊斯蘭與奴隸制」的宏大論點。到二十世紀初時，奴隸制本身逐漸從歐斯曼土耳其和埃及消聲匿跡了，至此也沒有出現任何類似於廢奴主義的意識形態或宗教運動。務實和合乎道德的國家政策、關於人類平等的新道德觀念以及資本主義勞動力市場，在現代化的穆斯林社會中終結了奴隸制，所有這些要素都不代表伊斯蘭世界和西方世界的任何主張。[20]

我們還可以繼續往下看。十九世紀中葉是卡扎爾波斯、摩洛哥、阿富汗、中亞各汗國以及印度各王公國尋求自強的時代。這些地區的改革領導人往往知道其他穆斯林君主統治下和歐洲發生的事情。[21]

改革派穆斯林統治者並不認為自己是歐洲擴張的受害者，而是新統治實踐的受益者和積極推動者。公眾輿論在很大程度上站在了他們這一邊，這部分歸功於穆斯林社會內部和穆斯林社會之間悠久的多樣性歷史。例如，歐斯曼帝國政府於一八五六年廢除了吉茲亞稅（*jizya*，對非穆斯林徵收的特別稅），並得到了學者們的支持。穆斯林菁英認為，基督徒和猶太人享有平等的公民權，這是對歐斯曼帝國統治傳統合法的重新詮釋，與當時不斷變化的形勢和帝國的需求相一致。那些不同意改革的穆斯林，並不把他們的批評建立在穆斯林世界的命運或單一的普世伊斯蘭的理想之上。歐斯曼帝國晚期的任何一個意識形態陣營都從未重新引介或提到吉茲亞稅的議題。[22]

治外法權——一種帝國臣民在國外不受當地法律約束的常見法律處置，最初也沒有冒犯穆斯林和歐斯曼帝國的菁英。法律多元化是近代早期和現代帝國治理中被接受的做法。例如，在突尼西亞，改革派統治者允許其臣民根據每個案件的是非曲直和當事人的情況，訴諸從使館法庭到猶太塔木德律法和伊斯蘭教法等不同的律法實踐。[23]

改革派穆斯林菁英並不認為自己是歐洲人的受害者，他們也不認為自己是企圖進入歐洲社會的外來者。他們為歐洲－地中海帝國新秩序的發展做出了貢獻，許多歐洲領袖對他們的努力表示歡迎。例如，英國外交大臣帕麥斯頓勳爵（Lord Palmerston）支持坦志麥特改革，他自信地斷言，在和平重組和改革的十年內，「（土耳其）沒有理由不成為一個受人尊敬的大國。」[24]奧地利的梅特涅（Metternich）親王要比帕麥斯頓勳爵更保守，但是他也同意歐斯曼帝國是歐洲帝國體系的一部分。兩人都論及基督教優於伊斯蘭和其他宗教，並貶低穆斯林和歐斯曼人。但他們並不認為歐洲帝國社會需要將歐斯曼帝國排除在外，也不認為基督徒只能被基督徒統治。

因此，從穆斯林和基督教菁英的角度來看，十九世紀的多數時候都是帝國鞏固、外交和戰略的時期。歐斯曼人繼續尊重他們的結盟關係，認為此事比共同宗教和傳統重要。在一八四〇和五〇年代，歐斯曼帝國邊境外的高加索穆斯林正在抵抗俄羅斯帝國的擴張，儘管歐斯曼人和俄羅斯人是宿敵，但歐斯曼人沒有向穆斯林同胞提供任何協助。在高加索穆斯林戰敗並被吞併到俄羅斯帝國後，他們面對了應是現代最早的種族清洗案例之一，有五十多萬高加索穆斯林移民到了歐斯曼帝國控制的領土上。[25]但穆斯林也按照帝國體制的要求融入了俄羅斯：俄羅斯沙皇可以統治穆斯林並賦予他們宗教權利，就像歐斯曼帝國蘇丹可以統治基督徒臣民一樣。[26]

國族主義與宗教

十九世紀基督教國族主義對全球化穆斯林身分認同是一個重要的、令人感到意外的啟示。歐洲支持希臘、塞爾維亞、羅馬尼亞或保加利亞從歐斯曼帝國的統治下獨立出來，這打破了帝國的規範。生活在不同基督教君主統治下的穆斯林，密切關注基督教國族主義者反抗歐斯曼帝國統治者的起義，這些起義對穆斯林性的政治化起到了推動作用。

東南歐的基督教解放運動正值歐洲帝國加強對非洲和亞洲穆斯林的殖民統治之際，這造成了種族不對等，威脅到了帝國結構。因此，當希臘獨立戰爭、法國入侵阿爾及利亞、克里米亞戰爭和印度叛亂等衝突考驗著帝國的世界主義時，列強就會進一步緊縮，以更加普世主義的論述重新闡述帝國思維。不過，這種緊縮也說明了帝國體系在一八二〇年代後所面臨的緊張局勢。

造成這種緊張局勢最重要的原因之一，是始於一八二一年的希臘獨立戰爭。希臘人在歐斯曼帝國的統治下生活了近四百年，由不同種族的基督徒和穆斯林組成。[27]希臘菁英是歐斯曼帝國最有特權的基督教派，在十九世紀早期，一些希臘家族在歐斯曼帝國官僚機構中獲得了更進一步的權勢。[28]但這些菁英也在歐洲和俄羅斯之間建立了教育和文化網絡，並透過這些網絡吸收了國族主義、自由和反抗暴政的啟蒙思想，以及關於希臘在歐洲歷史地位的浪漫觀念，和俄羅斯提出的東正教基督徒要從蘇丹那裡獲得自由的主張。[29]歐斯曼帝國的臣民抱怨專制統治並不罕見，畢竟，即使是穆斯林臣民，對於帝國也會有合理的抱怨。但希臘國族主義者不僅希望在帝國內得到更好的待遇，他們還希望建立一個獨立的希臘人國家。

在俄羅斯的支持下，早期的希臘叛亂始於多瑙河公國（Danubian Principalities，今羅馬尼亞），叛亂很快演變成基督徒和穆斯林之間的衝突。在希臘南部，穆斯林被視為伊斯坦堡的代表並因此遭到屠殺。

歐斯曼帝國的菁英們似乎無法理解這場起義的不尋常和國族主義色彩。蘇丹馬赫穆德二世（Sultan Mahmud II）懲罰了忠誠的希臘官僚和外交官，解除了他們的重要行政職務，此舉只會激起希臘的國族主義情緒。更重要的是，蘇丹還下令處死君士坦丁堡大牧首格雷戈里五世（Patriarch Gregory V of Constantinople），指責他未能確保希臘基督教臣民的忠誠。事實上，這位大牧首曾經譴責了希臘國族主義者，而且，儘管國族主義者有強烈的東正教傾向，而且當地神父也加入了他們的行列，但這場叛亂與希臘基督教教會並沒有被證實的聯繫。[30]對大牧首的處決再次反映了蘇丹的不知所措，他正試圖用帝國的遊戲規則來平息一場史無前例的民族叛亂。大牧首被處死的消息坐實了穆斯林蘇丹的暴虐形象，也激發了國際上基督徒對希臘國族主義事業的同情。

起初，在埃及的易布拉欣．帕夏（Ibrahim Pasha）的幫助下，歐斯曼帝國成功鎮壓了希臘起義。然而，希臘國族主義鬥爭很快得到了英國、法國、美國和俄國菁英的大力支持。[31]拜倫勳爵的詩歌捕捉到這一壯觀的民意勝利。拜倫勳爵資助了希臘的事業，並在不久之後，於前赴援助希臘軍事行動的途中死去，由此，他成為白人、基督徒和歐洲團結的象徵。

當然，白人基督徒中也有多樣化的觀點。拜倫的同代人托馬斯・霍普（Thomas Hope）在小說《阿納斯塔修斯》（*Anastasius*）中描繪了一個確保其臣民自由的歐斯曼帝國。[32]蘇格蘭外交官大衛・厄克哈特（David Urquhart）最初支持希臘獨立，但後來成為與歐斯曼帝國、歐斯曼－英國聯盟同樣堅定的支持者，他讚揚歐斯曼帝國對不同臣民的寬容——包括基督徒在內。[33]

然而，整體而言，希臘獨立戰爭促使了歐洲輿論轉向，傾向於反對歐斯曼帝國。儘管維也納會議的原則是反國族主義的，歐洲各帝國還是動員起來支持希臘國族主義。由此產生的外交和軍事干預是希臘獨立的決定性因素。正是在這種背景下，沙皇尼古拉一世（一八二五－一八五五年在位）強化了俄羅斯保護巴爾幹地區東正教基督徒的主張，從而鞏固了歐斯曼帝國統治下的東正教國族主義，進一步顛覆了帝國框架。

不過，將希臘起義理解為穆斯林與希臘在帝國框架內共存的終結是錯誤的。希臘獨立與其說是一個歷史轉折點，不如說是一個帝國體系解體的早期階段，而這個帝國體系在很高程度上仍然完好無損。當歐斯曼帝國在一八三〇年的《倫敦議定書》（*London Protocol of 1830*）中承認希臘的分離和獨立時，歐斯曼帝國境內的希臘人幾乎與新的希臘王國一樣多。獨立後不久，希臘國民議會選舉巴伐利亞的奧托親王（Prince Otto of Bavaria）為希臘國王奧托一世

（King Otto I of Greece），削弱了國族主義對現行帝國秩序的打擊。[34]歐斯曼帝國還與忠實的希臘臣民保持緊密聯繫，例如外交官科斯塔基・穆蘇魯斯，他曾在一八四〇年至一八四八年間擔任駐雅典大使。穆蘇魯斯對歐斯曼帝國的忠誠是如此強烈，以至於希臘政客指責他背叛了希臘國族主義事業，導致有人在一八四八年企圖謀殺他，但以失敗告終。

歐洲帝國法律和外交關係的基本原則在希臘獨立後也延續了下去。歐斯曼帝國和希臘王國在外交界受到了平等對待。當希臘國王在一次宴會上冒犯了穆蘇魯斯時，穆蘇魯斯離開了雅典，直到希臘政府正式道歉後才重返崗位。刺殺穆蘇魯斯的兇手是一名持有歐斯曼帝國旅行許可證的希臘人，在伊斯坦堡的外交請求下，希臘將其移交歐斯曼當局進行懲罰。[35]歐洲帝國與「落後」或「未開化」的非歐洲政體之間的不平等條約是在以後才會出現的。在希臘獨立後的若干年裡，歐洲國際法仍然未做出這些種族化的區分——即使民眾的感受並不總是如此。

就在希臘獨立的同時，另一個歐洲人發起的事件也動搖了帝國體系的結構。就在歐洲人敦促基督徒自決的時候，法國入侵了歐斯曼帝國的阿爾及利亞。這是一個明擺著的自相矛盾。

起初，法軍很快就擊潰了歐斯曼帝國的軍隊，但阿爾及利亞穆斯林的抵抗更為頑強和持久，這場抵抗主要是在世界主義者蘇非埃米爾阿布杜卡德爾·賈扎伊里（Abdelkader al-Jazairi，一八〇八－一八八三年）的領導下進行的。[36]阿布杜卡德爾領導了一場聖戰，反抗入侵阿爾及利亞的法國軍隊，目標是在阿爾及利亞西部建立一個國家。但阿布杜卡德爾最終也失敗了。他和他的部隊在一八四七年投降了。

在武裝抵抗持續進行的同時，一些阿爾及利亞知識分子呼籲了啟蒙、國族主義和自由等普世價值，這些價值觀曾激勵白人基督徒支持希臘人反抗帝國壓迫。一八三三年，學者哈姆丹·霍加（Hamdan Khodja）用法文撰寫了一份反帝國主義的小冊子，向法國輿論界發出呼籲，主張對穆斯林生民和制度的殘害與法國所崇尚的崇高普世價值相衝突。他以法國自由主義者的觀點，提到了法國對希臘、比利時和波蘭國族主義的捍衛立場，並詢問法國人為什麼不能同樣支持同一民族的、自治的阿爾及利亞，使其成為法國的朋友和一個文明進步的典範。[37]

希臘解放與阿爾及利亞殖民之間的對比形成了一種模式。歐洲白人基督徒傾向於支持塞爾維亞、羅馬尼亞和保加利亞從歐斯曼帝國獨立的鬥爭，而中亞、北非和南亞的穆斯林則被俄國、法國、荷蘭和英國殖民。英國統治下的一些印度穆斯林對這些事件的理解與哈姆丹·霍加是相同的。他們支持歐斯曼帝國鎮壓克里特島和保加利亞基督徒叛亂的權利，並要求英國政府支持歐斯曼帝國。但他們的願望未能實現。在歐洲，種族化的宗教差異觀念助長了國族主義的想像力，而這種想像力大行其道。

在十九世紀中期，即使是最具帝國主義色彩的戰爭——克里米亞戰爭，也是由宗教爭端引發的。戰爭的起因，是俄國要求歐斯曼帝國承認其為歐斯曼境內東正教徒的保護者，並給予歐斯曼帝國治下的耶路撒冷東正教徒更多特權。但是，當俄羅斯海軍在一八五三年於西諾普（Sinop）取得對歐斯曼帝國的初步勝利後，帝國秩序又扎穩了腳跟：英國和法國於一八五四年三月向俄羅斯宣戰，支持歐斯曼帝國。[38]在這場戰爭中，軍事技術大為改進，從而帶來巨大的傷亡，這場異常血腥的戰爭最後以俄國的失敗告終。

歐斯曼人十分以這場勝利為榮。在他們看來，克里米亞戰爭純粹是一場帝國模式的衝突。吉哈德並非開戰的論述。對於英國和歐斯曼帝國的菁英們來說，這是一場文明抵禦俄羅斯野蠻行徑的戰爭。在巴黎會議（Congress of Paris）和談期間，列強宣布歐斯曼帝國加入歐洲協調，從而確保其主權和在帝國間秩序中的平等地位。歐斯曼帝國蘇丹同意改善基督徒臣民的條件。換句話說，和約試圖確保歐洲的帝國現狀，歐斯曼帝國無疑身列其中。被納入這一普世的帝國文明體系正是歐斯曼帝國想要的，他們也表現出了這樣的意願，比方說，他們在一八六〇年的大馬士革暴亂中保護了基督徒免受穆斯林襲擊者的傷害。

克里米亞戰爭結束僅一年後，一八五七年的印度叛變進一步考驗了帝國體系。當衝突結束時，儘管宗教身分的重要性與日俱增已是不爭的事實，但是帝國思維的勝利再一次得到了確認。

大英帝國在印度的擴張是一點一點進行的，當時的印度在名義上仍處於穆斯林蒙兀兒帝國的統治之下。在英國東印度公司歷史上的多數時候，其依靠的是間接統治以及與印度王公貴族的朝貢聯盟。這意味著它需要在地人的合作，而大量的印度教徒、穆斯林和錫克教徒，包括宗教學者和軍官都與之合作。

儘管有在這一點上的成功，叛變還是在一八五七年五月十日爆發了。革命者的第一件大事就是讓年邁的蒙兀兒皇帝巴哈杜爾沙（Bahadur Shah）復位，展示了帝國合法性的持續力量。[39]許多穆斯林學者發出了吉哈德的號召，許多印度教徒也同樣以宗教理想為他們的反抗辯護。值得注意的是，吉哈德的號召只針對英國人，而不是印度教徒，這表明帝國具有包容性，既尊重印度教傳統，也尊重穆斯林傳統。印度教與穆斯林在一八五七年叛亂期間的團結令人印象深刻，這也說明了二十世紀中葉穆斯林與印度教分裂（印巴分治）的歷史偶然性。

雖然也有人呼籲穆斯林在蒙兀兒皇帝的旗幟下團結起來，但叛亂並沒有得到其他穆斯林帝國的支持，在兩年內就被鎮壓了。歐斯曼帝國支持他們的英國盟友，並向英國戰爭受害者提供援助。鑑於歐斯曼帝國與英國在克里米亞戰爭期間的合作，這種忠誠不足為奇。帝國聯盟對雙方都有利；英國人經常引用他們與歐斯曼哈里發的友誼來為他們在印度的統治辯護。[40]

叛軍被擊敗後，英國王室直接控制了在印度的屬地，維多利亞女王隨後宣布兼為印度女皇。這正是帝國希望避免的直接統治和責任。英國媒體將一八五七年的叛亂與穆斯林聯繫在一起，激發了對穆斯林不忠的懷疑，並出版了威廉・威爾森・杭特（Willam Wilson Hunter）的《印度穆斯林：他們是否對反叛女王感到問心無愧？》（*The Indian Musalmans: Are They Bound in Conscience to Rebel against the Queen?*，一八七一年）之類的書籍。[41] 英國殖民官員公開討論與印度教徒相比，穆斯林能否成為帝國的忠實臣民。穆斯林知識分子也就同樣的問題展開了辯論。

賽義德・艾哈邁德汗認為答案是肯定的：穆斯林可以是平等和忠誠的。作為印度最有影響力的穆斯林領袖之一，艾哈邁德汗提出了擁護英帝國統治的現代主義穆斯林身分。但他並不只是王室的走狗。他還對英國傳教士和殖民官員的反穆斯林言論提出了質疑。在很大程度上，艾哈邁德汗體現了帝國普世主義的計畫，他試圖在基督教君主維多利亞女王的庇護下，透過維護自己的穆斯林身分，使大英帝國更具包容性。因此，他在一八七五年建立了穆罕默德益格魯－東方學院（Muhammadan Anglo-Oriental College），以培養既是穆斯林又是英國人的新一代印度人。他希望這些學生（大多是穆斯林地方菁英的子女）能在印度為帝國服務，同時增強穆斯林社群的能力。在一八八〇年代，當英國和歐斯曼帝國的地緣政治利益開始出現分歧時，艾哈邁德汗認為印度穆斯林受宗教義務的約束，必須服從他們的基督教統治者，而不是伊斯坦堡的哈里發。[42]（根據帝國的邏輯，歐斯曼帝國的菁英們自己也能理解這種忠誠性，在他們與俄羅斯帝國的衝突中，他們也曾期望他們的東正教臣民能夠做到這一點）。艾哈邁德汗並不是唯一持這種觀點的人；大多數英屬印度的順尼派學者都想方設法將伊斯蘭教育和學術制度化，同時將英國的統治呈現為穆斯林律法傳統中的合法統治。[43]

在十九世紀中葉，基督教在印度穆斯林中的傳教活動急遽增加，艾哈邁德汗和其他致力於促進帝國內穆斯林平等身分的人，面臨來自基督教傳教活動的巨大障礙。儘管英國殖民官員並不正式為傳教活動背書，但在大多數狀況下，基督教傳教士都受益於帝國的政治資本和保護。他們將歐洲帝國霸權和科學進步描繪成上帝眷顧基督徒的標誌，從而將自己的神學主張嵌入帝國和種族的等級制度中。穆斯林學者用自己的論辯反駁傳教士的論點。通信和交通技術在那個時期的進步對在穆斯林社會傳播這些論點來說至關重要，這些論點開創了一種全新的傳統，在這個傳統中，伊斯蘭被定位為一種普世性的、全球性的宗教，可以應對基督教傳教士的挑戰及其關於穆斯林劣等性的主張。

一位印度穆斯林學者與基督教傳教士接觸的故事說明了穆斯林身分是如何開始普遍化，以回應來自歐洲的種族劣等敘事的。在一八五七年叛亂之前，拉赫曼圖拉・凱蘭維（Rahmatullah Kairanwi）因與德國福音派傳教士卡爾・戈特利布・普范德（Carl Gottlieb Pfander）在德里舉行的一場辯論而聞名。拉赫曼圖拉・凱蘭維部分依據了現代歐洲的聖經批評，對基督教經文的真實性提出質疑，並重申穆斯林拒絕三位一體論。[44]辯論持續了兩天，雙方都宣稱自己獲得了勝利。普范德後來還前往伊斯坦堡，並再次吹噓了辯論的結果。

歐斯曼帝國蘇丹阿布杜阿齊茲對普范德的吹噓感到不安，他想知道拉赫曼圖拉・凱蘭維對事件的說法。蘇丹邀請他前往伊斯坦堡，並資助出版了他的著作《真理的昭示》（*Izharul Haq*），他在書中澄清了自己關於伊斯蘭是唯一真理的論點。《真理的昭示》於一八六四年以阿拉伯語出版，流傳的範圍很廣。例如，布萊頓在一八七五年的文章中指出，「獅子山的西非穆罕默德信徒」閱讀並討論了這本書。[45]

人們很容易相信，隨著《真理的昭示》一書的出現，現代普世性的伊斯蘭教觀念已經成熟了。畢竟，歐斯曼帝國的蘇丹出資出版了一部論證伊斯蘭教優於全球化的基督宗教傳教活動的著作。然而，蘇丹阿布杜阿齊茲也是坦志麥特運動的堅定信仰者，他致力於維持一個有三分之一人口是基督徒的帝國。在一八六〇年代，穆斯林世界和西方基督宗教世界的二元對立尚未確立，但宗教、帝國和種族的混合卻隨著全球化的發展而變得更加複雜了。英屬印度的一名歐洲新教傳教士能夠打破數千英里之外歐斯曼帝國的敏感平衡，這不僅表明了新的移動和通信技術的力量，也表明了經過數十年種族和宗教緊張局勢的加劇，帝國框架已被削弱了。

帝國被種族和地緣政治壓倒了？

一八七三至一八八三年這段時間見證了與新的跨國穆斯林現代主義者和帝國敏感性相關網絡的重大深化。其中的一個例子是在一八七〇年代之初，亞齊（Aceh）**的蘇丹向伊斯坦堡派去了一個使團，要求歐斯曼人保護他們免遭荷蘭軍隊的攻擊。[46]在伊斯坦堡期間，亞齊人會見了東突厥斯坦喀什噶爾公國（Kashgar Emirate of Eastern Turkistan）以及中亞希瓦和布哈拉公國的代表，他們也在尋求歐斯曼帝國的軍事和外交支持。亞齊和喀什噶爾代表團同樣

** 編者注：位於印尼蘇門答臘島北端的蘇丹國，興盛於十六、十七世紀，其後逐漸衰落，十九世紀後期遭荷蘭入侵。

向大英帝國提出了援助請求，因為大英帝國被視為伊斯坦堡蘇丹哈里發的盟友。歐斯曼帝國對遙遠的穆斯林的支持從來都不是必然的，但伊斯坦堡的穆斯林新聞界正蓬勃發展，非常活躍，他們推動政府支持亞齊，而蘇丹本人也喜歡這種在全球穆斯林中提高聲望的想法。[47]最終，由於荷蘭的抗議，他也無法做出什麼實質上的幫助。蘇丹確實授予了喀什葛爾特使一枚國家勳章，並給予外交認可和財政支持，但他拒絕了軍事援助，並建議喀什葛爾人不要與俄羅斯和中國發生爭執。[48]

亞齊和喀什噶爾的使團會面不僅是歐斯曼帝國菁英在穆斯林社會中樹立威望的機會。它們還激發了歐斯曼帝國對世界各地穆斯林的好奇心。納米克·凱末爾不無諷刺地指出，在一八七〇年代，歐斯曼民眾開始鼓動聲援中國西部的穆斯林，而在二十年前，他們仍對中國西部的穆斯林所知甚少。[49]

在這一時期，愛德華·布萊頓也發表了關於全球穆斯林種族的著作。在英國和荷蘭的間諜活動中，對跨國伊斯蘭身分的認識也變得顯而易見。英國外交部希望弄清歐斯曼人是否在女王的帝國內煽動穆斯林宗教和政治復興。在與荷蘭官員的協商下，英國外交部編寫了近三十份報告，報告由駐穆斯林占人口多數的城市的領事館所收集。英國人的結論是，並不存在組織性的泛伊斯蘭運動，但他們的擔心並非毫無根據。外交部確實注意到，由於新的新聞業透過電報線路提供有關遠方的每日新聞，穆斯林似乎對全球事務有更多的了解。雖然一些英國和荷蘭殖民官員擔心他們對穆斯林的殖民統治可能會引起泛伊斯蘭主義的反應，但俄羅斯帝國對歐斯曼帝國境內的基督徒居民的泛斯拉夫主義政策卻成為了穆斯林自己早期泛伊斯蘭主義思想的靈感來源。[50]

一八七七至一八七八年的歐斯曼－俄羅斯戰爭是一個轉折點。這場衝突在全球範圍內充分調動了穆斯林和基督徒的身分認同，穆斯林和基督徒之間種族化的區別給帝國思維蒙上了陰影。俄羅斯呼籲東正教徒團結一致，並以穆斯林統治的聖索菲亞大教堂作為團結基督徒的象徵。歐斯曼人則呼籲進行聖戰，儘管他們的目標是保持對保加利亞、羅馬尼亞和塞爾維亞基督徒領土的控制。

俄國並不是巴爾幹獨立的唯一支持者。與近五十年前的希臘獨立一樣，以威廉·格萊斯頓（William Gladstone）為代表的英國自由主義者也以拯救基督徒免遭穆斯林壓迫為名支持分離運動。[51]從帝國的角度來看，格萊斯頓的立場是不合理的：他自己所屬的大英帝國統治下的穆斯林人口要比基督徒更多，而他卻在這裡主張宗教和種族分離。格萊斯頓的競爭對手班傑明·迪斯雷利（Benjamin Disraeli）則堅持帝國的觀點，只要帝國給予其基督徒臣民自由，他就傾向於尊重歐斯曼帝國的領土完整。[52]

格萊斯頓堅定的反穆斯林論調——稱歐斯曼穆斯林菁英是「反人類的標本」，反映出一種更廣泛的趨勢，即基於民族、種族而非帝國戰略的地緣政治辯論。格萊斯頓努力避免將他的反歐斯曼言論泛化到所有穆斯林身上，而是將突厥人與印度人區分開來，並指出造成歐斯曼專制的不僅僅是「穆罕默德教」，而是其與突厥種族的混合。然而，他的名字很快在印度穆斯林知識分子及其他群體中與反穆斯林種族主義聯繫在一起。一批新的歐美記者密切關注俄國－歐斯曼戰爭（俄土戰爭），並以親基督教和反穆斯林的偏見來對戰爭進行報導。[53]

儘管如此，英國公眾中仍有一部分人希望繼續與歐斯曼帝國結盟。最積極支持這一陣營的是印度穆斯林，他們面對基督教國族主義和俄國侵略的穆斯林遭難，激起了前所未有的人道主義情懷，為穆斯林難民提供財政援助，並參與有利於歐斯曼帝國的政治活動。他們認為，女王的穆斯林臣民與歐斯曼哈里發有特殊的關係，擊退俄國的入侵符合大英帝國的利益。包括駐伊斯坦堡大使亨利．萊亞德（Henry Layard）和印度總督羅伯特．布維爾．萊頓（Robert Bulwer-Lytton）在內的一些英國官員也對此表示贊同。正是萊亞德和布維爾．萊頓建議並促成了歐斯曼使團前往阿富汗，以請求阿富汗協助歐斯曼人對抗俄國人。[54] 這些大英帝國軍官設想的是在歐斯曼帝國和大英帝國的聯合領導下，穆斯林團結起來對抗俄國人向南擴張。但阿富汗國王拒絕了這個得到英國支持的歐斯曼代表團的建議，他們不願與俄國人作戰，並指出恰恰是英國人剛剛入侵了阿富汗領土。

然而，從總體上看，英國對歐斯曼帝國的政策從結盟轉為中立，其部分原因還是受到了基督教福音派宣傳的影響。格萊斯頓強調穆斯林蘇丹對基督宗教的壓迫，並贏得了論爭上的勝利。沒有英國的軍事和外交支持，歐斯曼人缺乏戰勝俄國敵人的資源。與此同時，歐斯曼人清楚地認識到，英國的印度穆斯林臣民是站在他們一邊的，也就是**穆斯林**的一邊。

戰爭失敗後，基督徒人口占多數的巴爾幹省份大多獨立了。曾經占歐斯曼帝國人口三分之一以上的基督徒，現在只占帝國人口的四分之一。[55]蘇丹開始強調自己的宗教信仰，以鼓勵內部團結。伊斯蘭成為民族認同的源泉，就像基督宗教在歐洲帝國和曾經被歐斯曼帝國統治的領土上一樣。在歐洲關於「東方問題」（Eastern Question）的討論中，歐斯曼帝國現在成了一個不值得結盟、需要進一步將其裂解的穆斯林專制國家。把歐斯曼帝國說成是歐洲病夫、最好將其肢解掉的描述，將殖民地穆斯林的種族化延伸到了最後一個由穆斯林統治的主要獨立帝國的身上。

一八八一年和一八八二年，前歐斯曼帝國的突尼西亞省和埃及省分別被劃定為法國和英國的保護國，穆斯林報刊和穆斯林輿論更加強烈地譴責基督教帝國對穆斯林的奴役。自從敗於俄國人之後，歐斯曼帝國和英屬印度醞釀的泛伊斯蘭主義的種子結出了第一批果實。一八八四年，賈拉魯丁・阿富汗尼（Jamal ad-Din al-Afghani）和穆罕默德・阿布杜在巴黎出版了第一本泛伊斯蘭雜誌《最堅固的連結》（*al-Urwat al-Wuthqa*）。這本雜誌的內容高度反英和反帝。[56]它的反英內容已經表明，穆斯林世界團結的理念最初意味著歐斯曼帝國與英國結盟對抗俄國，但在英國入侵埃及之後，這一理念可能會轉變為一種反英論調。然而，即使在一八八〇年代，泛伊斯蘭主義也並非始終如一地反對英國。

賈拉魯丁・阿富汗尼和穆罕默德・阿布杜的生平證明了他們所處的時代：一個帝國和跨國穆斯林身分並存的時代。他們的傳記並不符合任何整齊劃一的分類；他們持有反帝國主義、泛伊斯蘭教的觀點，但又與帝國合作。他們的雜誌在法蘭西帝國的核心出版，而這個帝國才征服了另一個北非穆斯林地區。他們經常對文中關於在北非法蘭西帝國主義的批評自我審查，同時火力十足地對準英國抨擊，這在政治上是給了他們的法國東道主方便。然而，他們很快就開始與英國殖民官員交談，並表現出對大英帝國一些項目的支持。阿富汗尼稱讚了蘇丹馬赫迪叛亂（Mahdi rebellion）的泛伊斯蘭影響，然後表示願意擔任馬赫迪和英國人之間的調解人。一八八〇年代中期之前，阿富汗尼的泛伊斯蘭化程度要低得多，他在這段時間一直與埃及的赫迪夫陶菲克（Tewfik Pasha）保持著密切關係，如果帝國的平衡得以維持，他可能會繼續致力於埃及的自強計畫。

儘管穆罕默德・阿布杜是反帝的，但他還是於一八八八年回到了埃及，在英國保護國的庇護下工作。當他在一九〇五年去世時，在伊斯坦堡發表的唯一一篇訃告是來自一個庫德醫生阿布杜拉・傑夫代特（Abdullah Cevdet）親英的社會達爾文主義雜誌，而不是來自反帝國主義的圈子。

阿布杜和阿富汗尼都與英國貴族威爾弗里德・布朗特（Wilfrid Blunt）關係密切，布朗特對埃及要求從英國獨立的呼聲表現出了一定的同情，但他同時也是大英帝國統治印度的堅定信徒，並堅信大英帝國擁有世界上最大穆斯林勢力的帝國地位。[57] 對阿布杜和阿富汗尼來說，穆斯林世界團結的地緣政治和種族觀念可以與基督徒主導的帝國統治現實以複雜的方式共存。

★ ☾ ★

儘管在整個十九世紀都存在對於普世帝國觀念的主張，但是帝國主義在非洲和亞洲穆斯林社會的特性導致了一八八〇年代初時出現的穆斯林種族化。這就是「穆斯林世界」觀念的基礎。穆斯林種族化的舞台無處不在。俄羅斯帝國的穆斯林臣民擁有不同的法律地位，但都被定義為穆斯林。荷蘭帝國和法蘭西帝國在法律上區分白人公民和穆斯林臣民，穆斯林幾乎不可能實現全然的平等。大英帝國將伊斯蘭教法編纂為個人和家庭法，並在穆斯林臣民中實施，此舉實際上是給全球百分之四十的穆斯林人口賦予了新的法律地位。在從奈及利亞到馬來西亞的領土上，英屬穆斯林的忠誠度特別被審視。穆斯林不僅根據自己的經歷，還根據其他穆斯林的經歷對這些帝國做法提出質疑。

歐斯曼帝國境內基督徒國族主義日益高漲並得到其他歐洲列強支持，在這個背景下，歐斯曼帝國為維護帝國思維而進行的改革和努力就具有諷刺意味。儘管歐斯曼帝國竭盡全力維護歐洲協調的普世性，但在歐洲大都市和穆斯林殖民地，歐斯曼帝國卻被賦予了獨特的「穆斯林性」。

在本世紀上半葉，並不存在伊斯蘭教與西方對抗的霸權和單一敘事，英國對歐斯曼穆斯林統治基督徒的支持就證明了這一點。然而，到了一八八〇年代，這種伊斯蘭教與西方對抗的敘事已經強大到不容忽視的地步。帝國的願景並沒有完全被打敗，帝國本身當然也沒有被打敗。但它們需要接受種族這一新的現實要素，並發展出應對種族政治力量的手段。埃赫內斯特・赫農在一八八三年的一次演講中宣稱，穆斯林是閃米特種族（閃族，Semitic race）的成員，由於他們的狂熱，他們是無法取得進步、發展科學的。穆斯林現代主義者對這種種族劣等性論調的全球性回應已經表明，在以歐洲為中心的帝國世界新秩序中，穆斯林世界的想像方式出現了重大斷裂。

第三章

尋求女王和哈里發之間的和諧

（一八七八年－一九〇八年）

當歐斯曼帝國在一八七八年的戰爭中輸給了俄羅斯帝國，大英帝國在這場戰爭中放棄了他們長久以來的盟友歐斯曼帝國，以此回應國內日益加深的反穆斯林情緒，在這場戰爭之後的三十年是一個充滿矛盾和轉型的時代。在這個舊的、普世帝國制度的廢墟上，出現了一種新的帝國風格，這種新風格明顯受到了種族的影響，其邊界是按照多條界線劃定的——不僅僅是身體外貌的特徵，還有宗教、對共同歷史的看法和政治忠誠。在這個時期裡，殖民統治者將穆斯林臣民看成是單一的文明和種族成員，這種觀點在此時得到了鞏固。穆斯林臣民出於自己的各種政治目的接受了這種種族身分。

這個時代的穆斯林知識分子大肆宣揚泛伊斯蘭思想，並逐漸將歐斯曼帝國蘇丹視為哈里發和全球穆斯林社會的領袖。在方便的時候，蘇丹會利用他作為伊斯蘭的國際代表人的新角色。與此同時，他還努力爭取帝國內部不安分的基督徒的支持，盡可能恢復以前的秩序。同時，泛伊斯蘭主義者正在推動穆斯林的統一和現代化，與歐洲基督徒所持的穆斯林天生劣等的敘事相抗衡，但這對於克服和戰勝種族化的本身卻效果不彰。泛伊斯蘭主義者們推進反種族主義和反帝國主義的議程，但是他們適應了全世界百分之七十的穆斯林都是在歐洲基督徒的統治之下這一事實。

一九〇七年十一月在開羅召開的泛伊斯蘭大會說明了這些重疊和緊張關係。當時，克里米亞穆斯林伊斯瑪儀・加斯皮拉利（Ismail Gaspirali）前往開羅，組織討論關於「穆斯林世界」——一個新的想像實體，所存在的社會和文化問題。伊斯瑪儀・加斯皮拉利是一名著名的記者，致力於提高俄羅斯帝國內的穆斯林的待遇。他在埃及文化界裡沒有什麼人脈，但匈牙利籍英國東方學家阿米紐斯・萬貝里（Arminius Vambery）曾翻譯過他的作品，這使他獲得了一定的名聲，路透社的一篇報導很快讓開羅知道了他的計畫。看到這則消息後，開羅重要的泛伊斯蘭主義者拉須德・理達便四處打聽開羅各處的酒店，想要找到加斯皮拉利的住處。這兩人後來成為了親密的合作者。

由於拉須德・理達與其社交圈的支持，有三百人參加了加斯皮拉利的聚會，討論穆斯林世界的命運。但會議避開了許多可能與泛伊斯蘭言論相關的話題。大會重點討論的不是國族主義和反帝國主義，而是穆斯林在經濟、教育和社會生活中衰落的原因以及穆斯林復興的策略。[1]

大英帝國和俄羅斯帝國的穆斯林臣民在一個英國的保護國裡領導一場泛伊斯蘭集會，這說明在這一過渡時期，泛伊斯蘭地緣政治想像力的特殊架構，當時穆斯林的命運似乎比以往任何時候都更加統一，但帝國的現實卻無可置疑。此外，即使歐斯曼帝國的蘇丹阿布杜哈米德二世贊同泛伊斯蘭思想和聯繫，他也沒有對加斯皮拉利尋求道義支持和批准大會的請願予以回應。阿布杜哈米德擔心這樣的集會將在歐洲進一步引發種族化的反伊斯蘭情緒（racialized Islamophobia）——即所謂的穆斯林危險（Muslim peril），因此拒絕推動任何可能被視為穆斯林挑戰歐洲帝國統治的活動。當伊斯瑪儀．加斯皮拉利決定在歐斯曼帝國的第二大城市（開羅）舉行會議時，這裡實際上由統治了一億穆斯林人口的大英帝國所統治，他可能會根據類似的推理得出與阿布杜哈米德二世相反的結論。二十世紀初的泛伊斯蘭主義者可以在不放棄英國統治的情況下讚美哈里發，不會讓其他歐洲帝國感到緊張。[2]

哈里發的拒絕必然刺傷了加斯皮拉利。作為日益相互聯繫的全球穆斯林社區的精神領袖，歐斯曼帝國統治者在數百萬人的生活中享有盛譽。作為穆斯林帝國現代主義的象徵性領袖，哈里發肯定了穆斯林傳統與進步是相容的，穆斯林理應受到有尊嚴的對待。因此，哈里發不僅在精神上，而且在政治上都成為全球穆斯林知識分子關注的焦點，伊斯坦堡也成為信息、思想、不滿和願望的交流中心。從一八八〇年代到一九二〇年代的短暫時期內，「哈里發」的含義在全球範圍內得到了同步和重新詮釋，正是這一含義——代表所有穆斯林的體制，其遺緒將成為整個二十世紀的重要記號。

與歐洲君主制國家裡的穆斯林臣民的宗教聯繫對歐斯曼帝國的菁英階層而言也很重要，不過這個信仰紐帶主要是作為恢復與英國的聯盟和維持與其他帝國關係的籌碼。哈里發希望他的精神主權成為帝國世界秩序和平穩定的基礎，而不是成為文明之間的衝突。[3] 與此相似的是，基督教統治帝國的穆斯林臣民在談判策略中也使用了泛伊斯蘭團結的思想。穆斯林一般不會拒絕基督徒統治的合法性。他們的主要目標是作為帝國的臣民或公民，獲得更多的權利，並批評白人基督徒的種族主義，而不一定是要分離出去。

至此，種族主義在殖民管理和歐斯曼帝國在世界舞台上的待遇方面都暴露無遺，長期以來，它始終是不滿情緒的重要因素。但高度帝國主義的政治和思想使情況更加惡化了。基督徒的國族主義削弱了歐斯曼人的力量，而宣揚自由和文明的歐洲人則控制了越來越多穆斯林人口占多數的領土。與此同時，社會學和地緣政治學等相對較新的學科與生物學一道，提出了日益僵化的種族等級理論。東方學家們——研究「東方」語言、文學和文化的學者，以及歷史學家們，為種族理論提供了背景和彈藥，雖然他們持有一種高高在上的態度，但是他們對於自己所研究的穆斯林文明和宗教一般而言比較細緻入微，並持欣賞態度。事實證明，與查爾斯・達爾文、赫伯特・史賓賽（Herbert Spencer）和古斯塔夫・勒龐（Gustave Le Bon）有關的「科學」種族主義在知識界和公眾中更有影響力，鞏固了穆斯林劣等的公開言論，進一步強化了托馬斯・阿諾德（Thomas Arnold）、阿爾弗雷德・勒夏特列（Alfred Le Chatelier）、路易斯・馬西儂（Louis Massignon）和伊格納茨・戈爾齊赫（Ignaz Goldziher）等東方學家作品中關於穆斯林具有本質區別的觀點。[4]

泛伊斯蘭主義者反對的正是這種新的種族主義，但他們採取的策略卻造成適得其反的後果。穆斯林現代主義者越是能言善辯、敢於發聲，殖民地菁英和大都市居民就越是疑神疑鬼。穆斯林改革者強調與歐斯曼哈里發的精神聯繫，並將歐斯曼基督徒的生活與歐洲統治下穆斯林的生活進行比較，從而助長了歐洲人對伊斯蘭與西方衝突的偏執態度。

與歐洲思想和殖民主義的接觸並不是塑造現代穆斯林思想的唯一力量，因此，它也塑造了新的種族化帝國敘事。為了反駁歐洲人關於穆斯林劣等的說法，穆斯林知識分子試圖重新定義穆斯林民族的歷史、文明和成就，從而產生了豐富的思想體系和全球話語，歐洲人也參與其中。穆斯林現代主義者透過自豪地與想像中的歐洲帝國中心對話，豐富了種族論述。漸漸地，關於伊斯蘭和穆斯林的基本文明、理性和統一性的論述日漸成熟。在對歐洲東方主義和地緣政治論點的批判中，穆斯林知識分子會根據自己的觀點去本質化、特徵化伊斯蘭和穆斯林的身分。

作爲文明和世界宗教的伊斯蘭

在十九世紀最後二十五年裡，分布在歐亞大陸和非洲的穆斯林公眾之間的相互聯繫達到了非同尋常的程度。穆斯林知識分子和政治菁英利用了這些聯繫探討了共同的種族主義困境。歐洲的各個帝國，尤其是大英帝國，建造了大部分的基礎設施，使這一切的聯繫成為可能。歐亞大陸和印度洋一下子透過輪船、電報線路和火車聯繫在一起。更多的穆斯林開始長途旅行，並透過電報收到最新的消息。在一八六〇年代後，穆斯林的報業蓬勃發展；期刊出版成本低，發行範圍廣。繼一八六〇年代以伊斯坦堡為基地的阿拉伯語期刊《回聲報》（*al-Jawaib*）之後，最成功的泛伊斯蘭期刊是一八八四年在巴黎出版的《最堅固的連結》（*al-Urwat al-Wuthqa*，在第二章中已經提到）。[5] 儘管出版人對帝國所持的立場很複雜，但《最堅固的連結》認為穆斯林有義務捍衛想像的穆斯林世界不受外國統治，並為其復興而努力。該刊物透過有力的言辭表達了自己的觀點。團結／統一（*wahdet*，unity）概念的基礎是一個隱喻，即每個清真寺和宗教學校都是全球鏈條中的一環，將穆斯林學者聯繫在一起，抵禦外來者的入侵。該雜誌還強調在現代主義和反帝國主義的背景下的 *ijtihad*——以伊斯蘭教法、神學和經訓為基準的推理。[6]

泛伊斯蘭時代最具影響力的期刊是《燈塔》（*al-Manar*），由拉須德，理達編輯，於一八九八年至一九三五年在開羅出版。自一八九〇年代到一九三〇年代，拉須德，理達經歷了國際秩序的劇變，這份期刊也反映出了風雲變幻中的模糊性。它的立場在伊斯蘭主義、歐斯曼主義到阿拉伯國族主義和泛阿拉伯主義之間搖擺。不過，無論其當時的立場如何，從《燈塔》期刊的全球訂戶數量可以顯示，穆斯林世界比歐斯曼帝國要大得多。該雜誌最大的資金來源是印度穆斯林。這反映了一個更廣的模式：相對的富裕和在英聯邦的地位使印度穆斯林擁有特別的影響力。[7]

圖書出版業的蓬勃發展增強了穆斯林新聞業的力量。一八六〇年代到一九二〇年代，是穆斯林各學科思想最豐富、成果最顯著的時期之一。阿拉伯語、歐斯曼土耳其語、波斯語和烏爾都語的書籍和其他著作被迅速從一種語言翻譯成另一種語言。由於撰寫這些書籍的穆斯林所關注的是同一系列問題——東方主義、社會達爾文主義、歐洲中心主義的歷史敘事、種族化，因此，各種關鍵的概念在從東南亞到北非的知識界得到了傳播。

儘管泛伊斯蘭作家們密切關注穆斯林生活中的實際挑戰和帝國末期的地緣政治，但他們創造了一種經久不衰的論述。他們提出的六大主題仍在很大程度上影響著跨國穆斯林思想。

首先是伊斯蘭文明的觀念。懷有敵意的歐洲人認為，相對於西方，伊斯蘭本質上就是劣等的，這促使了穆斯林現代主義著作透過重新詮釋穆斯林社會的歷史來捍衛伊斯蘭的文明本質，使其更容易為現代歐洲所接受。[8]這種歷史始於穆罕默德，但以阿巴斯王朝末期的科學和哲學成就為中心。十九世紀末二十世紀初的泛伊斯蘭主義者們認為，如果沒有阿巴斯時代思想家們的工作，現代歐洲文明可以說永遠不會起步。他們認為，這證明了穆斯林與生俱來的進步傾向。

埃赫內斯特·赫農於一八八三年發表的演講「伊斯蘭與科學」就體現了穆斯林現代主義者所希望削弱的那種歐洲種族主義敘事。赫農將穆斯林文明視為僵化的獨立文明和劣等文明。他認為，阿巴斯王朝晚期的科學成就並不是在伊斯蘭的影響下取得的。伊斯蘭的狂熱及其閃米特人的根源必將拖垮穆斯林世界。[9]數百名穆斯林知識分子回應了赫農和威廉·格萊斯頓等其他有影響力的歐洲人的類似言論。[10]賽義德，阿米爾，阿里認為穆罕默德不僅是一位先知，也是一個文明的先行者。根據改良主義的解讀，伊斯蘭文明繼承了希臘的遺產，將其與理性和人本主義的伊斯蘭價值觀相融合，並在穆斯林的黃金時代促成了現代西方的出現。這種以歐洲－伊斯蘭為中心的世界史觀意味著，穆斯林對現代西方崛起的貢獻是一個文明價值和尊嚴的標準，而這一標準的實現使穆斯林成為在種族上平等的人。[11]

即使是被公認是不虔誠和實證主義的知識分子，也不得不撰寫一些辯護文章來為伊斯蘭正名，以對抗東方主義和社會達爾文主義的觀點。[12]因為對穆斯林的種族主義是對一個文明的偏見，而不是對膚色的偏見，所以必須在東方主義和社會達爾文主義的框架內反駁種族主義論點。反駁這些論點的唯一方法，在當下看來，就是重新思考穆斯林的歷史、神學和科學，因為這些論述中假定的劣等性支持了歐洲種族主義的論述。

因此，穆斯林現代主義項目在這一階段無法擺脫與歐洲主流社會科學理論的互動，穆斯林知識分子對科學種族主義的細節進行了細緻的論辯。[13]他們提出了各種不同的解釋和詮釋，但大多摒棄了阿拉伯人、土耳其人、印度人和波斯人之間的區別。在關於社會達爾文主義的辯論中，穆斯林知識分子普遍承認穆斯林的不發達和落後，但他們否認這是一個永久性的問題。知識菁英們認為，他們可以呼籲民眾覺醒介入這個問題，從而「結束衰落」。[14]穆斯林現代主義者對衰落的批判是嚴厲的，並將矛頭指向內部。它認為蘇非主義和當代穆斯林的鄉土習俗是衰落的原因，因此早期伊斯蘭的純潔性才是解決之道。[15]這種復興原始價值觀的願望很容易與知識分子希望建立歐洲的理性主義和職業道德的興趣結合在一起，這些興趣是一系列達爾文主義式的擔憂所塑造的，它擔心穆斯林種族在競爭激烈且不安全的國際政治舞台上是否能夠生存下去。

在這些論點中，穆斯林世界的衰落意味著存在一個「穆斯林世界」，而且它的存在不僅是當代才有的現象。如果穆斯林世界正在衰落，那麼它在此之前一定存在過。就這樣，最早的伊斯蘭文本和歷史都與穆斯林世界這一概念聯繫了起來，然而這一概念在之前的那個時代裡是講不通的。這種新的全球敘事是十九世紀地緣政治學和新的科學與政治理論的產物，卻被投射到了過去幾個世紀上。

泛伊斯蘭主義作者及其活動網絡的第二個主要觀點是一種新的觀念，認為伊斯蘭教是一種普世宗教，可以反駁基督教傳教士和世俗東方學家的主張。宗教是穆斯林世界的種族標誌，而伊斯蘭傳統的劣等則是歐洲帝國內部和跨帝國歧視穆斯林臣民的理由。因此，穆斯林現代主義者試圖將伊斯蘭教的地位提升到與基督教和啟蒙運動相媲美的普世地位上。「真正的」穆斯林是開明和寬容的，這一觀點逐漸成為了穆斯林現代主義的標準。

這個目標試圖給伊斯蘭下一個適用於所有民族、所有地方、所有時期的定義，使這個宗教能夠倡導理性、現代文明和進步——這正是歐洲種族主義者認為伊斯蘭教最缺乏的東西。這是一種被動的姿態。例如，穆罕默德·阿布杜對法國外交部部長加布里埃爾，哈諾托（Gabriel Hanotaux）稱伊斯蘭教落後、專制、不寬容的說法做出了回應，如果不考慮他的回應，就無法理解穆罕默德·阿布杜對伊斯蘭教的重新思考。[16]同樣的，賽義德，艾哈邁德汗和賽義德，阿米爾，阿里在英國撰寫的關於伊斯蘭是理性宗教的文章，只有將其放在對威廉，繆爾（William Muir）等傳教士和東方學家回應的語境下分析才有意義。《燈塔》雜誌使用了大量的篇幅將伊斯蘭教重新表述為一種世界宗教，這在針對傳教士、基督教傳教士和歐洲東方主義的論戰中尤其如此。

經歷這種轉變的宗教並非只有伊斯蘭教。在這個時代，猶太教、印度教和佛教也從其實際上的宗教實踐中抽離出來，按照普世基督宗教的樣子被重新組合了。佛教和印度教突然發現自己擁有一套標準的經典文本和教義，這種轉變對它們來說尤為艱難。

我們可以從基督教傳教士（例如卡爾，戈特利布，普范德）的反穆斯林論戰中看到伊斯蘭教成為世界性宗教的根源。回想到拉赫曼圖拉，凱蘭維在論證中的論述，他說《古蘭經》是真主實實在在的話語，而且不會被改變，而基督徒的經典則是被篡改了的。[17] 最終，在一九二〇年，印度穆斯林成立了自己的傳教組織——宣教會（Tablighi Jemaat），並以模仿基督徒的傳教方式來加以回應。印度新成立的阿赫瑪迪亞異端同樣也是為了駁斥基督教傳教士、印度教和錫克教傳教士以及阿里亞，薩馬吉（Arya Samaj）等復興主義者。艾哈邁迪耶運動利用被理解為非暴力聖戰的傳教方式來傳播他們認為真正的、普世的伊斯蘭教。[18]

但是，將伊斯蘭教重塑為世界性宗教所做的不僅僅是對東方主義和種族主義的回應。穆斯林改革者接受了全球統一信仰的概念，也是為了減輕他們對實際多樣性的恐懼，因為多樣性似乎是分裂和軟弱的根源。穆斯林的跨境流動使改革者們警覺到穆斯林習俗和信仰極具多元性。但改革者們有不同的觀點，因為他們認為在新的帝國條件下，共識是力量的源泉。到一八九〇年代時，出現了關於伊斯蘭教共有的論述點。改革者們將伊斯蘭定義為世間最具內在一致性、最理性、最有系統的宗教。這種伊斯蘭教較少提及奇蹟和聖徒，並為其文明和哲學感到自豪。改革者認為，這種普世的伊斯蘭教比宗派林立、分裂不斷的基督宗教更加團結。[19]

什葉派泛伊斯蘭主義者賽義德，阿米爾，阿里在一八九一年撰寫了《伊斯蘭教的精神》（*Spirit of Islam*）一書，這本書體現出了上述改革派的動力，他們要努力創建一個與啟蒙運動和世界其他宗教相和諧的普世伊斯蘭教。[20]這本書把伊斯蘭教與基督教、猶太教和佛教等普世宗教進行了比較，但他的比較中並沒有包括印度教——它是伊斯蘭在阿里的故鄉印度的主要競爭宗教。認為伊斯蘭具有「一種精神」的想法是全新的概念，與早期學者的主張不同，早期學者很少把自己的觀點說成是「根據伊斯蘭」的真理。穆罕默・・阿布杜的《統一神學》（*Theology of Unity*，一八九七年）則是另一本具有這一代表性的出版物。[21]

「伊斯蘭」這個詞很少出現在近代以前的書名中，但在十九世紀以後卻隨處可見。這些書籍大多是非穆斯林歐洲人作品的譯本，或者是穆斯林為回應歐洲人的著作而寫的。「伊斯蘭中的婦女」或「伊斯蘭的聖戰」等書名或章節名回應了歐洲反穆斯林著作的論戰，同時也提出了一個理性化、系統化和現代主義的宗教計畫。[22]

與伊斯蘭文明和世界宗教並列的泛伊斯蘭敘事的第三個重點，是把穆斯林的近代史解釋為被西方折辱的產物。伊斯蘭必須得到救贖，才能將其輝煌的過去延續下去。比方說，生活在大英帝國統治下的印度穆斯林作家，動情地提到穆斯林世界和伊斯蘭教的衰落和屈辱，這種挫敗可能是由於各個穆斯林帝國的解體，也可能是由於歐洲入侵而喪失了文明的統一性。[23]

關於伊斯蘭衰落的敘事往往與懷舊情懷交織在一起。穆罕默德・伊克巴爾（Muhammad Iqbal）是一位頗具影響力的印度穆斯林詩人和政治家，他對阿拉伯人結束在西西里島的統治以及科爾多瓦清真寺的狀況表示哀嘆，這個清真寺在安達盧西亞（Andalusian，伊比利半島南端）穆斯林遭到驅逐後被改成了天主教堂。伊克巴爾的著作經常提到「溫瑪」，但很顯然，這個詞是現代地緣政治伊斯蘭文明的代名詞。伊克巴爾引述過去的屈辱和救贖時刻，部分是為了激勵穆斯林世界的重塑。就像是經常出現的懷舊情緒一樣，主張黃金時代衰落的說法始終是有漏洞的。在帝國的全球化進程中，穆斯林的教育、識字率和出版印刷業皆有長足的進展。十九世紀末，印度洋上的穆斯林商人在英國統治下經歷了他們自己的黃金時代。[24]

然而，輝煌、屈辱和救贖的拱門弧線提供了一個強而有力的政治形象。

第四個泛伊斯蘭的主要論述是一種新的歷史意識，認為穆斯林世界與西方基督教之間存在著永恆的衝突。這個論述也是錯誤的。中世紀的穆斯林歷史學家確實寫過十字軍東征，但在他們的敘述中，穆斯林世界與基督教西方之間的衝突從來都不是最重要的。歷史上穆斯林比較與佛教徒和印度教徒相毗鄰，而非與基督徒相比鄰而居。然而，到了二十世紀初，人們主要從地中海和東歐邊陲經驗的角度，將穆斯林歷史與基督宗教的歐洲中心聯繫起來重新思考。這在一定程度上是對歐洲歷史敘事的回應，因為歐洲歷史敘事強調與穆斯林的軍事遭遇是歐洲身分的構成要素。在這種情況下，文明衝突成為理解全球歷史的主要視角。

雖然歐洲菁英和受過教育的穆斯林的帝國經驗已足以顯示文明交戰敘事的錯誤，但是為什麼他們還是接受這種論述？如前所述，歐洲關於將歐斯曼帝國的基督徒從壓迫的穆斯林統治下解放出來的敘述，是造成這種二元性的形成因素。俄羅斯和哈布斯堡帝國的宣傳，也強調了伊斯蘭教與基督宗教相衝突的歷史性假設。隨著新帝國主義的形成，歐洲殖民官員將穆斯林的權利訴求和穆斯林的些微不滿都歸因於穆斯林對西方基督教帝國本能上的排斥。殖民觀察家和帝國戰略家們認為，由於長久以來的教義分歧，穆斯林傾向對西方帝國進行暴力反抗。最初，穆斯林改革者拒絕接受永恆衝突的說法。但最終，他們也將現代帝國主義與基督教攻擊穆斯林的歷史敘事聯繫起來。在一九一二至一九一三年的巴爾幹戰爭期間，歐斯曼報刊經常把現代歐洲帝國主義描述為一種十字軍東征，因為它帶有種族主義和反伊斯蘭情緒。

正是在這種背景下，穆斯林改革者發起了一種歷史浪漫主義，這種浪漫主義至今仍在迴盪。例如，在耶路撒冷擊退十字軍的薩拉赫丁·艾尤比（Salahuddin al-Ayyubi，薩拉丁）被塑造成穆斯林世界的英雄和救世主。在一八七〇年代，納米克·凱末爾還創作了一部戲劇，劇中的薩拉赫丁是一位高尚的愛國穆斯林英雄，他擊退了西方基督教對穆斯林世界的進攻。其含義是，如果穆斯林在薩拉赫丁的領導下打敗了十字軍，那麼他們也能打敗帝國主義的現代十字軍。歐斯曼帝國在東歐的統治也受到了類似的美化，被視為文明偉大的典範，儘管歐斯曼人非常珍惜歐洲帝國聯盟的成員資格，並努力避免與在其控制下的東歐基督徒為敵。關於持久衝突的錯誤論述也重新激起了人們對穆斯林西班牙的興趣。阿維羅伊和其他安達盧西亞穆斯林哲學家是伊斯蘭教貢獻西方文明的例子，而「再征服」（Reconquista，常譯為收復失地運動）則是穆斯林被西方羞辱的又一例證。

我必須要強調的是，所有文明衝突理論都源自歐美大學編寫和閱讀、由西方媒體轉載的國際事務文獻。因此，關於伊斯蘭－西方或白種－黃種衝突的主要泛伊斯蘭和泛亞洲文獻都是由在歐洲或美國接受教育的穆斯林和亞洲思想家撰寫的，這一點並不奇怪。哈利勒·哈利德（Halil Halid）的《新月與十字架》（*The Crescent versus the Cross*，一九〇七年）源自他在劍橋大學撰寫的碩士論文。[25]小寺謙吉（Kodera Kenkichi）篇幅長達一千頁的《泛亞論》（*Treatise on Pan-Asianism*，一九一六年），是根據他在哥倫布大學（今天之喬治華盛頓大學）的博士論文撰寫的。[26]泛伊斯蘭和泛亞思想家都關注了洛特洛普・斯托達德（Lothrop Stoddard）的著作，此人是一個持有哈佛大學博士學位的白人至上主義者，而泛伊斯蘭和泛亞思想家們對他的關注正是因為他是透過文明、種族衝突的範疇來研究國際事務的。[27]斯托達德在一九二一年出版了《新伊斯蘭世界》（*The New World of Islam*）一書的阿拉伯語譯本，譯本中包含了重要的泛伊斯蘭主義者沙基布・阿爾斯蘭就書中細節問題所發表的長篇評論，但阿爾斯蘭也同意在穆斯林世界與西方衝突的基本框架上解釋國際事務。[28]

第五個泛伊斯蘭思潮的主要思想是，人們日益認識到穆斯林占多數的領土範圍之廣、人口之多。在二十世紀初時，人們可以經常在地圖上看到穆斯林世界是一個從東南亞到北非的連續地理空間。基督教傳教士是最早繪製地圖的人，他們在地圖上標出了穆斯林占多數的地區，並標明了這些地區的基督徒人口。[29]事實上，福音派傳教士對建立想像的統一穆斯林世界可謂功不可沒，他們於一九一一年在哈特福德神學院（Hartford Seminary）成功創辦了一份名為《穆斯林世界》（*The Muslim World*）的期刊。[30]在一八八〇年代至一九三〇年代期間，有好幾個刊物用英語、德語、法語、義大利語、日語、阿拉伯語、歐斯曼土耳其語和馬來語出版了以此為題的期刊。

在第一次世界大戰前夕，人們經常斷言世界上有二點五億名穆斯林。計算穆斯林的人數強調了西方霸權所面臨的危險規模，從而強化了歐洲種族主義。如果按照歐洲種族主義的想像，猶太人是內部威脅，那麼廣大的穆斯林世界就是外部威脅。位於中國和歐洲之間的大量穆斯林人口意象引發了歐洲人對穆斯林危險的恐懼討論。正如歐洲猶太人因其所謂橫跨全球的力量而令人恐懼，又因其劣等人種而令人感到厭惡一樣，穆斯林既具有威脅性，又被歐洲人貶低。一些歐洲人沉溺於地緣政治的幻想，幻想一個白人帝國可以動員這些既兇猛卻又看來溫順的穆罕默德教信眾對抗他們的敵手。[31]

穆斯林人口的統計數據是否準確並不重要，這些數字對穆斯林和基督徒殖民者都具有政治意義。生活在歐洲帝國統治下的穆斯林以全球穆斯林人口為榮，認為這證明穆斯林是值得被尊重的潛在力量。加入這樣一個龐大的集團在當時也能增強力量，並進一步強調全球性的聯繫。例如，印度的穆斯林可以認為自己不是印度教徒中的宗教少數派，而是印度洋廣大地區的宗教多數派。在印度之外，龐大的全球穆斯林人口給受辱者帶來了信心：如果他們齊心協力，穆斯林就能與歐洲帝國主義列強談判，贏得尊嚴和自治。正如賈瑪魯丁·阿富汗尼所寫道的：「如果你們（變成）蒼蠅，你們的嗡嗡聲也將震聾英國的耳朵……如果真主把你們每個人都變成一隻烏龜，你們可以漂洋過海，把不列顛島包圍起來，然後把它拖到大海深處，然後回到你們解放中的印度。」[32]

泛伊斯蘭主義的最後一個重要主題是反殖民國際主義，這種意識形態也對亞洲和非洲的非穆斯林社會張開懷抱，也接受其他多元包容的意識形態。一個人可以是堅定的無政府主義者、實證主義者或社會主義者，但仍然是穆斯林。殖民主義、東方主義和科學種族主義的共同經歷使亞洲的穆斯林和非穆斯林知識分子圍繞著亞洲－東方身分的概念走到了一起。穆斯林也會讚賞日本的現代化和中國的國族主義。[33]根據中世紀穆斯林對民族的分類，穆斯林應該偏愛基督徒殖民官員等「有經之民」，而非一神教亞伯拉罕傳統之外的神道教日本人等。但穆斯塔法・卡米勒（Mustafa Kamil）等泛伊斯蘭知識分子對日本的同情心要超過了對英國的同情心。[34]相對地，從孫中山到甘地，許多非穆斯林亞洲人也都讚賞泛伊斯蘭主義，他們並不認為泛伊斯蘭主義是一種保守的宗教運動。穆斯林的國際主義也延伸到了印度教徒和佛教徒身上。愛德華・布萊頓和馬庫斯・加維（Marcus Garvey）等泛非主義者將泛伊斯蘭主義視為盟友。

歐洲和美國的神智論者（theosophists）與泛伊斯蘭組織之間的合作是穆斯林國際主義的

另一個標誌。美國作家兼外交官亞歷山大・羅素・韋伯（Alexander Russell Webb）對佛教和神智論感興趣，他把目光投向東方，並最終皈依了伊斯蘭教，成為一名泛伊斯蘭主義者。[35]在一九〇七年，《神智學人》（*Theosophists*）雜誌發表了一篇關於倫敦泛伊斯蘭協會成立的正面報導。[36]神智論者中那些亞洲愛好者的反啟蒙運動批判，支持了印度國族主義者的主張。[37]

同樣重要的是要記住，歐洲並不是一個種族主義不會受阻的地方，穆斯林可以在大都市生活中找到知識分子的盟友。關於穆斯林的種族主義論調得到了穆斯林復興論述的補充。有的時候，這些論述帶有高高在上的恩賜性質，如法國人幻想將高貴的北非柏柏人描繪成被遺棄在閃米特穆斯林阿拉伯人中的前基督徒。但與此同時，在一九〇六年至一九一四年間，法蘭西帝國也接待了一些為《穆斯林世界評論》（*Revue du monde musulman*）撰稿的學者，他們相信一種「穆斯林之春」，以讚許的口吻點出憲政改革、活躍的新聞界、現代主義改革以及穆斯林人口在世界各地的流動。第一次世界大戰期間，法國軍隊中有大約二十萬阿爾及利亞人。算上為帝國工作的平民，阿爾及利亞人對法國戰爭的支持甚至更多。英軍中有大量印度教徒和穆斯林，這些人會與招募亞美尼亞人和希臘人的歐斯曼軍隊作戰。僵化的種族劃分與數百萬人比鄰而居、相互合作的經驗是並存的。

巴黎和倫敦等大都市也為非洲、亞洲和拉丁美洲的知識分子提供了一個相會的空間，他們可以就種族、文化排斥和殖民主義等問題交換意見和提出批評。他們在這些交流中埋下了第三世界的國際主義的種子。[38]比方說，泛非主義者馬庫斯·加維在倫敦結識了泛伊斯蘭主義者杜塞·穆罕默德·阿里（Dusé Mohamed Ali），並為他的雜誌工作。第一次世界大戰後，阿里訪問了在美國的加維，並為他的世界黑人改良協會（Universal Negro Improvement Association）做出了貢獻。

選擇歐洲和美國作為研究地點也象徵著，抽離帝國主義的普世西方抽象概念依然重要。亞洲和非洲的所有主要知識分子都必須充分了解歐洲思想，並密切關注大都市的反帝國主義和反種族主義趨勢。批判帝國主義和白人種族主義的印度從屬者、歐洲和美國知識分子會相互影響。例如，奧古斯特·孔德（Auguste Comte）的實證主義受到了巴西菁英和歐斯曼帝國穆斯林知識分子的歡迎。他的思想極高程度影響了自由主義傾向的歐斯曼帝國團結與進步委員會（Ottoman Committee of Union and Progress）。社會主義和反啟蒙運動的德國浪漫主義也吸引了殖民地的反帝國主義知識分子。

最後，少數精力充沛的歐洲人和美國人皈依伊斯蘭教、佛教和印度教，他們為反殖民主義、泛伊斯蘭教和泛亞計畫提供了道義上的支持。白人知識分子的皈依以及巴黎、倫敦和利物浦活躍的清真寺對穆斯林知識分子來說非常重要。這些都證明了伊斯蘭教確實是一種普世宗教，任何人都可以信奉；它並不侷限於殖民地的有色人種。

英國—歐斯曼聯盟的泛伊斯蘭願景

泛伊斯蘭主義在今天被看作是反帝國主義的一種形式。但事實並非如此。大約在十九世紀末二十世紀初，南亞穆斯林和歐斯曼帝國的菁英人士們利用穆斯林世界的理念推動了歐斯曼帝國與英國結盟。蘇丹阿布杜哈米德二世和一些英國高層加入了他們的行列。

歐斯曼帝國與英國結盟的追求反映了各種利益和現實。在一八八〇年代和九〇年代，英國統治著世界上大約一半的穆斯林，一些英國菁英希望與歐斯曼帝國友好相處，以確保這些臣民的忠誠。歐斯曼人清楚地意識到他們在對俄國戰敗後的脆弱性，他們需要大英帝國作為強大的盟友，因此認為英國的穆斯林人口規模可使英國成為哈里發自然的朋友，也或許是必要的朋友。大英帝國裡的穆斯林臣民希望與歐斯曼帝國改善關係，從而削弱大都市的白人至上主義和帝國種族主義。

英國在穆斯林生活中扮演著如此重要的角色，以至於在一八九四年，艾哈邁迪耶運動的創始人米爾扎・古拉姆・艾哈邁德（Mirza Ghulam Ahmad）暗示維多利亞女王在內心裡是一個穆斯林。維多利亞女王深受一些穆斯林的欽佩，他們還為維多利亞女王的印度穆斯林助手穆希・阿布杜・卡里姆（Munshi Abdul Kareem）喝彩。維多利亞女王跟隨阿布杜・卡里姆學習烏爾都語，而且阿布杜・卡里姆在白金漢宮裡還擁有一個禮拜場所，並被允許在宮廷廚房烹飪清真餐。儘管維多利亞女王是英國聖公會的領袖和虔誠的基督徒，但對英國穆斯林來說，她象徵著一個具有包容性的帝國理想。

然而，大英帝國也仇視伊斯蘭並熱衷於傳播福音。許多英國軍官將穆斯林——一八五七年印度兵變的繼承者，視為女王最不忠誠的臣民。大都會的媒體將穆斯林妖魔化為狂熱分子，排擠在英國乃至整個帝國裡的穆斯林。[39]在與蘇丹的馬赫迪（Sudanese Mahdi）、索馬里叛軍和南亞邊境部落的戰爭中，英國人幻想著瘋狂的毛拉＊和黑皮膚的聖戰分子。王室和政府官員不信任阿布杜・卡里姆，懷疑他與倫敦的穆斯林友人分享敏感信息。[40]而印度教徒則懷疑阿布杜・卡里姆在女王面前灌輸對印度教徒的偏見。在女王去世後，愛德華國王立即將他趕出了皇宮。

＊ 編者注：mullah，穆斯林宗教教師和領袖。

阿布杜．卡里姆、拉須德．理達和賽義德．阿米爾．阿里等泛伊斯蘭知識分子對維多利亞女王乃至盎格魯－撒克遜人在帝國建設和科學方面的成就給予了正面評價，但他們強烈抨擊基督教傳教士和種族主義的虐待。例如，代表英國與蘇丹叛軍作戰的穆斯林對肢解穆斯林陣亡將士的屍體感到不安——這包括破壞馬赫迪本人的屍體，他的屍體還被挖出來扔進了尼羅河。更火上澆油的是，英國基督徒認為大英帝國是解放和保護生活在穆斯林君主（尤其是歐斯曼帝國蘇丹）統治下的基督徒的媒介，他們認為歐斯曼蘇丹是一個暴君。基督徒臣民將大英帝國在全球的勢力視為上帝對其信仰的神聖獎賞，這種表示讓大英帝國的穆斯林臣民疏遠了「最強大的穆罕默德教國家。」

讓帝國的正當性問題更為複雜的，是大英帝國與歐斯曼帝國之間複雜的地緣政治關係。格萊斯頓對穆斯林和突厥人懷有敵意的言論，以及歐洲人對東方問題的討論中對歐斯曼帝國的排斥，既反映了歐洲人中普遍而且粗鄙的「異教徒穆斯林」情緒，也反映了關於穆斯林劣等性的一種更精煉的歐洲東方主義者論述。[41] 格萊斯頓辯稱，他捍衛的是人權，特別是保加利亞基督教少數民族的人權，而歐斯曼帝國統治者關心的主要是帝國主權。但對於穆斯林臣民來說，問題並沒有那麼簡單，尤其是考慮到一八七七至七八年俄國對東南歐和高加索穆斯林屠殺和驅逐，而英國的自由派人士卻很少承認這一事實。印度穆斯林堅持，如果英國人可以正當地統治他們，那麼歐斯曼人也可以正當地統治巴爾幹基督徒。畢竟，正如印度穆斯林知識分子強調的那樣，自從一八三九年的坦志麥特改革以來，歐斯曼帝國的基督徒臣民比英、法帝國的穆斯林臣民享有更多的權利和特權。歐斯曼帝國政府任命基督徒部長和大使，而英國則將所有高級職位留給白人基督徒——即使阿布杜．卡里姆是個明顯的例外，而且他也沒有正式頭銜。[42]對於英國穆斯林臣民來說，很明顯地，在歐洲從格萊斯頓到長期擔任外交大臣的愛德華．格雷爵士等人的反歐斯曼言論，不僅反映了基督教自由主義，也反映了對穆斯林的偏見。

泛伊斯蘭知識分子本可以煽動一場叛變作為回應，但他們卻試圖將大英帝國改造成一個穆斯林友好的國度。包括賽義德．阿米爾．阿里和阿加汗（Agha Khan）在內的一些最堅定的帝國效忠者也擁護泛伊斯蘭主義和親歐斯曼政策。穆罕默德．阿布杜和拉須德．理達等泛伊斯蘭思想先驅則讚揚了英國的成就。許多泛伊斯蘭主義者認為，英國與歐斯曼帝國和解是改善王室對穆斯林待遇的最佳途徑。

來自各地的穆斯林之所以被吸引到歐斯曼帝國去，是因為哈里發具有作為現代君主的地位。作為大汗、蘇丹和哈里發，歐斯曼帝國的統治者代表著世界主義和寬容的治理方式。作為一個現代的穆斯林君主的榜樣，哈里發可能會支持穆斯林在大英帝國內的權利訴求。印度穆斯林希望哈里發作為穆斯林的保護者，能夠為改善教育、維護政治尊嚴以及結束英國人堅持的非白人劣等地位而發聲。[43]

擁護和推動英國與歐斯曼帝國結盟的並非只有印度穆斯林。一些英國軍官回想起更早時期的紐帶，當時英國人和歐斯曼人在克里米亞並肩作戰，共同對抗俄國人。這種聯盟關係直到最近，也就是一八七〇年代才出現裂痕，這一聯盟關係可能會在近期重新恢復。他們希望聯盟關係的恢復能保證穆斯林對女王的忠誠，並避免俄國人威脅英國在阿富汗和中亞的利益。泛伊斯蘭主義和英國的恐俄症看起來就像是為彼此量身訂製的。

歐斯曼人自己也主張在泛伊斯蘭主義的基礎上結盟：哈里發和英國的君主在對全世界穆斯林的精神和世俗統治兩方面是互補的。只要英國支持歐斯曼帝國的地緣政治利益以及對安納托利亞和巴爾幹地區包括基督徒在內的不同族群的統治，哈里發蘇丹就會鼓勵穆斯林效忠大英帝國。

要達成這樣的聯盟，就必須從根本上修改穆斯林世界的政治含義。英國人必須將穆斯林的團結視為帝國戰略的基礎，而不是文明間衝突的根源。皈依伊斯蘭教的英國人阿布杜拉·威廉·奎廉（Abdullah William Quilliam）為歐斯曼帝國提出了這一觀點。作為英屬維爾京群島的伊斯蘭謝赫（shaikh ul-Islam，主要的穆斯林宗教權威），奎廉充當了哈里發的發言人。

他出版了頗具影響力的書籍和文章，主張世界上最大的穆斯林帝國英國應該與歐斯曼帝國建立穩固的伙伴關係。[44]

阿布杜拉・威廉・奎廉的本名是威廉・亨利・奎廉，於一八五六年出生於利物浦，從小就是衛斯理宗（Wesleyan Church）的成員，後來加入了獨神論宗（Unitarians）。他是一名支持禁酒和反種族主義的行動派，他也反對奴隸制並曾努力消弭基督宗教各教派的分歧，協調信仰與科學的關係。在一八八七年，他皈信了伊斯蘭，並在利物浦發起了穆斯林宣教活動。這個時候，大英帝國直接控制印度已經有三十年了，儘管利物浦是一個熱鬧的港口，與大英帝國各地保持著緊密聯繫，而且擁有世界多元的菁英階層，但對穆斯林來說，利物浦並不是一個友善的地方。以奎廉為首的一小部分皈信者經常受到騷擾。奎廉所在的清真寺曾多次遭到破壞，在舉行跨種族通婚的婚禮時尤其如此。

皈依伊斯蘭教後，奎廉出版了一本名為《新月》（*Crescent*）的週刊和《伊斯蘭世界》（*The Islamic World*）月刊。這兩本雜誌都擁有大量讀者，尤其是在印度以及南非、澳大利亞、紐西蘭和美國等英語國家的穆斯林中。許多穆斯林君主都支持了奎廉的活動。在這個過程中，他逐漸獲得為世界性宗教伊斯蘭教代言的名聲，並成為大英帝國內外穆斯林世界的代表。

引起阿布杜哈米德蘇丹注意的是一八九〇年奎廉與他人共同寫給倫敦《泰晤士報》的一

封信。奎利亞姆和他的印度穆斯林助手拉菲丁・艾哈邁德（Rafuddin Ahmed）寫信抗議托馬斯・亨利・霍爾・凱恩（Thomas Henry Hall Caine）爵士創作的戲劇《穆罕默德》（*Mohamet*）在倫敦公演，他們擔心該劇會傷害到穆斯林。他們的批評具有強烈的效忠主義色彩，這與奎廉和艾哈邁德不謀而合，而且後來艾哈邁德還成為阿布杜・卡里姆（Abdul Kareem）的好朋友。奎廉和艾哈邁德在信中提出，倫敦劇院舉辦冒犯女王臣民的演出是不恰當的。他們還向印度穆斯林期刊洩露了有關這部戲劇的消息，在印度引起了抗議示威，並促使印度政府和外交機關提出了取消演出的要求並獲得同意。

不久之後，阿布杜哈米德蘇丹寫信給奎廉，讚揚了他為消除英國人對穆斯林的負面看法所做的努力。在一八九一年四月，奎廉和他的兒子羅伯特前往了伊斯坦堡，以蘇丹客人的身分住進了耶爾德茲宮（Yıldız Palace），並接受了各種禮物和榮譽。從這一刻起，奎廉的穆斯林信仰和身分就與歐斯曼哈里發的地緣政治聯繫在一起。歐斯曼帝國及其哈里發蘇丹的「文明」成為奎廉泛伊斯蘭主義願景的關鍵組成部分。[45]

在一八九四年，蘇丹請奎廉代表他向奈及利亞穆斯林穆罕默德・希塔・貝伊（Mohammed Shitta Bey）頒發一枚馬吉德獎章（Majidiya medal），其貢獻為在拉各斯（Lagos）建造了一座大清真寺。以此身分為由，蘇丹任命了奎廉擔任不列顛群島的伊斯蘭大教長

（shaikh ul-Islam of the British Isles）。維多利亞女王確認了這一頭銜。奎廉經常受邀出席高級別的市政活動，他還在利物浦領事館接待了歐斯曼帝國的來訪者。他利用倫敦和利物浦作為全球帝國網絡樞紐的地位，與非洲和亞洲的穆斯林社區建立聯繫。

作為一個現代主義穆斯林，奎廉在帝國重要的多元文化城市中的表現說明，儘管人們對穆斯林存在偏見，穆斯林群體總能找到一個受人尊敬的所在。利物浦清真寺的星期五聚禮在種族、民族和階級方面的多樣性給人留下了深刻印象，其中既有貧窮的水手和孤兒，也有上層穆斯林和中產階級皈依者。奎廉與猶太社區以及獨神主義者都保持著友好關係。他還成功地表達出了與西方同等的伊斯蘭文明願景。他認為伊斯蘭是一種世界性宗教，這與理性和科學的原則是一致的。事實上，他認為伊斯蘭比基督教更理性，基督教在美國縱容著種族主義，在英國縱容著宗派主義。

與英國本土其他受過教育的穆斯林和生活在大英帝國統治下的穆斯林一樣，奎廉堅信，東方問題論述中的反歐斯曼地緣政治論點有一部分是由基督教和盎格魯－撒克遜至上主義者的反伊斯蘭情緒所驅動的。當反穆斯林的人群在一八九七年抗議利物浦的清真寺時，他們同時喊出了「記住亞美尼亞」、「打倒土耳其人」和「讓穆罕默德教徒們下地獄去吧」等口號，這表明地緣政治和宗教領域的崩解。[46]最讓奎廉感到不安的是，雖然絕大多數英國穆斯林都是忠於王室的，但在格萊斯頓等人的煽動下，英國輿論卻被穆斯林不忠和野蠻的威脅性觀點所主導。

但對穆斯林採取野蠻行徑的卻是大英帝國的軍隊。奎廉代表大英帝國國內和國外的穆斯林輿論，對大英帝國不尊重穆斯林尊嚴、侵犯穆斯林權利以及基督教傳教士的行為提出了尖銳的批評。雖然奎廉支持英國在蘇丹、索馬里和印度西北邊境對穆斯林團體發動的戰爭，但他試圖對這些戰爭進行比大多數報紙更平衡的報導，以確保這些戰爭不會成為羞辱穆斯林和支持反伊斯蘭情緒的工具。奎廉還談到了歐斯曼帝國基督徒臣民的問題，他們所謂的壓迫是英國人反穆斯林情緒的主要來源。他指出，那些為保加利亞人大聲疾呼的基督徒卻不同情在隔壁街區裡被圍困的愛爾蘭天主教徒。

這是一種諷刺。一八九〇年代末，歐洲和美國掀起了支持亞美尼亞基督徒的運動，而奎廉和韋伯，以及印度穆斯林知識分子都爭先恐後地站到了歐斯曼人的一邊。[**] 奎廉指出，歐斯曼帝國有許多省份與愛爾蘭的境況相似，英國應該尊重歐斯曼帝國控制亞美尼亞分離主義分子的權利，就像它要求控制國內少數民族的權利一樣。[47] 他還想知道，英國的白人基督徒怎麼會支持亞美尼亞人，卻無視美國對黑人的私刑呢？這種立場說明，保護少數群體的概念是多麼混亂。難道只要英國縱容歐斯曼帝國鎮壓亞美尼亞人叛亂，其鎮壓愛爾蘭反叛者的行為就是可以接受的嗎？奎廉反對種族主義，但他與歐斯曼帝國的菁英及其他穆斯林維護者一樣，更擔心的是全球基督教團結會破壞歐斯曼帝國的主權，而不是亞美尼亞少數族群的安全。

也許這種矛盾正是雙重忠誠的代價。奎廉珍視自己在英國的身分地位，但同時也在精神上**和**地緣政治上支持歐斯曼哈里發。因此，他努力推動英國與歐斯曼帝國結盟。他認為哈里發和英國王室共同管理英國穆斯林是道德上和實踐上的需要。除了奎廉的著作外，二十世紀初從印度流傳出來的大部分泛伊斯蘭主義著作都展望歐斯曼－英國聯盟，而非期望穆斯林反抗英國王室。例如，在一九一一年義大利入侵利比亞和一九一二至一九一三年的巴爾幹戰爭期間，主要的泛伊斯蘭思想家們都認為大英帝國在道義上有義務支持歐斯曼人，因為英國人本身就是世界上最偉大的穆斯林統治者。

某些英國人反對與歐斯曼人聯盟是以戰略的角度考量，而非訴諸種族主義。有時候，他們甚至會使用泛伊斯蘭的術語來進行論辯。一八七〇年代末和八〇年代初，威爾弗萊德·布

＊＊編者注：一八九四年至一八九六年，歐斯曼帝國境內發生亞美尼亞大屠殺，估計有八萬至三十萬人傷亡。歐美人士親亞美尼亞的態度因此事而發。

朗特等人懷疑歐斯曼帝國的生存能力，才建議在英國的保護下建立一個阿拉伯人的哈里發國家。[48]威爾弗萊德・布朗特的想法將對早期穆斯林哈里發理論的解讀——尤其是哈里發必須是先知穆罕默德的古萊什部落後裔的規定——與帝國實用主義的考量結合起來。英國如果有在其保護傘下的阿拉伯王國－哈里發國，英國將統治半個地球。

在穆斯林中，支持歐斯曼帝國的泛伊斯蘭陣營在這場爭論中取得了決定性的勝利。到第一次世界大戰時，英國的穆斯林臣民，無論是印度人還是阿拉伯人，都對歐斯曼哈里發的合法性深信不疑。[49]布朗特本人也根據歐斯曼帝國的現實號召力調整了自己的觀點，並對歐斯曼帝國與英國結盟以統治全世界穆斯林的想法維持同情的態度。布朗特推動英國與歐斯曼帝國聯合監護穆斯林世界，這對他的友人溫斯頓・邱吉爾（Winston Churchill）產生了影響。雖然他在第一次世界大戰中領導了加利波利戰役，但是他一直反對英國對歐斯曼帝國開戰。

英國穆斯林臣民持續鼓勵歐斯曼帝國與大英帝國間更徹底的和解，這種態度一直維持到歐斯曼帝國在第一次世界大戰加入德國陣營時。當時，為了避免侮辱數百萬臣民所珍視的哈里發，英國殖民當局精心設計一種新的說法，將歐斯曼哈里發描繪成「青年土耳其人」（Young Turk，或譯為青年土耳其黨人）政府的受害者。他們堅持，對歐斯曼人的戰爭是一種政治行為，而不是宗教行為。[50]然而，直到反帝國主義者在第一次世界大戰前轉向泛伊斯蘭主義之前，大多數歐斯曼哈里發的印度穆斯林崇拜者都不希望哈里發帝國與女王帝國之間發生戰爭。包括阿布杜哈米德在內的許多歐斯曼帝國菁英也利用穆斯林世界的理念作為帝國和平和歐斯曼帝國與英國和解的理由。

「穆斯林世界」認同在帝國政治中的矛盾

在二十世紀初，「穆斯林世界」的身分認同的獨特之處和前所未有之處在於，它不僅在政治上給領導全世界穆斯林的哈里發理想投注資源，而且將歐斯曼帝國作為想像的穆斯林集體的代言人。隨著穆斯林人口日益緊密地聯繫在一起，歐斯曼帝國幾乎創造了一種類似於十九世紀之前的儒家世界文化秩序。

透過精神性的權威，歐斯曼帝國將穆斯林組織、統治者和臣民與伊斯坦堡聯繫起來的政策是這一成就的重要因素，而帝國的邊境交通和通信網絡提供了極大的便利。在這方面，歐斯曼政府借鑑了俄羅斯、法國和英國對歐斯曼帝國裡的基督徒臣民政治事務的介入。透過利用哈里發的威望，歐斯曼人改變了現狀，巧妙地觀察境外穆斯林的政治事務，同時堅持哈里發主權的純宗教性質。

阿曼－桑吉巴爾人（Omani-Zanzibari）建立的賽義德王朝（al-Busaid dynasty）與歐斯曼哈里發的關係就說明了穆斯林身分地緣政治思想的轉變。在蘇丹巴爾加什・賓・賽義德（Sultan Bargash bin Said）的統治下，桑吉巴爾與伊斯坦堡方面建立了牢固的聯繫。一八七七年時，當巴爾加什準備前往麥加朝聖時，歐斯曼帝國蘇丹阿布杜勒阿齊茲授予他一個特殊的帝國頭銜——馬吉迪亞（Majidiya，意為「高貴的」）。這個桑吉巴爾人統治的王朝接待了許多歐斯曼商人，並追隨伊斯坦堡、開羅和印度的穆斯林改革派思想。這些聯繫在桑吉巴爾蘇丹阿里（Ali，一九〇二－一九一一年在位）統治時期達到了頂峰，儘管桑給巴爾還處於英國的保護之下，但仍引入了歐斯曼式的菲茲帽和外套作為官方服飾。在交流中，歐斯曼帝國和桑吉巴爾的菁英批評了歐洲基督教在非洲的殖民統治，儘管他們並不主張結束大英帝國對印度洋地區的統治，但是強調了穆斯林在國際事務中團結一致的必要性。桑吉巴爾的讀者大眾也會關注在歐斯曼帝國的新聞，並參與歐斯曼帝國的事務，例如當義大利在一九一一年入侵利比亞時，桑吉巴爾人也加入了抵制義大利商品的行動。[51]

在十九世紀之前，其他地方的穆斯林社會與歐斯曼帝國幾乎沒有任何聯繫，但就在這些社會受到歐洲基督徒統治時，現代的聯繫也建立了起來。例如，摩洛哥的知識分子對歐斯曼帝國的改革和泛伊斯蘭團結產生了興趣，儘管摩洛哥人及其神職人員仍然忠於摩洛哥的蘇丹。[52]當阿富汗與伊斯坦堡方面的關係在一八七八年時跌跌撞撞地起步，而在二十世紀初時達到了巔峰。阿富汗貴族馬赫穆德・塔爾吉（Mahmud Terzi）是這一關係中的關鍵人物。塔爾吉在一八九七年至一九〇九年間流亡到了大馬士革，在當地與歐斯曼帝國的菁英階層建立了密切聯繫。回到喀布爾後，他晉升為阿富汗的改革派總理以及未來國王阿曼努拉汗（Amanullah Khan，一九一九－一九二九年在位）的岳父。歐斯曼帝國的法律專家、工程師和軍事部門培養了一代又一代的阿富汗菁英，並為一九二三年制定的《阿富汗憲法》做出了貢獻。[53]

馬來半島的柔佛蘇丹阿布・巴克爾（Sultan Abu Bakar of Johor）也把目光投向了伊斯坦堡。他曾兩次到訪伊斯坦堡，第一次是在一八七〇年從倫敦旅行歸來的途中，第二次是在一八九三年赴麥加朝聖之後。阿布・巴克爾受到了歐斯曼帝國蘇丹的接見，並被授予獎章，而且在他每一次訪問時，歐斯曼人都會挑選一名在宮中受過教育的嬪妃，送給這位柔佛的蘇丹。[54]

東南亞穆斯林領導人尋求歐斯曼帝國支持反抗荷蘭統治的起義也並非罕見，例如一八八八年的萬丹起義（Banten Uprising）、一九八一至一九九五年間的彭亨戰爭（Pahang War）以及占碑（Jambi）和廖內（Riau）的起義（一九〇四－一九〇五年）。然而，即使是在和平時期，即使是對忠於荷蘭的穆斯林而言，隨著穆斯林世界認同的生根發芽，東南亞與歐斯曼的聯繫也變得更加重要了。除了表達對哈里發精神權威的尊重外，印尼穆斯林開始將歐斯曼領事館視為哈里發的代表。他們在星期五的聚禮上會唸及歐斯曼帝國蘇丹的名字，並派遣留學生到伊斯坦堡的現代學校裡學習。

在第一次世界大戰爆發前夕，前往麥加朝聖的第三大穆斯林群體是來自俄羅斯的穆斯林，他們在途中經常在伊斯坦堡停留。[55]俄羅斯穆斯林也將子女送到伊斯坦堡接受教育。駐伊斯坦堡的俄羅斯使館往往會反對俄羅斯穆斯林（如一九〇七年帶頭參加在開羅的泛伊斯蘭會議的克里米亞人伊斯瑪儀・加斯皮拉利）進入伊斯坦堡的軍事院校學習，但他們無法控制其臣民的流動。

新的穆斯林世界身分認同也促進了波斯與歐斯曼帝國之間更緊密的聯繫，而這兩個國家長期以來一直是競爭對手。伊朗的立憲派支持和歐斯曼帝國結盟，伊朗公眾則發展出了彌合什葉派和順尼派分界的泛伊斯蘭理想，而這種界限曾是他們與歐斯曼人分歧的根源。[56]一八八九年至一九〇〇年間，有五十六位波斯王室成員受到了伊斯坦堡菁英階層的熱情款待。在穆扎法爾丁沙（Mozaffar ad-Din Shah）於一九〇〇年造訪伊斯坦堡的一個月期間，他被授予「哈里發最特別的貴賓」稱號，並受到帝國最高級別的禮遇。[57]絕大多數的伊拉克什葉派穆斯林也是忠於歐斯曼帝國的，其他的順尼－什葉之間的聯繫有一部分是在歐斯曼帝國與波斯商人和知識分子的接觸中培養起來的。

各國的穆斯林社會在十九世紀末時與歐斯曼帝國的這些聯繫的遺緒可以從一個標誌上輕易看出來，它就是新月的標誌。新月標誌出現在歐斯曼帝國的國旗和該國的其他帝國徽記上，例如在蘇丹授予的勳章上，但這個標誌從來不曾具有神學上的意義。然而，在一八七八年之後，歐斯曼人開始用紅新月來作為紅十字的替代，從而賦予了新月徽記類似於十字架徽記在基督教中的標誌意義。如今，新月標誌已經變成了穆斯林身分認同的象徵，裝飾在十多個後殖民時期穆斯林人占多數的國家的國旗上。[58]

隨著穆斯林的交流網絡和身分認同透過泛伊斯蘭思想和以哈里發為中心的新政治變得更全球化，歐洲人的偏執和反伊斯蘭情緒也愈演愈烈。例如，當荷蘭政府在一八九九年時給日本公民賦予法律上的平等地位時，卻繼續拒絕給予其領土上的多數阿拉伯人平等地位。持有歐斯曼護照的阿拉伯人獲得了平等地位，但是在荷屬印度群島上，雖然大多數阿拉伯人都是哈德拉毛－葉門人的後裔，他們卻沒有歐斯曼帝國的身分證件。當他們採納了歐斯曼式的菲茲帽並請求歐斯曼帝國代表為其權利進行干預時，荷蘭人表示了反對。當一位印尼王子在訪問伊斯坦堡時佩戴了菲茲帽，荷蘭當局便質疑了他對荷蘭人的忠誠。就連錫亞（Siak，蘇門答臘）蘇丹在前往荷蘭和德國途中短暫停留伊斯坦堡，也引起了荷蘭殖民圈的恐慌。在一九〇六年時，荷蘭的東方學家和殖民官員克里斯蒂安・斯諾克・赫格龍傑（Christiaan Snouck Hurgronje）針對婆羅洲王子索斯龍戈羅（Sosronegoro）對伊斯坦堡的訪問，發表了一篇關於泛伊斯蘭危險的評論。在一八九八年時，荷蘭當局要求伊斯坦堡方面召回其領事官員穆罕默德・卡米勒・貝（Mehmed Kamil Bey），理由是他涉嫌從事泛伊斯蘭活動，例如與柔佛蘇丹的遺孀結婚。當卡米勒・貝可能要出任歐斯曼帝國駐新加坡的領事時，荷蘭政府成功向英國發出信號，讓英國拒絕了他的任命。

阿布杜哈米德蘇丹親自向荷蘭駐伊斯坦堡使節保證他對威廉明娜女王（Queen Wilhelmina）的尊重，並指示印尼穆斯林要效忠於她。但是，荷蘭當局並沒有被說服。他們認為印尼穆斯林前往伊斯坦堡比前往開羅或是麥加更危險，即使印尼人前往歐斯曼帝國首都的學校是為了接受西化改革的法語教育也是如此。[59]

然而，西方帝國並不總是反對全球穆斯林網絡和身分認同。有的時候，他們甚至會鼓勵泛伊斯蘭情懷，認可歐斯曼帝國的中心地位，並透過尋求伊斯坦堡方面的援助來安撫殖民地上的穆斯林居民。例如，一八九八年在菲律賓的美國殖民官員遇到了穆斯林的武裝抵抗時，他們就曾諮詢伊斯坦堡方面的意見。作為回應，蘇丹阿布杜哈米德向菲律賓穆斯林的領導人發出了訊息，指示他們只要美國人的統治可以尊重他們的宗教，就不要反美叛亂。威廉・麥金利（William McKinley）總統對此感到印象深刻，並稱讚了美國駐歐斯曼特使奧斯卡・斯特勞斯（Oscar Straus），因為他贏得了哈里發的支持。[60]與這件事相似，駐南非的大英帝國官員也邀請了歐斯曼宗教學者前來解決穆斯林內部的爭議，並在他們的領地上傳教。例如，阿布杜哈米德蘇丹派往南非的宗教特使阿布・巴克爾・埃芬迪（Abubakr Efendi）就證明了他擁有巨大的影響力，他領導了南非穆斯林社群並贏得他們的信任。[61]他的一個兒子後來被任命為歐斯曼帝國駐新加坡的領事官員，加強了歐斯曼帝國與英國的聯繫。德國皇帝威廉還向阿布杜哈米德蘇丹提出要求，請他建議中國的穆斯林不要參與義和團運動。

歐斯曼人可能會拒絕這些請求，就像他們過去在很高程度上迴避其他帝國的穆斯林事務一樣。但是，歐斯曼人希望利用他們對外國穆斯林的軟實力，在國際法中抵制對歐斯曼帝國的歧視，並加強與歐洲帝國的關係。國際法是阿布杜哈米德時代的歐斯曼律師和知識分子最喜歡的學科，他們支持該學科的專業教育，儘管當時歐斯曼帝國的軍事力量日薄西山，但他們仍將國際法視為保護帝國的一種手段。[62]歐斯曼帝國政府成立了由國際法專家組成的法律顧問處，利用現有的、以歐洲為中心的國際法準則和規則來維護帝國的利益。

歐斯曼帝國的律師們尤其熱衷於在降書和不平等條約上捍衛帝國主權的概念，而英國人和俄國人則以降書和不平等條約為藉口干涉歐斯曼帝國內的基督徒的事務。[62] 早在十六世紀時，投降書就賦予了歐洲帝國擁有治外法權——對他們在歐斯曼帝國境內的國民擁有領事裁判權。這些特權待遇和法律多元化是歐斯曼帝國單方面給予的，因此是當時帝國實力的標誌。

但在十九世紀，當歐斯曼政府試圖取消這些特權時，歐洲列強卻集體以武力堅持繼續保留這些特權。更重要的是，歐洲列強重新詮釋了投降書，將其說成是在歐洲保護下的歐斯曼帝國基督徒公民的國際契約。這種做法將歐斯曼帝國裡的非穆斯林置於歐斯曼帝國管轄之外，侵犯了歐斯曼帝國的主權。持有英國或法國護照或受其使館保護的亞美尼亞或希臘歐斯曼人不僅可以免受歐斯曼法庭的審判，還可以根據治外法權規則享受歐洲商人的低稅待遇。這種模式後來被應用到中國和其他地方，形成了不平等條約的全球性模式。

大英帝國和俄羅斯帝國也開始利用治外法權，為前往歐斯曼帝國領地朝聖和貿易的穆斯林臣民進行干預。即使在麥加，當印度或俄羅斯穆斯林捲入法律糾紛時，他們也可以請求英國或俄羅斯駐吉達領事館協助對抗歐斯曼當局。泛伊斯蘭主義者慶祝前往歐斯曼帝國統治下的麥加朝聖的人數眾多，認為這是全球穆斯林聯繫日益緊密的標誌，但這些穆斯林朝聖者攜帶的旅行證件顯示他們與歐洲帝國的聯繫，當切合他們的利益時，他們可以利用歐洲領事館的幫助來對抗歐斯曼帝國當局。歐斯曼帝國政府發現，基督教帝國對其穆斯林臣民在聖城麥加的法律權利加以干預，這點尤其令人不安。

歐斯曼帝國哈里發對英國和俄國穆斯林的精神主權主張，有一部分是映襯了歐洲帝國對歐斯曼帝國基督徒權利的主張。如果基督徒君主可以對哈里發的基督徒臣民主張權利，那麼哈里發也可以對其他君主的穆斯林臣民主張精神權威。因此，歐斯曼帝國將向歐洲帝國表明，公平適用國際法對每個統治者都有利。泛伊斯蘭主義者想像了一種帝國世界秩序，在這種秩序中，歐斯曼哈里發代表穆斯林的尊嚴和穆斯林的權利，反對歐洲殖民菁英的歧視。

★ ☾ ★

阿布杜哈米德蘇丹支持歐斯曼帝國對整個穆斯林溫瑪擁有精神性的主權，與英國的世俗主權並存，鞏固了帝國主義巔峰時代裡人們對穆斯林世界地緣政治的想像。這一版本的泛伊斯蘭主義並不是針對歐洲帝國的聖戰。相反地，它旨在借助外國穆斯林對帝國（尤其是英國女王）和哈里發的雙重忠誠來保證歐斯曼帝國的主權。

然而，這種泛伊斯蘭主義的地緣政治論點產生了意想不到的後果。它加劇了反伊斯蘭情緒和對穆斯林起義的偏執焦慮。即使阿布杜哈米德的目標是鞏固帝國之間的和平，但他愈來愈受到英國、俄羅斯、法國和荷蘭穆斯林在精神上的尊崇，這讓歐洲殖民官員感到緊張。他們對穆斯林危險的擔憂現在被歸咎給哈里發制度了。歐斯曼人嚴肅看待這種潛藏的疏離態度，正是基於這種擔憂，他們拒絕公開支持一九〇七年在開羅召開的穆斯林大會。蘇丹與世界各地的穆斯林建立了聯繫，但他不希望歐洲列強，尤其是英國，將泛伊斯蘭主義視為反帝計畫。特別是對於哈里發本人和他在印度的穆斯林支持者來說，泛伊斯蘭主義必須避免出現反帝國主義的表徵，事實上，泛伊斯蘭主義可以成為一股創造帝國間和平的力量。這就是泛伊斯蘭穆斯林世界認同與黑人、佛教世界或亞洲認同的真正差異所在：歐斯曼哈里發的存在及其為歐斯曼－英國聯盟對抗俄國威脅提供合理的依據。在阿布杜哈米德蘇丹和維多利亞女王的時期，泛伊斯蘭主義確實包含了一種從屬階層的呼籲，即要求改善殖民地被壓迫者的待遇，但這種呼籲往往是在考慮歐斯曼帝國自身利益時發出的，它並不要求終結帝國或伊斯蘭與西方之間無休止衝突。歐斯曼人仍然尋求帝國之間的良好關係，泛伊斯蘭意識形態是被用來追求這種和諧，而不是用來造成文明衝突。

第四章

地緣政治錯覺之戰

（一九〇八年－一九二四年）

一九一四年十一月十四日，歐斯曼帝國的最高穆斯林神職人員宣布了兩則要求穆斯林世界反抗基督教帝國的統治者的教法建議（*fatwa*）。第一項是宣布對攻擊伊斯蘭宗教和土地、奴役穆斯林的殖民者發動聖戰。第二項則是針對俄羅斯帝國、法蘭西帝國和大英帝國及其支持者對哈里發國家的攻擊。在上述三個帝國統治下的穆斯林有義務參加聖戰，德國人也支持聖戰。

在發出了聖戰的宣言時，蘇丹阿布杜哈米德二世已經不再是哈里發了。一九〇九年，在立憲主義的「青年土耳其人革命」爆發一年後，他被他的弟弟穆罕默德・雷沙德（Sultan Mehmet Reşad）蘇丹取代了。根據他的女兒和醫生的回憶錄記載，阿布杜哈米德是帝國主義巔峰時代的泛伊斯蘭主義之父，但他並不支持反英聖戰。他指責英國人的反歐斯曼立場，但他也對兩個帝國在大戰中身處不同陣營感到遺憾。[1] 考慮到他曾致力於在泛伊斯蘭主義的基礎上促進帝國秩序和歐斯曼－英國聯盟，當他看到哈里發對英國穆斯林的精神權威被用在反帝聖戰上，他肯定感到十分沮喪。

諷刺的是，在一九〇八年的革命後，「青年土耳其人」領導人上台執政，他們也希望維持哈里發作為帝國世界秩序推動者的地位。直到一九一四年夏天為止，青年土耳其人還在尋求歐斯曼帝國與英國的和解。革命領袖們並不想取消以歐洲模式為基礎的帝國改革；相反地，他們認為，阿布杜哈米德的獨裁統治損害了歐斯曼帝國在歐洲的聲譽，而他們正尋求與歐洲建立密切的關係。有了憲法和議會，他們就能重新喚起歐斯曼體制的包容普世主義（inclusive universalism），贏得亞美尼亞和希臘公民的忠誠，並將歐洲輿論轉向親歐斯曼的方向。

但是，第一次世界大戰的戰略形勢——不是泛伊斯蘭情緒的高漲，也不是歐洲帝國對穆斯林壓迫的加劇，極大地改變了青年土耳其人的優先考慮事項，導致他們最終宣布發動聖戰。德國的主要決策者了解歐斯曼的戰略需求，希望利用穆斯林世界所謂的反西方情緒。因此，他們為了自己的戰爭利益而支持聖戰。

當大英帝國和歐斯曼帝國在第一次世界大戰中成為敵人時，雙方都承受了他們對穆斯林世界的錯覺所帶來的後果。聖戰的成功需要穆斯林對於反殖民事業奉獻比現在更多的心力。支持聖戰的陣營也未能理解泛伊斯蘭主義與大英帝國的共生關係。以英國為首的協約國試圖將歐斯曼哈里發國家與阿拉伯和印度穆斯林割裂開來，低估了穆斯林臣民的全球糾葛以及泛伊斯蘭認同的宗教和政治意義。

歐斯曼帝國在第一次世界大戰中戰敗，英國透過占領歐斯曼帝國在巴勒斯坦和伊拉克的領土，擴大了對穆斯林社會的控制。但是，即使歐斯曼帝國戰敗，其領導人仍然可以利用泛伊斯蘭情緒。一九一八年至一九二四年間，以拯救穆斯林世界並賦予其權力為名的泛伊斯蘭動員達到頂峰。英國統治下的印度穆斯林大力支持了守護哈里發運動（Khilafat movement），為土耳其獨立戰爭以及一九二三年安卡拉與倫敦之間的和談提供了幫助。*

然而，這一泛伊斯蘭勝利的時刻進一步揭示了維多利亞女王和阿布杜哈米德蘇丹時代建立起來的、想像的全球穆斯林團結基礎的崩潰，從而導致了一個創傷性的轉折點：哈里發制度在一九二四年遭到了廢除。

英國–歐斯曼最終疏遠的根源

正如我們所看到的，歐斯曼帝國和大英帝國在十九世紀末就已經在戰略和意識形態上產生了分歧，因為反歐斯曼帝國的思想開始主導了歐洲的輿論。在二十世紀初，歐斯曼帝國與英國在非洲和阿拉伯地區的競爭造成了更多緊張關係。[2] 英國人在漢志（Hijaz）周圍建立了保護國，而漢志地區則是歐斯曼所屬的阿拉伯省份的一部分，其中包括麥加和麥地那，英國人的做法破壞了歐斯曼帝國對哈里發統治權的要求，而哈里發統治權是建立在對聖城的監護權之上的。例如，英國在一九〇一年曾試圖阻止一艘歐斯曼護衛艦在科威特港口停泊。歐斯曼人堅持自己在該地區的主權要得到正式承認，這個要求後來被認可，但外交上的損失也已經造成。

發生在一九〇六年的兩起事件加劇了兩國之間的不信任感。其一是對埃及村民懲處不公的丁沙維事件（Dinshaway Incident），當時村民們被指責要為一名英國士兵的死亡負責，但這項指控是錯判的。這名英國士兵的同袍射殺了一些丁沙維小鎮居民的鴿子，此舉引起了當地人的憤怒。英國士兵隨即向人群開槍，打傷了一名教士的妻子，這進一步激怒了村民。一名士兵試圖逃往最近的英軍營地，但在途中因為中暑而喪命。英國軍官和埃及的殖民地協力者追究了幾名埃及人的責任，並對他們處以重刑。其中一人被絞死。

埃及群眾認為這些懲罰毫無道理，這些事件象徵著不公正和屈辱的殖民主義，由此激起了埃及國族主義者的鬥志。在這一危機時刻，英國人希望並期待歐斯曼哈里發能出面干涉，安撫憤怒的民眾。當時埃及在名義上仍受歐斯曼帝國的統治，而歐斯曼哈里發備受埃及人的尊敬。但阿布杜哈米德拒絕介入此事。畢竟，一個看似微不足道的事件已經發展成一個重大的國族主義事業，粉碎了歐斯曼對英國人的信任。歐斯曼帝國的菁英和英國人一樣清楚地認

* 編者注：土耳其獨立戰爭最後以一九二三年七月的《洛桑條約》告終，土耳其共和國三個月後成立。

識到輿論的力量。

那一年，另一個使兩國產生分歧的因素是西奈半島的邊界爭端——塔巴危機（Taba Crisis）。儘管埃及在英國的保護下度過了四分之一個世紀，但埃及國族主義者擁護了歐斯曼帝國的主張，他們表明效忠於哈里發，這個態度導致英國人對他們更加不信任。作為回應，愛德華．格雷爵士（Sir Edward Grey）在英國上議院裡譴責了埃及日益高漲的穆斯林狂熱。其他議員則指責歐斯曼人煽動了泛伊斯蘭對大英帝國的仇恨。[3]

阿布杜哈米德蘇丹努力緩和與英國人的關係，但英國人對泛伊斯蘭主義抬頭的擔憂，只是加深了倫敦日益盛行的反阿布杜哈米德和反歐斯曼帝國的輿論。一些流亡在外的阿布杜哈米德的反對者也試圖從這股浪潮中獲益。比方說，流亡中的歐斯曼帝國王子塞巴哈廷（Sebahattin）在一篇為倫敦《泰晤士報》撰寫的文章中指出，如果歐斯曼帝國的自由派在他的領導下掌權，那麼英國和法國都將擺脫阿布杜哈米德蘇丹所培養的、危險的泛伊斯蘭主義政治。塞巴哈廷認為，自由派蘇丹只應該推動文化上的泛伊斯蘭主義，而這與英法兩國的帝國利益是一致的。

實際上，這正是阿布杜哈米德自一八八〇年代以來就一直在做的事情——強化自己作為精神領袖的聲譽，以便在英國穆斯林中獲得足夠的影響力，贏得殖民者的青睞。但塞巴哈廷利用的是歐洲殖民大都市普遍存在的反歐斯曼情緒，在那裡，阿布杜哈米德二世被看作一個無法在帝國體系內進行良好治理的人。塞巴哈廷王子的文章發表後，一位仇視伊斯蘭教的牧師馬爾科姆・麥克科爾（Malcolm MacColl）致信該報，建議英國政府拒絕接受歐斯曼帝國蘇丹對穆斯林世界領導權的宣示。他認為，應該由古萊什部落（Qureshi tribe）的阿拉伯人擔任哈里發，並將穆斯林置於英國的管控之下。[4] 一些印度穆斯林學者立即試圖捍衛阿布杜哈米德作為哈里發的合法性，反對麥克科爾的反伊斯蘭情緒文章。但其他人，如頗具影響力的泛伊斯蘭主義者穆罕默德・巴拉卡圖拉（Muhammad Barakatullah），則指責阿布杜哈米德浪費了全世界三億穆斯林的忠誠。與反對阿布杜哈米德二世的「青年土耳其人」一樣，巴拉卡圖拉也認為立憲和議會制政權可以消除歐洲人對歐斯曼帝國的不滿，強化歐斯曼帝國在穆斯林世界的領導地位。反對阿布杜哈米德二世的這一派並不是受到反哈里發思想的啟發。恰恰相反，反對蘇丹的立憲派也同樣支持哈里發和穆斯林世界的理念。[5]

與「青年土耳其人」關係密切的俄羅斯穆斯林知識分子優素福・阿克楚拉（Yusuf Akçura）的著作體現了穆斯林知識分子對於阿布杜哈米德的不滿，他們認為，歐斯曼哈里發對穆斯林世界的關注不夠。優素福・阿克楚拉在一九〇四年發表的《大政治的三種方法》（*Three Methods of Grand Politics*）中主張，泛伊斯蘭主義可能會挑戰大英帝國作為最大的「穆罕默德教」強國的地位，儘管對包括蘇丹阿布杜哈米德在內的許多泛伊斯蘭主義者來說，穆斯林的團結與大英帝國的利益並不矛盾。無論如何，阿克楚拉並不建議挑戰英國。恰恰相反，他認為歐斯曼人可以透過復興英國的仇俄情緒重新獲得英國的支持。他的方法包括泛突厥版本的泛伊斯蘭主義，而這個版本只會威脅到俄羅斯帝國，從而維持歐斯曼帝國與英國的合作關係。[6]哈里發可以利用他的精神權威來支持穆斯林在俄占中亞的反帝國主義活動，同時在英屬印度保持親帝國的基調。雖然兩人都尋求與英國結盟，但阿克楚拉的建議與阿布杜哈米德的政策不同。阿布杜哈米德利用哈里發的身分來支持整個帝國體系，從而為倫敦、伊斯坦堡和莫斯科的帝國聯盟創造了條件。優素福・阿克楚拉討好英國的做法會危及作為聯盟基礎的帝國和平與普遍主義原則。

在阿里・費赫米・穆罕默德（Ali Fehmi Muhammed）的《伊斯蘭哈里發和歐斯曼社群》（*El-Hilafetül Islamiyye ve'l Camiatul Osmaniyye*）一書中，從阿布杜哈米德的泛伊斯蘭主義到青年土耳其人更具對抗性的泛伊斯蘭主義的轉變是顯而易見的。阿里・費赫米的這本書首先是在一九一〇至一九一一年，也就是在青年土耳其人掌權後成為系列性著作的，它強調泛伊斯蘭主義是一場文化－社會運動，而不是英國的反伊斯蘭情緒患者想像的反西方政治陰謀。但阿里・費赫米也將對歐斯曼帝國蘇丹的忠誠置於對歐洲帝國的忠誠之前，認為穆斯林無論身在何處，無論其統治者是誰，首先都必須保護哈里發，服從哈里發的領導。阿里・費赫米警告，如果不這麼做，穆斯林就會分裂，很容易成為歐洲進一步殖民和羞辱的目標。[7]

青年土耳其人於一九〇八年掌權後，激進化了阿布杜哈米德曾經謹慎處置的泛伊斯蘭主義，並加入了那些作者們所提出的反帝國主義新元素。青年土耳其人熟悉白人的文明化意識形態以及主流的地緣政治理論，他們開始認為歐斯曼帝國不是帝國俱樂部的成員，而是受害的東方和穆斯林世界的一員。鑑於日本在日俄戰爭（一九〇五年）中戰勝了俄羅斯，在青年土耳其人看來，以歐洲為中心的世界秩序的種族基礎已經失去了其合法性。他們相信，歐斯曼帝國可以為穆斯林世界做日本為「黃種人」所做的事情：透過推行憲政、議會民主和軍事重組等自強的改革，引領各族群覺醒，認清自己的從屬者身分。世界各地的穆斯林知識分子也希望在一九〇八年的青年土耳其人革命之後，穆斯林政權能夠復活。革命者自己也期望將歐斯曼帝國變成「近東的日本」。[8]

然而，儘管青年土耳其人的政府是反帝國主義的，但他們明白自己所統治的是一個帝國。他們擔心希臘和亞美尼亞公民的叛亂。他們很快意識到，除非歐斯曼人得到歐洲的支持，否則他們的憲政和內部統一的新政策無法阻止分離主義運動。他們必須說服英國和其他歐洲帝國，歐斯曼帝國對基督徒的憲政主權是值得維護的。因此，他們在最初期重拾了阿布杜哈米德的戰略遊戲，利用穆斯林世界的假象和哈里發對穆斯林世界的精神權威來獲取地緣政治優勢。他們支持與英國結盟，同時加強與德意志帝國的聯繫，以此作為籌碼，部分原因是希望得到倫敦方面的更多關照。

但事態的發展最終使歐斯曼人無法與英國人結盟，歐斯曼人果斷地轉向了德國和奧匈帝國。正是在這種情況下，歐斯曼帝國的菁英試圖以新的反帝國主義方向重新詮釋他們對穆斯林的領導，從而改變穆斯林世界這一概念的政治意義。

其中一個事件，是義大利在一九一一年出人意料地非法入侵穆斯林占多數的歐斯曼帝國利比亞省。歐斯曼帝國海軍的反擊軟弱無力，很快，由歐斯曼帝國軍官領導的當地阿拉伯武裝勢力就開始了游擊戰。這次入侵引發了全球泛伊斯蘭大規模抵制義大利產品和援助利比亞抵抗運動的行動。印度的所有穆斯林雜誌和期刊都廣泛報導了義大利的行動和穆斯林的抵抗。穆斯林相信大英帝國應該會做出維護國際法的回應，這樣做是有利於歐斯曼帝國的。而且，除了法律規定之外，穆斯林還期望英國支持歐斯曼帝國的主張，因為英國統治著世界上幾乎一半的穆斯林，它一定了解入侵在其臣民心目中的象徵意義。然而，英國政府除了口頭譴責入侵外，幾乎沒有做出任何回應。就連印度教媒體也對此感到震驚。一九一一年十月七日，印度的印度教徒在英文的《旁遮普人》（*Punjabee*）上發表了一篇文章，質疑「為什麼英國這個最強大、最有影響力的國家沒有對義大利的侵略提出抗議。」這篇文章認為，「英國應該進行干涉，防止土耳其這個穆罕默德教徒國家受到公然的傷害，」因為「英國統治了一億多穆罕默德教徒，他們的善意和忠誠應該對英國的外交決策產生一定的影響。」[9]

一九一二至一九一三年的巴爾幹戰爭以拯救穆斯林世界的名義引起了更大的騷動，並使其進一步蛻變成一種反帝意識形態。這些戰爭在某種程度上繼承了義大利入侵利比亞的歷史。歐斯曼帝國在那場戰爭中表現出的軍事弱點，以及帝國大國對歐洲進一步殖民穆斯林土地的默許，促使巴爾幹小國在塞爾維亞人的領導下結成了聯盟，共同反對歐斯曼人的統治和歐洲穆斯林。戰況十分慘烈。巴爾幹穆斯林遭到了屠殺，被迫離開家園。最終，巴爾幹聯盟取得了勝利，歐斯曼人不得不割讓幾乎所有的歐洲領土。[10]

儘管歐洲列強保證不會接受這場戰爭對現狀造成的任何改變，但巴爾幹地區的勝利在一九一三年的倫敦會議（the London Conference of 1913）上得到了國際承認。[11]歐洲人對屠殺穆斯林的默許，以及歐洲國家體系和國際法對大屠殺的無力阻止，使歐斯曼人普遍認為一場新的十字軍東征開始了。青年土耳其人政府繼續堅持早先親英的阿布杜哈米德政策，利用泛伊斯蘭網絡和公眾輿論作為抵禦俄國侵略的屏障，但反對聲音卻越來越大。畢竟，這項政策並沒有帶來任何好處。除了失去控制了五百多年的領土外，歐斯曼人還不得不應對從希臘、塞爾維亞、黑山和保加利亞軍隊手下逃出的穆斯林移民浪潮，這些軍隊決意對穆斯林實施暴行和種族清洗。

巴爾幹戰爭引發了外國穆斯林的聲援。紅新月會收到了來自印度、中亞、北非和東南亞的大量捐款，印度穆斯林醫生也自願參加了救災工作。後來的事實證明，亞洲和非洲穆斯林的這種情感、人道主義和經濟動員是致命的，因為它讓德國人相信，穆斯林世界是值得結盟的對象。事實上，到第一次世界大戰前夕，穆斯林輿論的密集交織，加上與歐斯曼哈里發的情感聯繫，使全球穆斯林的身分認同感超過了上一個千年。當英國與俄國結盟對抗德國時，以歐斯曼哈里發領導下的穆斯林世界為基礎，一種親德反英的泛伊斯蘭主義論述成為了一種可行的選擇。

歐斯曼帝國地緣政治戰略中的穆斯林世界

回顧歐斯曼帝國在第一次世界大戰中對歐洲同盟帝國的挑戰，我們很容易將其視為代表想像的穆斯林世界發自內心發動的聖戰。但這是一種對局勢的誤判。歐斯曼帝國在戰爭中的立場並非文明衝突或世界宗教衝突的必然結果，也不是對西方殖民霸權的必要回應。

實際上，從帝國合作到對抗的道路走了很多彎路。偶然的事件，並且透過虛幻的地緣政治視角加以解讀，才導致了一九一四年的決裂。歐斯曼帝國在巴爾幹戰爭和利比亞戰爭中的領土損失，加上安納托利亞東部的亞美尼亞國族主義，導致了歐斯曼帝國的合法性和主權危機。幾位有影響力的青年土耳其人的著作有助於我們了解第一次世界大戰前夕歐斯曼帝國決策所依據的政治情勢之細微差異。

最能代表一九〇八年至一九一四年期間歐斯曼帝國泛伊斯蘭思想的論點和影響變化的人是沙赫賓德札德・艾哈邁德・希爾米（Şehbenderzade Ahmed Hilmi）。[12]艾哈邁德・希爾米是一名對其他神祕傳統懷抱濃厚興趣的蘇非，也是阿布杜哈米德二世政權的反對者，他曾流亡埃及和菲贊（Fizan，利比亞南部）。[13]一九〇八年革命後，他回到了伊斯坦堡，出版了《伊斯蘭團結》（*Ittihad-i Islam*）雜誌，認為穆斯林的政治團結既是道義責任，也是歐斯曼帝國在全球權力平衡中的籌碼。他尋求開展國際穆斯林合作，使歐斯曼帝國成為穆斯林世界一個可望成功的經濟和軍事強國。

希爾米深知，建立一個統一的穆斯林帝國是烏托邦式的幻想，因此他從未提倡過這樣的想法。正如他在一九一一年出版的《二十世紀的穆斯林世界與歐洲》（*The Muslim World in the Twentieth Century and Europe*）一書所表明的，他是一個現實主義者。[14]除了穆斯林的團結一致，他甚至還支持歐斯曼帝國加入歐洲的結盟體系。也許希爾米最大的創見在於他得出的結論，即歐斯曼必須在歐洲的兩個結盟體系中選擇一個。就像所有優秀的現實主義者，他傾向於歐斯曼帝國與英國領導的協約國結盟。但他明白，除非大英帝國改變其敵對政策，否則歐斯曼將被迫與德國領導的同盟國結盟。[15]希爾米認為，歐洲宣稱要給世界帶來文明的主張已經全然失效。他們對穆斯林世界、亞洲和有色人種的覺醒所持有的恐懼也是如此。[16]要麼英國、法國和其他列強放棄這些想法，要麼歐斯曼帝國就要與德國結盟。

希爾米訴諸安納托利亞穆斯林的國族主義情懷。例如，在其一九一三年的著作《突厥精神是如何形成的》（*How the Turkish Spirit Is Formed*）中，他敦促穆斯林突厥人重拾民族意識，從而恢復歐斯曼帝國的尊嚴和權力。然而，希爾米並不是一個國族主義者。在他所處的世代裡，講突厥語的穆斯林國族主義是對泛伊斯蘭歐斯曼帝國外交政策的補充。然而，他把安納托利亞說成是突厥穆斯林的家園，卻不提及當地為數眾多的亞美尼亞人和希臘人，這已經表明了一種範式的轉變，即從一個世界性的帝國轉變為一個穆斯林帝國。他期望既動員安納托利亞穆斯林，又聲援外國穆斯林。這麼做會迫使各個歐洲帝國支持歐斯曼帝國的主權，同時將歐斯曼人從孤立的境地中解救出來。[17]

另一位有影響力的歐斯曼泛伊斯蘭主義者是賈拉勒．努里（Celal Nuri）。他提出了在巴爾幹戰爭之後的時期裡最複雜的泛伊斯蘭現實主義表述。一九一三年，賈拉勒．努里出版一本同樣名為《伊斯蘭團結》（*Ittihad-i Islam*）的著作，他從道德角度批判了以歐洲為中心的世界秩序，並為歐斯曼帝國的泛伊斯蘭主義提出了現實政治建議。[18]努裡對愈來愈不安全的國際秩序深感焦慮，他討論了伊朗被劃分為俄羅斯和英國的勢力範圍、摩洛哥成為法國的保護國、義大利入侵利比亞、巴爾幹半島上對穆斯林的驅逐以及歐洲列強支持巴爾幹聯盟等問題。除了這些問題，他還提到了英、俄、法三國結盟所反映出的歐洲兩極分化，他擔心這會導致泛日耳曼主義和泛斯拉夫主義勢力之間的大對抗。最後，他還注意到了遠東的覺醒，日本的崛起和中國共和政體的建立就是證明。因此，他建構了一個「覺醒的東方」與「帝國主義的西方」之間的對抗框架。[19]

他認為，新興的東方與帝國主義西方之間的衝突，是由於帝國主義西方試圖挑釁獨立的東方國家（如歐斯曼土耳其），他以這個角度來解釋國際事務，這使他提出了一些重要問題：東西方之間的鴻溝是永恆的、不可逾越的，還是可以和解的？[20]穆斯林在東、西方關係的這個新階段中要扮演什麼角色？穆斯林怎麼做才能將自己從壓迫中解放出來，並在文明世界中獲得其應有的地位？每當努里談到穆斯林和穆斯林世界時，他想到的不是一個信徒群體，而是一個種族和文明類別，是類似於「黑種人」和「黃種人」的種族和文明類別。

努里致力於將泛伊斯蘭主義作為處理國際關係的可行方法，並批評那些將泛伊斯蘭主義與宗教蒙昧主義（religious obscurantism）和烏托邦主義聯繫在一起的人。[21]他認為，任何以這種過於謹慎的方式思考問題的人都不會理解伊斯蘭團結的含義，其原因有三。第一，在一個種族化的世界裡，歐斯曼人已經與其他穆斯林同呼吸共命運了。無論是被殖民的穆斯林還是獨立的穆斯林統治的國家，都受到白人基督徒的虐待和壓迫。因此，他們必須理解其他穆斯林社會的現實，即使他們無法幫助他們。無論選擇何種政策，歐斯曼人都應了解穆斯林世界的一切情況，以決定是否值得推行泛伊斯蘭計畫。第二，努里摒棄了純宗教式的泛伊斯蘭主義，其與阿布杜哈米德二世政權以及反立憲、反現代性的保守主義反革新派有關。泛伊斯蘭主義面對的是落後和不自由的問題，因此泛伊斯蘭主義應該是一種政治現象，而不是宗教現象。第三，努里堅持，穆斯林世界的命運與歐斯曼帝國在國際關係中爭取完全平等的努力是分不開的。[22]在追求平等的過程中，歐斯曼帝國應繼續西化和現代化，改善歐斯曼人的生活，消除外國干涉歐斯曼帝國的藉口。例如，他認為應將法院系統改善到非常高的水準，即使是歐斯曼帝國的敵人也無法發現其中的缺陷，不能以此為藉口簽訂不平等條約。穆斯林的團結可以增強歐斯曼人的實力，使他們不必依賴不可信的外來勢力。也就是說，在努里的想法中，穆斯林的團結是促成進步的必要條件，這樣的進步是以歐洲為藍本而形成的。[23]

努里泛伊斯蘭主義中的世俗主義在他與中國、印度和日本的非穆斯林國族主義者團結一致的願景中表現得最為明顯。對西方霸權的反抗將使他們團結在一起。[24]他指出，如果日本人不進行改革和自強的話，它會淪為第二個印度，而且中國也如此，會被分裂和殖民。[25]日本的現代化不僅阻止了亞洲的衰落，還預示著亞洲的覺醒。因此，努里對中日之間的衝突感到失望。如果日本能改善對華政策，進而贏得中國國族主義者的支持，亞洲覺醒的前景將更加光明。他認為，根據「達爾文第二法則」（second principle of Darwin），中國和日本應該合作，而不是相互爭鬥，這樣雙方都能抵禦外來威脅。[26]

努里非常詳細地介紹了穆斯林各民族的狀況，包括阿拉伯人、突厥人、伊朗人、阿富汗人、印度人和其他東南亞人，為讀者提供了想像的穆斯林世界政治發展的更具體描述。他重視已經將穆斯林聯繫在一起的紐帶：哈里發、朝聖及跨國穆斯林教育機構、課程和文學。[27]這些構成了穆斯林團結的最低要求。

然而，對努里來說，穆斯林團結的要件仍然來自於他們面對歐洲東方主義、種族主義和帝國主義時的共同需要。因此，他撰寫了大量關於歐洲殖民政策和西方對穆斯林負面印象的文章，以概述反對這些政策和形象的策略。他感嘆，如果大英帝國給予所有殖民地與澳洲、加拿大和南非相同的權利和自治權，大英帝國就會受到其統治下所有人民的尊重，而被視為真正文明的捍衛者，而大英帝國本身也會在經濟和政治上受益。[28]在他對國際關係領域裡的主流做法的批評中，努里反覆地提到了「國家權力」（*hukuku düvel*）和國際法。

簡而言之，努里並不擔心泛伊斯蘭主義會導致與英國人的衝突。如果會，那就這樣吧。穆斯林和其他殖民地人民需要獲得自由，而基於共同利益的聯盟將促進這一目標的實現。歐斯曼穆斯林菁英對這些論點深信不疑。

另一個歐斯曼菁英轉向明確的政治性和反西方性泛伊斯蘭的良好範例，可以見於納吉·伊斯瑪儀·佩利斯特（Naci Ismail Pelister）的政策文件，他是一位多產的青年土耳其人領袖，筆名為哈比爾·阿德姆（Habil Adem）。作為一名為歐斯曼帝國情報機構工作的哲學家和新聞記者，哈比爾·阿德姆是現實主義泛伊斯蘭政策能言善道的倡導者。他在一九一五年發表的《在（巴爾幹）戰爭之後：哈里發和突厥主義政策》（*After the (Balkan) Wars: The Policy on the Caliphate and Turkism*）一書由歐斯曼政府所贊助，而且為了更有效地發揚他的主張，本書還以阿拉伯語翻譯出版。[29]

與努里相似，哈比爾·阿德姆將泛伊斯蘭主義與歐斯曼帝國的大戰略結合了起來，為歐斯曼帝國提供一種務實的政策選擇。阿德姆回顧歐斯曼帝國在巴爾幹戰爭中的失敗，強調了遠在印度、埃及、阿富汗、突尼西亞、阿爾及利亞、摩洛哥和利比亞的穆斯林心中的悲痛。

他為歐斯曼帝國在國際事務中孤立無援的情況提出解決辦法，建議歐斯曼帝國放棄先前維護世界性帝國的嘗試，轉而關注自身於亞洲的聲譽和所管轄的穆斯林。這意味著，歐斯曼帝國最終會放棄與英國結盟的追求，以及基於外交而非軍事力量的外交政策。作為歐洲帝國競爭的敏銳觀察者，他預測，鑑於德國與俄國的競爭，德國將支持歐斯曼帝國的新泛伊斯蘭政策。阿德姆預計英國人會做出負面回應，因為他們擔心哈里發和印度穆斯林之間會有聯繫。但他拒絕將哈里發制度與土耳其的外交政策割裂開來。他知道英國人正試圖在埃及建立一個哈里發政權，並在敘利亞挑撥反歐斯曼帝國的情緒，目的是在大英帝國內部拉攏阿拉伯人，但阿德姆相信，阿拉伯穆斯林會意識到在英國人統治下的阿拉伯統一計畫是錯誤的。阿德姆認為，歐斯曼帝國領導下的泛伊斯蘭國際主義與埃及和伊朗等穆斯林國家的國族主義覺醒並不相互矛盾。跨國團結將加強反抗殖民政權的國族主義鬥爭。即使阿拉伯人在沒有哈里發保護的情況下獲得了獨立，只要英國不對新解放的國家實行「保護國名義下的統治」，歐斯曼人也會從中受益。哈里發的復興會給印度穆斯林帶來尊嚴、榮耀和名聲，也會增強他們反對英國殖民主義的決心。在全球穆斯林團結一致的條件下，阿富汗可以成為亞洲的工業中心。阿德姆稱讚俄羅斯穆斯林結合了信仰與現代性，並認為如果歐斯曼帝國實施泛伊斯蘭政策，他們的經濟和政治力量將為歐斯曼帝國帶來潛在的利益。30

從根本上說，阿德姆對哈里發提出了現代主義和世俗化的解釋，以此增強歐斯曼帝國的國際實力。這一想法的吸引力在於其明顯的必要性：以英國為首的歐洲帝國聯盟正在摧毀歐斯曼帝國。換句話說，歐斯曼與其他想像的穆斯林世界的關係是次要的和衍生的。歐斯曼帝國的主要關係是與西方列強的關係。從這個角度看，泛伊斯蘭主義在任何意義上都不是一種宗教義務或國際主義價值觀，而是現實政治的需要。

穆斯林世界的戰爭

穆斯林身分和帝國競爭的複雜政治導致帝國領導人在大戰中採取了各種錯誤的戰略。儘管早在一九一四年的最初幾個月，這些歐斯曼帝國的領導人就將哈里發在印度的精神權威解釋為英國與歐斯曼帝國結盟的基礎，但他們隨後將泛伊斯蘭主義和穆斯林世界的身分重新定義為反英、反俄和反帝。歐斯曼帝國和德國官員深信，反帝國主義的力量以及他們所認為的穆斯林對基督教西方國家的原始仇恨將有利於戰爭的進行，因此他們宣布將穆斯林從歐洲統治下解放出來是他們的目標之一。德皇威廉希望激起「整個穆罕默德教世界」的「狂野反抗」，總參謀長赫爾穆特．馮．毛奇（Helmuth von Moltke）則設想「伊斯蘭狂熱的覺醒」。

甚至在歐斯曼人參戰之前，學者兼外交官馬克斯．馮．奧本海姆（Max von Oppenheim）就起草了《關於促成我們敵人的伊斯蘭領土上的革命之備忘錄》（*Memorandum on Revolutionizing the Islamic Territories of Our Enemies*），希望將伊斯蘭教變成「我們最重要的武器之一」。[31]這種認為穆斯林會起來反抗殖民者的錯誤信念也是英國、法國、俄國和荷蘭仇視伊斯蘭教的根據。然而，儘管協約國擔心穆斯林會叛亂，但還是向殖民地的穆斯林許諾，只要他們忠於自己的君主，與歐斯曼帝國的哈里發保持距離，就能獲得自我培力。

一些穆斯林確實對聖戰宣言做出了同情的回應。但他們只有在歐斯曼帝國和德國的代理人能用軍隊和財政援助到達的地區，如利比亞和阿富汗，才會找到軍事盟友。即使是一九一五年的新加坡兵變，也不是由歐斯曼帝國煽動起來的聖戰。雖然穆斯林士兵起義的部分原因是受到哈里發聖戰號召的影響，但起義的起因更多的是針對印度士兵的種族主義作為，而不是親歐斯曼帝國的情緒。[32]

德國人和歐斯曼人發現，英國人不僅為穆斯林提供了可以把他們聯絡起來的蒸汽船和電報線路——這些設施使他們能夠受到歐斯曼帝國的影響——事實上，英國人還為穆斯林提供了值得他們效忠的領導。許多穆斯林動員起來，加入了英軍、法軍和俄軍。印度著名的泛伊斯蘭主義者甚至支持英國擴大對東非和中東穆斯林的統治。

英國總督查爾斯．哈丁格（Charles Hardinge）也意識到了印度穆斯林對哈里發的同情，他向印度穆斯林領袖承諾，一旦與歐斯曼帝國開戰，大英帝國將確保聖城不受侵犯，以證明英國作為一個穆斯林大國的地位。哈丁格和其他英國領導人強調戰爭的政治性質，堅持認為戰爭與印度穆斯林的宗教義務無關。印度穆斯林不想在國王和哈里發之間做出選擇，戰爭開始後，印度主要的泛伊斯蘭主義者致信蘇丹和宰相塔拉特．帕夏（Talaat Pasha），力促歐斯曼帝國可以保持中立。當歐斯曼帝國捲入了衝突並宣布聖戰時，英國已經準備好了反聖戰的宣傳，宣稱「在這場不涉及宗教性質問題的戰爭中，國王陛下最忠誠的穆斯林臣民不會有任何誤會……聖地將免受英國海軍和軍隊的攻擊或騷擾……應國王陛下政府的請求，法國和俄國政府也做出了……類似的保證。」[33] 英國的宣傳進一步辯稱，歐斯曼政府在異教徒德國人的控制之下，而英國將尊重哈里發制度。[34]

協約國中的各大帝國透過說服其穆斯林臣民發表忠於本國君主的反歐斯曼的言論和小冊子，挑戰歐斯曼帝國的聖戰宣言。許多親英的穆斯林加入殖民官員的行動，把歐斯曼哈里發統治的宗教和政治兩方面區分開來。他們向穆斯林保證，協約國打擊的是德國控制下的世俗國族主義歐斯曼政府，而不是哈里發。很快地，所有殖民地的穆斯林名人都表示效忠英、俄、法、荷帝國。從這一角度來看，效忠歐洲帝國與效忠歐斯曼哈里發並不矛盾。

簡而言之，歐斯曼帝國與德國的戰爭宣傳嚴重誤判了歐洲帝國與全球穆斯林公眾輿論之間的關係。認為印度、奈及利亞、印尼或阿爾及利亞穆斯林會反抗基督教統治者的信念反映了帝國世界對泛伊斯蘭認同的簡化意識。煽動起義是歐斯曼人務實的，或者說不真誠的做法，他們似乎忘記了，他們自己也曾主張並利用哈里發的精神權威與政治權威之間是相互分離的概念。

這場爭奪想像的穆斯林世界的靈魂和代理權的戰鬥，引發了有關哈里發合法性的進一步宣傳。哈米迪・帕夏（Hamdi Paşa）的著作《伊斯蘭世界和英國傳教團：他們是如何培訓英國傳教士的？》（*İslam Dünyası ve İngiliz Misyoneri: İngiliz Misyoneri Nasıl Yetiştiriliyor?*）、欣迪里・阿布杜馬吉德（Hindli Abdülmecid）的《英國和穆斯林世界》（*İngiltere ve Alem-i Islam*）和沙赫賓德札德・艾哈邁德・希爾米的《非洲的賽努西道團與蘇丹阿布杜哈米德二世》（*Senusiler ve Sultan Abdulhamid*）都主張歐斯曼哈里發對生活在英國統治下和英國以外地區的穆斯林的領導權。[35]與此同時，協約國的宣傳重點是在學術上反駁歐斯曼帝國哈里發的稱號。協約國的論據來自先知穆罕默德去世後的最初三個世紀的順尼派政治文獻，其中指出，哈里發必須要來自阿拉伯的古萊什部落。在論證過程中，協約國依靠的是東方學家，如俄國人瓦西里・巴托爾德（Vasili V. Barthold），他在《穆斯林世界》（*Mir Islama*）雜誌上發表的《哈里發與蘇丹》（*Caliph and the Sultan*）一文是第一篇有影響力的綜合性文章，對歐斯曼帝國宣稱的哈里發統治權的合法性提出了質疑。[36] 義大利人卡洛·阿方索·納利諾（Carlo Alfonso Nallino）在《關於天然的哈里發和所謂歐斯曼哈里發的說明》（*Uppunti Sulla Natural del Califfato in Genere e sul Presunto Califfato Ottomano*）一書中提出了相關論點，該書是一九一七年為義大利外交部撰寫的報告，後被翻譯成了英文和法文。[37] 喬治·薩米恩（George Samne）是一個阿拉伯基督徒，他在他的法文著作《哈里發和泛伊斯蘭主義》（*Le Khalifet et le Panislamisme*）中加入了討論。[38] 第一次世界大戰結束後，阿諾德·J·湯恩比於一九二〇年發表了題為「哈里發問題」（The Question of the Caliphate）的文章，繼續了這場討論。[39] 甚至像A·T·奧姆斯特德（A. T. Olmstead）等美國人也加入了這場爭論，於一九一九年出版了《新阿拉伯王國與穆斯林世界的命運》（*The New Arab Kingdom and the Fate of the Muslim World*）。[40]

實際上，來自古萊什部族的哈里發世系規則早就已經被忽略了。幾百年來，穆斯林學者接受了歐斯曼帝國和蒙兀兒帝國對哈里發地位的主張。協約國的這一套歐斯曼人的哈里發地位無效論的宣傳並沒有對穆斯林產生什麼作用，但它卻為一九二〇年代中期在其他案例中的使用創造了一個方便的模板。

面對宣傳戰，許多穆斯林所做的是重申他們對帝國的忠誠——但這是有條件的。印度穆斯林提出了一個新的帝國契約：他們將為國王服務，為大英帝國犧牲生命，以換取倫敦承認穆斯林的宗教權利和情感，其中包括尊重英國人正在試圖破壞的哈里發。穆斯林士兵還堅持要求穆斯林（最好是歐斯曼帝國）繼續統治聖城。殖民政府同意了這些要求，印度穆斯林也遵守了他們的約定。在一次大戰之後，當印度穆斯林在批評英國對穆斯林世界的政策時，也一再以這份契約為依據提出自己的主張。與之相似的，在戰爭結束時，與帝國軍隊並肩作戰的法國穆斯林也以自己的犧牲來譴責法國的反伊斯蘭情緒。[41]

第一次世界大戰交戰雙方的泛伊斯蘭宣傳都與交戰帝國的實際情況和目標相矛盾。歐斯曼帝國仍在招募非穆斯林公民，如亞美尼亞人、希臘人和猶太人。在加利波利，多民族、多宗教的歐斯曼帝國士兵擊敗了多民族、多宗教的英國海軍。俄軍士兵來自不同民族，信奉多種宗教，但由於擔心士兵不忠，俄軍不願命令穆斯林士兵上戰場與歐斯曼人作戰。

這些帝國並非沒有意識到自身的多樣性。事實上，俄羅斯和歐斯曼帝國的菁英們都希望透過戰時動員來克服國內的分裂。然而，事實與願望恰恰相反：內部紛爭加上戰爭的創傷，使俄羅斯帝國和歐斯曼帝國支離破碎了。[42]

一九一五年歐斯曼帝國對安納托利亞亞美尼亞人的種族清洗，並非源於基督徒和穆斯林之間長久的宗教敵意。相反地，它是肇因於東南歐人口政策的長期結果（基督教國族主義軍隊屠殺了穆斯林並將他們趕出了保加利亞、羅馬尼亞、希臘和其他地方）以及戰爭初期的偶然事件和決定。一旦亞美尼亞人遭到大規模屠殺和驅逐，歐斯曼帝國的希臘公民就無法想像他們在一個由穆斯林統治的帝國中的未來了。以穆斯林世界的名義號召聖戰和盡量減少安納托利亞基督徒人口的計畫都是為了拯救歐斯曼帝國。然而，它們卻導致了已經享壽幾個世紀之久的歐斯曼帝國的滅亡。

歐斯曼帝國在走向失敗的道路上疏遠了國內少數民族，放棄了早先的世界性帝國準則，而英國人則在通往勝利的道路上背叛了對大量穆斯林人口的承諾。當埃德蒙・艾倫比（Edmund Allenby）將軍於一九一七年十二月進入耶路撒冷舊城時，英國記者以「十字軍取得了勝利」描述此事。儘管英國的人民和軍隊包含大量的穆斯林和印度教士兵，英國首相大衛・勞合・喬治將攻占耶路撒冷描述為「送給英國人民的聖誕禮物」。[43]同年發表的《貝爾福宣言》（*Balfour Declaration*）違背了英國關於巴勒斯坦將成為未來阿拉伯王國的一部分的承諾。對於英國戰爭的穆斯林支持者來說，《貝爾福宣言》意味著大英帝國將穆斯林占多數的巴勒斯坦和聖城耶路撒冷保留給猶太復國主義的政治計畫，從而選擇了想像的猶太世界的利益，而不是同樣想像的穆斯林世界的利益。

英國人還違背了他們對漢志（Hejaz）的國王謝里夫胡塞因（Hussein）的承諾，他是與英國結盟、在阿拉伯半島反抗歐斯曼人的阿拉伯叛軍領袖。英國人曾向謝里夫胡塞因承諾，戰後他將統治中東地區的一個主要阿拉伯王國。但《貝爾福宣言》和《賽克斯－皮科協定》（Sykes-Picot Agreement）破壞了這一承諾。這可不是一次小小的違約。胡塞因的叛亂是英國反聖戰政策的一大成就。這是自一八八〇年代穆罕默德・馬赫迪（Muhammad Mahdi）在蘇丹發動的叛亂以來，第一次有穆斯林反抗穆斯林君主。更重要的是，胡塞因的軍隊切斷了歐斯曼帝國與聖城麥加和麥地那的實際聯繫，消除了歐斯曼帝國宣稱的哈里發統治的一個關鍵方面：歐斯曼蘇丹對位於漢志的麥加和麥地那的主權。當T・E・勞倫斯（T. E. Lawrence）和謝里夫胡塞因的兒子費薩爾（Faisal I bin Al-Hussein bin Ali Al-Hashemi）破壞連接麥地那和大馬士革的漢志鐵路時，他們在某種程度上說明了英國控制的印度洋網絡和蒸汽輪船的影響力勝過了歐斯曼帝國－德國控制的鐵路影響力。歐斯曼帝國的鐵路主要由英國統治下的印度穆斯林資助，因此連接大馬士革和耶路撒冷與麥地那的漢志鐵路是全球穆斯林現代化、泛伊斯蘭主義和英國－歐斯曼帝國和諧的象徵。英國支持的阿拉伯叛軍摧毀了一條由歐斯曼帝國擁有、印度穆斯林資助的鐵路，這是對哈里發統治的沉重打擊，從內部掏空了哈里發。然而，英國人卻沒有報答胡塞因所策劃的這場巨大勝利。

在遠處觀察這些戲劇性事件的印度博帕爾邦（princely state of Bhopal）王后（begum）指出，麥加仍由穆斯林統治，如果由一個阿拉伯王朝接管哈里發，穆斯林是可以接受的。[44]當英國人有效地將麥加、麥地那和耶路撒冷從歐斯曼帝國的控制下奪走時，他們還切斷了麥地那和耶路撒冷之間的交通聯繫，並拒絕成立另一個阿拉伯哈里發。

從表面上看，協約國，尤其是英國，在這場事關穆斯林世界命運的戰爭中取得了勝利。但這是一場具有誤導性的、代價高昂的勝利。印度穆斯林開始將戰時和戰後的英帝國政策視為對其契約的背叛。大英帝國贏得了戰爭，卻失去了穆斯林臣民的忠誠。

超越列寧和威爾遜：一九一八年－一九二四年的泛伊斯蘭時刻

歷史學家傾向於將第一次世界大戰後的時期視為帝國終結的開端，當時殖民地人民一方面強烈轉向反帝國的國際主義，另一方面則轉向國族主義。在東方，弗拉基米爾・列寧（Vladimir Lenin）宣揚在通往世界無產階級革命的道路上實行自決，並最終在統一的社會主義國家之下實現民族融合。在西方，伍德羅・威爾遜（Woodrow Wilson）倡導國族主義的民族自決：獨立的民族國家在法律平等的基礎上互動。

被殖民統治的穆斯林——以及歐斯曼土耳其、阿富汗和埃及的領導人——都確實試圖利用威爾遜和布爾什維克對現有世界秩序的批判，在國際舞台上為自己爭取權利。但這兩種方式都無法充分表達穆斯林對種族化帝國的不滿。一些印度穆斯林參加了布爾什維克運動，但自一九一九年到一九二四年，印度穆斯林對布爾什維克的興趣被守護哈里發運動所掩蓋了，而這場運動正是泛伊斯蘭主義者為維護歐斯曼哈里發而做出的努力。威爾遜計畫的缺陷是顯而易見的，他忽視了對穆斯林十分重要的政治問題，支持有缺陷的國際聯盟（League of Nations，簡稱國聯），使帝國主義和與之相關的種族治理永久化。從理論上講，國聯旨在維持獨立國家之間的平等，但實際上，它是在給英法兩國新制定的帝國治理戰略服務。新的民族自決原則要求在阿拉伯、非洲和亞洲土地上的殖民主義有更細緻的正當理由，而國聯的託管統治制度（Mandate system）則提供了這樣一種理由，這是由南非政治人物揚・斯穆特（Jan Smuts）所提出的。[45]但前歐斯曼帝國領土上的阿拉伯國族主義者明白，這是舊殖民主義的新名稱。在他們看來，託管統治制度只是維持了針對穆斯林的歧視性言論和做法的慣用模式。這是「非洲瓜分」在以穆斯林人口占多數的近東地區的一種延伸。

阿拉伯民眾和其他穆斯林菁英確實試圖利用威爾遜所提出的口號來表達他們的訴求，但他們這樣做是有技巧的，並沒有抹殺對泛伊斯蘭主義的承諾。事實上，對解放的宏偉承諾的幻滅——無論是威爾遜式的自決還是布爾什維克式的國際主義，都鞏固了第一次世界大戰後全球穆斯林團結的念頭。

協約國在停戰時期對待歐斯曼人的態度，是造成這種幻滅感的原因之一。第一次世界大戰失敗後，威爾遜主義最初似乎是歐斯曼穆斯林菁英可以接受的政治願景，因為他們希望在帝國的殘餘部分建立一個穆斯林占多數的主權國家。當時一些重要的知識分子在伊斯坦堡成立威爾遜原則協會（Wilsonian Principles Society），而參加一九一九年巴黎和會的歐斯曼官方代表團主張根據威爾遜原則，在後歐斯曼帝國的土耳其建立一個穆斯林占多數的主權國家。但一九二〇年八月簽訂的《色佛爾條約》（*Sèvres Treaty*）在戰勝國和歐斯曼帝國之間建立了和平，拒絕了這種可能性。剩餘的歐斯曼帝國領土則被劃分為了希臘、亞美尼亞、義大利、法國、英國、庫德和土耳其等不同區域。

威爾遜主義在《色佛爾條約》中的失敗尤其令人痛心，因為英國不僅拒絕而且積極破壞土耳其對伊斯坦堡控制下其餘歐斯曼帝國領土的主權要求。甚至在色佛爾會議之前，希臘軍隊就入侵了安納托利亞西部，試圖奪取英國首相勞合·喬治許諾給他們的歐斯曼帝國領土。這引發了歐斯曼穆斯林在國族主義者穆斯塔法·凱末爾的領導下進行有組織的抵抗。土耳其穆斯林國族主義者意識到，歐斯曼土耳其將因在第一次世界大戰中處於失敗一方而受到懲罰，無論是威爾遜還是戰勝一方的協約國領導人都不太關心在土耳其建立穆斯林家園的要求，因為這與亞美尼亞和希臘的要求相矛盾。為了防止土耳其分裂，國族主義者必須與希臘、法國和英國軍隊作戰，同時建立一個穆斯林占多數的主權國家。

凱末爾和他的朋友們立即恢復了阿布杜哈米德時代中泛伊斯蘭主義的舊辦法，要求印度穆斯林為他們的事業提供財政捐助，同時向英國政府施壓，要求其撤回對入侵安納托利亞的希臘軍隊的支持，並承認土耳其國族主義的要求。就這樣，戰後的土耳其穆斯林領導人向戰勝國大英帝國境內的穆斯林世界尋求援助，而沒有提及「聖戰」一詞。

隨著有關歐斯曼帝國的威爾遜主義協議在色佛爾遭到否決，哈里發的未來也因英國入侵伊斯坦堡而變得前途未卜，印度泛伊斯蘭的守護哈里發運動的時機已經成熟。這些印度穆斯林試圖在戰後矛盾的帝國體系內恢復歐斯曼哈里發。他們的泛伊斯蘭主義不是戰時土耳其的泛伊斯蘭主義，土耳其的聖戰宣言是一個戰略問題，目的是讓全球穆斯林反對他們的英國統治者。印度的泛伊斯蘭主義反映了人們對穆斯林世界和穆斯林民族命運的真正焦慮，而一個由哈里發統治的獨立帝國可能不再代表穆斯林世界和穆斯林民族了。在印度，對歐斯曼哈里發的支持也是根深蒂固的。哈里發如今已經不再統治麥加、麥地那和耶路撒冷，但他在一九二〇年時的英屬印度卻比在一九一四年時更受擁護。[46]

守護哈里發運動凸顯了第一次世界大戰中所蘊含關於穆斯林忠誠的交易契約，也就是作為戰勝國的大英帝國，必須要尊重穆斯林的宗教情感、需求以及穆斯林的聖地，以紀念穆斯林為其事業所做的犧牲。但是在戰後，協約國卻占領了耶路撒冷和伊斯坦堡。希臘軍隊在英國的支持下與土耳其人作戰。全世界的穆斯林都察覺到了背叛，但印度穆斯林的抗議尤為強烈，並組織了起來。[47]他們為土耳其國族主義者的戰鬥提供資金，並派遣代表團前往巴黎提醒威爾遜，他最初的十四點聲明曾承諾「當前歐斯曼帝國的土耳其本土」的獨立和自決。威爾遜和他的代表團似乎忘記了十四點中的這一部分，而印度穆斯林代表團正是要提醒他們注意這一承諾。在這個承諾中，對於土耳其本土包括哪些地方，以及如何解決希臘、亞美尼亞和庫德人與土耳其相衝突的自決要求，存在著相互矛盾的解釋。美國公眾和威爾遜總統都希望看到在後歐斯曼帝國時期的安納托利亞建立一個亞美尼亞國家，並懲罰「糟糕的土耳其人。」[48]

除了為土耳其的主權和獨立提供物質和道義上的支持外，守護哈里發運動還象徵著代表想像的穆斯林世界達成集體協議的願望。其目標是在帝國秩序內實現穆斯林的種族平等、正義、尊嚴和培力。戰後穆斯林的政治訴求是以一種混合語言提出的，其中包含泛伊斯蘭主義、國際主義、威爾遜主義和帝國文明。[49]比方說，在圍繞召開巴黎和會和成立國際聯盟的辯論中，有影響力的守護哈里發運動支持者賽義德·阿米爾·阿里將重點放在了對殖民地穆斯林的忽視和征服上。他借鑑了早先泛伊斯蘭主義的論點，強調穆斯林文明過去的輝煌和伊斯蘭的合理性，聲稱穆斯林並不比白人基督徒低等。守護哈里發運動希望為土耳其獲得主權，但其目標並不是在任何地方都取得國族主義的成功。它是歐斯曼帝國在政治和精神上的重生，因為與它同時存在的是穆斯林文明捍衛者的獨特地位。[50]研究穆斯林社會的白人至上主義學者洛斯洛普·斯托達德因此指出，在第一次世界大戰結束後，在穆斯林世界裡，復興的不是國族主義的分裂，而是穆斯林世界的團結。[51]

南亞的財政援助對安卡拉的穆斯林國族主義政府至關重要。在道義上的支持也是如此。在目睹了印度穆斯林代表獨立、擁有主權的土耳其與英帝國主義者支持的希臘軍隊作戰的壯舉後，蘇聯代表全世界受壓迫的穆斯林為土耳其獨立戰爭給予了背書。在一九二〇年召開的巴庫東方人民大會（Baku Congress of the Eastern Peoples）上，蘇聯代表鼓勵世界各地的殖民地穆斯林發動起義，從帝國主義者手中贏得解放。[52]

布爾什維克主義和泛伊斯蘭主義表面上的聯盟使英國人陷入了癱瘓，他們擔心印度的運動在甘地等印度國族主義者的支持下演變成暴力行動，從而顛覆大英帝國在南亞的統治。憂心忡忡的英國軍官要求，如果土耳其方面想要與倫敦談判並達成協議，安卡拉的國族主義政府和伊斯坦堡的哈里發就要鼓勵南亞穆斯林效忠大英帝國。[53]但是，隨著土耳其國族主義者在與希臘人的戰鬥中獲得了勝利，並與蘇聯和法國簽訂了條約，印度穆斯林發起的動員壓力也隨著水漲船高。在一九二三年時，土耳其人即將取得軍事勝利並得到列強的承認，而印度南部的泛伊斯蘭動員也讓殖民地官員感到恐懼，於是英國同意修改《色佛爾條約》的條款。其產物就是《洛桑條約》（*Lausanne Treaty*），這一條約確保了安卡拉對歐斯曼帝國剩餘領土的完全主權，作為回報，土耳其放棄了在伊拉克、敘利亞、埃及和蘇丹的前歐斯曼帝國領土上的所有權利、要求和特權。[54]這其中隱含的交易是，只要讓歐斯曼帝國成為過去式，土耳其就可以成為一個西發里亞式（民族國家式）的主權國家。新的土耳其不具有任何跨民族或是帝國性的地位。

國族主義者掌控的土耳其在外交上取得的成功也可以說是穆斯林世界的成功。印度穆斯林對促使英國人參與洛桑會談發揮了重要而直接的作用。對全世界穆斯林轉向布爾什維克主義的恐懼也是其中的一個因素。但與此同時，土耳其同意放棄將帝國蘇丹與哈里發身分結合在一起的世俗帝國權力，使歐斯曼帝國在想像的穆斯林世界的領導地位有了地緣政治的影響力。因此，當想像的穆斯林世界的軀體向土耳其伸出援助之手時，土耳其似乎已準備好要砍下自己的頭顱了。

廢除哈里發

土耳其剝奪哈里發的世俗地位一事並不是被迫的。事實上，在《洛桑條約》簽訂之前的一九二二年十一月一日，安卡拉政府就廢除了歐斯曼帝國，從而剝奪了哈里發的蘇丹和大汗頭銜。[55]末代歐斯曼君主，蘇丹瓦希德丁（Vahdettin）在離開土耳其之前仍保有了十七天的哈里發頭銜。此後，土耳其議會成為了第一個選舉哈里發的代議制議會，選出了瓦希德丁的堂弟阿布杜馬吉德。這種新的哈里發類似於穆斯林的教宗，宗座設在伊斯坦堡，在非洲、亞洲和中亞的穆斯林（包括什葉派和伊斯瑪儀派）中一直享有極高的聲望和尊重。

但土耳其領導人也不得不考慮這樣做的不利因素。伊斯坦堡的哈里發帝國宣稱對數億穆斯林擁有精神權威，但這些穆斯林大部分都處於外國殖民統治之下。哈里發不再對任何穆斯林聖地擁有實際的管轄權。土耳其本身只對安納托利亞的八百萬人口擁有主權。正如凱末爾後來指出，八百萬土耳其穆斯林擁有一個具有國際影響力的哈里發政權，它有能力干涉擁有約一億穆斯林的英國殖民地事務，這是不合理的。[56]

現實政治在很大程度上不利於哈里發制度的維持，甚至連一個官方上只具有精神性的哈里發也是難以為繼的。一些土耳其領導人從宗教和世俗的角度出發，認為新的哈里發帝國仍然可以為土耳其與大國的關係提供籌碼。它可以成為賦予新主權國家權力的外交祝福，而不是負擔。但是，干涉帝國臣民的事務也可能會給安卡拉的外交政策帶來沉重的負擔，正如《洛桑協議》的條款表明土耳其應遠離帝國政治一樣。

哈里發也是一個潛在的危險，因為歐洲人認為他是穆斯林地緣政治威脅的領導者，是歐洲種族主義想像的核心。廢除哈里發將是確保主權不受歧視性歐洲列強侵略的機會。外交官兼作家瓦倫丁・奇洛爾（Valentine Chirol）是英國主要的盎格魯－撒克遜至上主義者和反伊斯蘭情緒患者之一，他是這樣解釋廢除哈里發的理由的：「新的土耳其國家是一個共和國，它宣布自己是一個非宗教的共和國，這正是反伊斯蘭教的……其他列強對它的態度將不再像前幾年那樣，取決它為自身利益而調動起來的穆罕默德教徒情緒的能力，無論這種情緒是真實的還是表象的。」[57]安德烈・塞維耶（André Servier）在一九二三年出版的《伊斯蘭教與穆斯林心理學》（*Islam and the Psychology of the Musulman*）一書中最系統地闡述了法國帝國主義對穆斯林所持有的種族主義論述，這本書也指出，法國應該要用不同的方式來對待土耳其共和國，因為「在穆斯林世界，阿拉伯人是一個動盪因子，土耳其人是一個穩定因子。」[58]許多土耳其的共和派領導人認為，如果土耳其被視為穆斯林世界的領導者，新國家的合法性就會受到損害。他們更傾向於全力擁抱西方文明——只要哈里發還在伊斯坦堡，這樣做就是不可能的。

除了擔心擁有全球影響力的哈里發會帶來麻煩之外，土耳其的共和派領導層也不認為這樣做有什麼好處。首先，在第一次世界大戰後的環境中，維持一個以促進世界性統治為己任的機構是毫無意義的。回想一下，哈里發曾是歐斯曼帝國向其他敵對帝國主張平等的憑藉。所有帝國都是世界性的機構，管理著不同的族群社會。但歐斯曼帝國已經滅亡了，國族主義的狂熱實際上終結了世界主義。巴爾幹戰爭和對安納托利亞亞美尼亞人的種族清洗就證明了這一點。由於凱末爾的外交官們與希臘總統埃萊夫塞里奧斯・韋尼澤洛斯（Eleftherios Venizelos）就人口交換問題進行了談判，洛桑會議導致了更多的同質化。希臘的穆斯林將會被送去土耳其安置，而安納托利亞的希臘基督徒將會去希臘重新定居。該計畫進一步加劇了基督教和穆斯林的身分認同衝突，但這只是副作用。在諾貝爾和平獎得主南森（Fridtjof Nansen）的支持下，凱末爾等世俗土耳其人和希臘世俗國家元首韋尼澤洛斯推行了人口遷移政策。凱末爾本人就出生在希臘統治下的塞薩洛尼基（Thessaloniki），韋尼澤洛斯則來自宗教多元的克里特島（由前歐斯曼帝國所統治）。這一人口遷移計畫沒有任何神學上的依據，其目的，就像是曾經哈里發制度所追求的現實政治利益一樣，只是為了確保土耳其建立新國家所需的地緣政治穩定。

土耳其新穆斯林菁英的現實主義在一定程度上得益於阿布杜哈米德的教訓，他曾宣揚哈里發的精神主權以獲得英國的支持，從而對抗俄羅斯帝國。但在《洛桑條約》簽訂時，蘇聯已經站在了土耳其的一邊。在俄羅斯帝國沒有對土耳其構成威脅的情況下，與英國的聯盟關係在很大程度上是無關緊要的。因此，印度穆斯林與哈里發之間的特殊關係並沒有帶來什麼好處。無論如何，建立在歐斯曼帝國與英國聯盟基礎上的泛伊斯蘭主義黃金時代，已因第一次世界大戰的聖戰宣言和阿拉伯叛亂而遭到無可挽回的破壞。即使在理論上，也不清楚哈里發能否強化英土關係。因此，哈里發曾帶來的另一個好處也不復存在了。

土耳其領導人有各種戰略上的理由相信哈里發的大限已到。一九二四年三月三日，土耳其議會審議了終結哈里發制度的議題。哈里發制度在伊斯坦堡存在了幾個世紀後，經多數表決遭到廢除，最後一任哈里發被流放到了法國。土耳其境外的穆斯林對這一決定提出抗議，但也接受其合法性。他們並不試圖邀請被流放的哈里發去他們的國家，也沒有去追隨流亡中的哈里發。本書的第五章將會討論其後旨在建立哈里發政權的會議，這些會議試圖建立一個有別於歐斯曼哈里發的新世系。

哈里發制度的廢除結束了半個世紀以來與歐斯曼現代主義模式相繫的全球穆斯林政治思想。哈里發在歷史上的意義可能並不相同，但在一八八〇年至一九二〇年代之間，它顯然已成為帝國統治下的穆斯林訴求的集中體現。帝國的全球化在穆斯林社會中建立了知識和政治網絡，傳播著進步的思想，如法律現代主義、立憲主義、廢除奴隸制和增加婦女權利。哈里發蘇丹對這些思想的認可，增強了阿富汗、波斯和埃及穆斯林菁英改革派的力量。

但是，即使沒有歐斯曼帝國的領導或伊斯坦堡的哈里發，穆斯林世界的概念也可能出現。建構穆斯林世界是帝國統治下穆斯林臣民身分的產物，也是批判歐洲種族主義的一種手段。泛伊斯蘭主義是對東方主義和社會達爾文主義的回應，它主張穆斯林也是文明人，應該得到有尊嚴的對待。哈里發和歐斯曼帝國只是表達這些主張的更大網絡的樞紐。歐斯曼帝國企圖代表全世界的穆斯林，但它這麼做的理由並不是因為自己可以順理成章地這樣，而是因為考量到帝國之間的糾葛，代表全世界的穆斯林在戰略上是明智的。因此，同樣的泛伊斯蘭神經中樞系統雖然可以在哈里發統治結束之後繼續運作，但卻沒有了帝國世界主義和大國領導的影響力。

廢除哈里發統治後，土耳其共和國在其他穆斯林社會的政治想像中發揮了關鍵作用，表明了泛伊斯蘭思想和政治的持續存在。與列寧和威爾遜相比，凱末爾和他的改革給穆斯林社會賦予了更大的政治想像力。印尼的穆斯林菁英密切地關注著土耳其的發展，蘇卡諾（Sukarno）主張建立一個以凱末爾為藍本的世俗穆斯林國家。阿富汗的國王阿曼努拉汗也將凱末爾和土耳其模式作為改革的靈感來源。[59] 土耳其本身也為其帝國歷史和穆斯林身分表態。例如在一九三〇年，當法國要慶祝入侵阿爾及利亞的一百週年時，土耳其外交部就禁止土耳其派代表參加。

泛伊斯蘭主義和伊斯蘭國族主義之所以能比哈里發制度存續得更久，有一部分原因是它們解決了持續存在的問題。世界上大多數穆斯林仍生活在種族化的歐洲帝國之下，以穆斯林世界廣泛的種族和文明的名義提出的權利訴求仍被打壓。[60] 因此，關於穆斯林世界未來的地緣政治鬥爭在兩次世界大戰之間的二十餘年裡仍會繼續下去，但不會一成不變。新的政治環境將早先的帝國背景從記憶中抹去。泛伊斯蘭主義在整個戰間期（即兩次大戰期間）至第二次世界大戰時將走上不同的道路。在這一時期，泛伊斯蘭主義仍然經常充當地緣政治衝突的工具，但是它的條件已經煥然一新了。

然而，在戰略算計的表層下，泛伊斯蘭主義始終蘊藏持久的魅力：為遭受殖民壓迫的穆斯林爭取尊嚴。英國人可能希望歐斯曼帝國的崩潰及其哈里發制度的廢除能解決他們的穆斯林問題，但他們在兩次世界大戰之間的時期裡逐漸意識到，哈里發不過是想像的團結使者和象徵。種族化的穆斯林臣民才是泛伊斯蘭主義的真正核心和動力。

第五章

戰間期的穆斯林政治

（一九二四年－一九四五年）

一九四四年八月十八日，倡導泛伊斯蘭主義的著名知識分子和活動家阿卜杜勒希德・易卜拉欣（Abdurreşid Ibrahim）被安葬在東京郊外多摩靈園（Tama Reien Cemetery）的穆斯林區。他的葬禮十分簡單。

易卜拉欣去過很多地方。他出生於帝俄時代，在著名的穆斯林城市麥加、麥地那和伊斯坦堡接受教育。他遊歷了中國、中亞和更遙遠的東方，描繪殖民統治下的穆斯林生活。第一次世界大戰期間，他響應聖戰號召，作為一名宣傳員，為歐斯曼帝國的事業而戰。一九三三年他移居東京，成為當地韃靼穆斯林社區的領袖。

這似乎有些奇怪。為什麼一位具有影響力的泛伊斯蘭主義者，會住在二戰時期的東京呢？在歐斯曼哈里發在一九二四年遭到廢除後的二十年，一切都充滿了不確定性，世界強國都在進行複雜的重新定位，人民也不例外。兩次世界大戰的戰間期裡的穆斯林知識分子，如易布拉欣，發現自己捲入了一場關於穆斯林世界理念真正意義上的全球性辯論，其含義和目的不斷被地理、政治、當地歷史和明顯的戰略需要所改變。易卜拉欣在這一時期的活動就體現了這種多樣性和變化性。若干泛伊斯蘭主義者深信國族主義、帝國主義和各種國際主義模式都無法改善穆斯林的狀況，伊布拉辛是其中之一，因此在他在二次大戰的軸心國開展工作。

土耳其共和國成立初期是與蘇聯合作和友好的時期，當時兩國都沒有泛伊斯蘭活動的空間。兩國都在忙於世俗化和現代化的計畫，蘇聯試圖改變和重塑非俄羅斯少數民族的生活，使易卜拉欣等泛伊斯蘭主義者的另類政治願景受挫。在俄國革命後的日子裡，在易卜拉欣爭取穆斯林權利的鬥爭失敗後，他移居到了土耳其的一個小村莊，在那裡度過了無事可為的最後歲月。然而，他長期耕耘的泛伊斯蘭思想卻在日本獲得了新生。他的贊助人是大日本帝國本身，大日本帝國於一九三三年邀請他，希望他支持日本挑戰歐洲中心主義的帝國世界秩序。

易卜拉欣在日本工作時，他在歐斯曼泛伊斯蘭運動中的一位前合作者沙基布・阿爾斯蘭正在歐洲試圖說服軸心國的義大利和德國幫助穆斯林世界從歐洲殖民霸權中解放出來。同樣地，英國託管統治下的耶路撒冷的前穆夫提阿明・侯賽尼（Mufti Amin al-Husseini，穆夫提是解釋伊斯蘭教法的學者）也為他的巴勒斯坦自治願景尋求德國的支持。德國人和日本人十分看重以受壓迫的穆斯林為中心的宣傳敘事的力量。同盟國也是如此。在整個第二次世界大戰期間，英國、蘇聯和美國都以自己的行動和宣傳回應了軸心國的呼籲。約瑟夫・史達林給蘇聯穆斯林予以新的自由。就在東京清真寺於一九三八年開放幾年後，英王喬治六世在溫斯頓・邱吉爾的鼓勵下向穆斯林社區捐贈了昂貴的倫敦地產，用於修建攝政公園清真寺

(Regent's Park Mosque)。

這樣的大致輪廓與第一次世界大戰時的情況驚人地相似，當時是德國人積極地向穆斯林示好，而協約國則做出反應。然而，如果有人認為這兩場戰爭之間存在精確的連續性，那就大錯特錯了。和以前一樣，德國人及其盟國確實希望透過向西方帝國的穆斯林臣民示好來增強自己的力量並削弱敵人，而同盟國也以自己的姿態做出了回應。但在這幾年間，情況發生了很大變化。大英帝國與土耳其在洛桑達成的協議揭示出了穆斯林世界團結的假象，儘管軸心國不願看到這一點。哈里發統治被廢除後，穆斯林社會探索了多種政治選擇，但沒有統一的模式。一些穆斯林仍然忠於他們的殖民統治者，把希望寄託在帝國體制內的進步上。另一些穆斯林則更具國族主義精神，他們支持自強和現代化，尋求從發展不足、喪失權力和衰落中解脫出來。土耳其、伊朗和阿富汗追求了專制君主主導的現代化。蘇聯穆斯林擁護世俗社會主義。沙烏地人和葉門人則嘗試建立了薩拉菲主義者(Salafist)的君主制。

在戰間期，穆斯林社會的國際政治有一個短暫的機會重塑。無論穆斯林是殖民地的臣民，還是在自由地統治自己的國家，他們的敘事都已經永久地轉向了在全球秩序框架內的公平正義，而不是文明衝突的故事。隨著不同的穆斯林社會為實現不同的目標而努力，穆斯林世界的概念本可能已經逐漸消失了。

但正如易卜拉欣、阿爾斯蘭和侯賽尼在二戰期間所做的努力所證明的那樣，事實並非如此。泛伊斯蘭思想在兩次大戰之間的多樣追求中存活了下來，並回歸到了與它在第一次世界大戰剛剛結束，泛伊斯蘭思想正處在其巔峰時期時基本相同的態勢。認為穆斯林衰落了的種族化觀念，伴隨著關於穆斯林面對西方基督教帝國的集體命運的地緣政治對話，繼續在世界上流傳，並最終再次推動了大國的戰略思維。

讓穆斯林世界重拾幻想的，不僅是膚淺的穆斯林團結的帝國觀念持續存在，還有從屬階層的穆斯林國際主義訴求。帝國主義的、自由主義的和社會主義的國際主義都未能回應不同穆斯林對平等、尊嚴和政治培力的要求。當戰間期歐洲列強拒絕穆斯林對權利和自決的要求時，只有一些積極分子尋求與軸心國結盟，因為軸心國與他們有相同的地緣政治幻想。這些積極分子往往年紀較大，力量相對薄弱；易卜拉欣和阿爾斯蘭依靠泛伊斯蘭主義來掩蓋他們缺乏基層支持的事實。實際上，二戰中大多數的穆斯林戰士都是在為英國、蘇聯和法國而戰。盟軍對泛伊斯蘭主義的主張非常重視，因此在軸心國的宣傳下做出了讓步。再一次，大國和那些自任的殖民地穆斯林的代表們並行不悖地合作，各自推進著統一穆斯林世界的種族化幻想。

沒有頭的軀體？無人認領的哈里發頭銜

在瑞士洛桑，印度人支持的泛伊斯蘭使土耳其人取得了外交上的勝利，但事實證明，印度人的泛伊斯蘭勝利只是曇花一現，當新的土耳其國家用哈里發的命運當作是換取領土主權的籌碼時，這一勝利便蕩然無存了。此後，在歐斯曼帝國已經不復存在的情況下試圖重建哈里發政權的努力也毫無結果。各穆斯林社會在戰間期時的政治利益過於多樣化，在建立新哈里發的問題上根本無法達成共識，甚至無法形成強有力的聯盟。

一九二四年三月五日，就在土耳其大國民議會決定廢除哈里發的兩天後，麥加的謝里夫胡塞因宣布自己為新哈里發。但他在麥加和麥地那以外的穆斯林民眾中幾乎得不到支持。鑑於他曾與英國人合作對抗歐斯曼人，作為前哈里發的堅定支持者，南亞和東南亞穆斯林對他尤其感到不滿，其他人也相繼反對他。五天後的三月十日，埃及的宗教學者宣布，他們認為必須在開羅召開大會討論哈里發的未來。被廢黜的哈里發阿布杜馬吉德・埃芬迪（Abdulmecid Efendi）也支持召開大會的想法，甚至建議由全世界穆斯林社會的代表民主選舉出新的哈里發。[1] 埃及國王福德（King Fuad）於一九二六年五月在開羅發起了這樣一次大會，並希望在會上被推舉為哈里發。但由於他是受英國保護的君主，他的政治領導地位也受到了影響，關於福德國王的哈里發野心，與會者們甚至沒有將其納入到討論中。

胡塞因正計劃在麥加召開自己的哈里發大會，當時正值一九二五年的朝聖季節，當時麥加被內志地區蘇丹、未來的沙烏地阿拉伯國王阿布杜阿齊茲・伊本・紹德（Abdulaziz Ibn Saud）占領了。沙烏地－瓦哈比運動（Saudi-Wahhabi movement）對哈里發的概念不感興趣，因為對他們來說，哈里發象徵著昔日的敵人歐斯曼帝國。畢竟，正是歐斯曼帝國哈里發的軍事力量鎮壓了早期的沙烏地國家，而伊斯坦堡的哈里發蘇丹們則代表著世界性的穆斯林文化，瓦哈比意識形態則譴責這種文化背離了伊斯蘭的真正原則。召開於一九二六年的沙烏地穆斯林大會的主要關注點是新政府對朝聖事務的管理，而不是關於哈里發制度。儘管阿布杜阿齊茲・伊本・紹德和未來沙烏地家族的君主們對擔任哈里發並不感興趣，但他們的名字偶爾也會被討論。然而，由於瓦哈比派持有反什葉、反蘇非的偏見，所以和謝里夫胡塞因相比，沙烏地人的哈里發主張更不可能得到跨國穆斯林的廣泛支持。

哈里發的候選人缺乏擔任這一角色的基本素質。沒有人可以聲稱自己代表了全球穆斯林的意見。也沒有人能夠領導一個大穆斯林帝國，而這些特質都是歐斯曼哈里發受到歡迎的關鍵所在。[2]在一九二〇年代，王朝的統治王道（dynastic rulership）仍占有一席之地。建立新哈里發的失敗說明，可汗和蘇丹的頭銜及其所代表的王室血統對於鞏固歐斯曼哈里發統治合法性有多麼重要。

一些穆斯林思想家，如埃及人阿里．阿布杜．拉齊克（Ali Abd al-Raziq）曾試圖為沒有哈里發的新環境辯護。他在一九二五年時出版了一本小冊子，論證哈里發的宗教偶然性。他試圖說服讀者，先知穆罕默德於西元六三二年去世後，實踐哈里發制度並不是穆斯林的宗教義務，因為《古蘭經》裡並沒有這樣的規定。在他看來，這種制度是基於早期穆斯林社群實際狀況而做出的決定，當代穆斯林可以根據自己的選擇建立另一種政治制度。在一九二四年土耳其關於哈里發未來的辯論中，具有伊斯蘭法背景的土耳其國會議員賽義德．貝（Seyyid Bey）提出了自己的宗教性理由，反對哈里發制度的必要性。然而，這絕不是大多數人的立場。愛資哈爾大學（Al-Azhar University）是一九二六年開羅哈里發大會的主辦方，被視為埃及宗教權威的中心，校方譴責了阿布杜．拉齊克的書，並要求將其查禁和宣布其觀點無效。[3]穆斯林兄弟會的創始人哈桑．班納（Hasan al-Banna）在其自傳中對於未來穆斯林沒有哈里發的情況表示擔憂，並希望能夠重建哈里發，而這也是很多人的心聲。

然而，建立新哈里發的最大障礙並不是領導人、知識分子或是穆斯林公眾在宗教必要性和適當人選問題上的分歧。更重要的障礙之一是缺乏**政治**上的必要性。無論哈里發的宗教價值如何，它在一八八〇年代至一九一四年歐斯曼帝國與英國的關係中已經失去了戰略重要性。第一次世界大戰前後，統治大多數穆斯林社會的是英國國王，而不是任何穆斯林君主。對伊斯坦堡哈里發的忠誠可以使基督徒統治下的穆斯林對他們頭上的殖民者施加一些影響力。歐斯曼帝國晚期哈里發的全球化與其說是神學要求的結果，不如說是一種政治策略的反映，它使歐洲帝國內部的穆斯林能夠進行權利鬥爭。這是一個以歐洲為中心的帝國世界的偶然特徵，在這個世界裡，歐斯曼帝國仍然是一股不可忽視的力量。隨著歐斯曼帝國的解體，新的土耳其共和國受到西方帝國大國和蘇聯的青睞，哈里發的政治效用便大大降低了。

哈里發復興的另一個主要政治障礙是新興的沙烏地國家對麥加和麥地那的控制。近一個世紀以來，英國人一直將其領地內的穆斯林叛亂歸咎於瓦哈比派的影響，然而駐埃及和印度的英國軍官卻與沙烏地家族達成了諒解，並拋棄了他們之前的合作夥伴——謝里夫胡塞因的哈希姆王國（Hashemite kingdom）。因此，新的沙烏地統治者對於聖城的控制已經無可撼動，一個大阿拉伯王國和哈希姆家族領導的哈里發國家的願景就被拋棄了。[4] 沙烏地家族對麥加和麥地那的控制對南亞和非洲穆斯林造成了創傷，對麥加和麥地那的眾多蘇非道團、慈善機構和宗教學校構成了威脅（這些機構由遠道而來的穆斯林所資助）。瓦哈比派還限制穆斯林的習俗，切斷了與聖地的遙遠聯繫，以前朝聖者可以在聖地舉行各種儀式，例如去拜訪早期穆斯林的陵墓。但是在新的沙烏地政府的控制下，除了穆罕默德的陵墓之外，所有早期穆斯林的聖殿和陵墓都被拆除了。更重要的是，對麥加和麥地那的保護對於哈里發稱號而言是至關重要的，但沙烏地家族對這一稱號並不感興趣。印度穆斯林領袖設想能建立一個麥加共和國作為替代方案，但如果沒有英國的支持，這一設想將永遠無法實現。[5]

雖然穆斯林世界的領袖已經消失，不太可能再回來了，但它的主體——全球穆斯林網絡——則依然存在，並繼承著一八七三年至一九二四年期間的遺緒。反帝國主義的願景將國族主義與對泛伊斯蘭教的嚮往結合在一起，有時候，穆斯林仍有對哈里發的嚮往。例如在一九二八年時，關注英國人在丁加奴地區（Terengganu region）森林政策的馬來西亞人舉起了歐斯曼帝國的旗幟表示抗議。[6]印尼人經歷過了國族主義的深化過程，但從來沒有失去與印度洋穆斯林、阿拉伯半島和埃及的聯繫。[7]歐斯曼帝國的終結，加上土耳其新民族國家的模式，鼓勵了國族主義版本的全球化穆斯林身分認同，穆斯林公眾很快放棄了恢復哈里發統治的想法。然而，一九二一年至一九二六年間的摩洛哥穆斯林反對西班牙和法國的軍事鬥爭中，穆斯林團結的思想仍然是吸引跨國同情的關鍵。摩洛哥西北部里夫共和國（Rif Republic）的反殖民起義把泛伊斯蘭和泛阿拉伯網絡動員了起來。[8]一九二六年在麥加舉行的穆斯林世界大會（Muslim World Congress）期間，印度穆斯林試圖向起義者們提供資金，並提議聲援他們的鬥爭。同樣地，當東突厥斯坦的回民和維吾爾穆斯林於一九三三年建立了短暫的東突厥斯坦穆斯林共和國（East Turkestan Muslim Republic）時，他們向各種穆斯林國家和組織派遣了使者和發出了書信，尋求想像的穆斯林世界的支持。

戰間期的穆斯林世界觀念

在哈里發體制崩潰後出現的最具影響力的泛伊斯蘭思想之一，是由阿拉伯人領導想像的穆斯林世界。這一努力把穆斯林世界的願景與國族主義結合了起來。當歐斯曼哈里發統治仍然存在時，泛伊斯蘭計畫的主要組織者沿著從南亞到伊斯坦堡的軸線開展活動。在哈里發統治結束後，拉須德．理達等泛伊斯蘭主義者開始將阿拉伯中東視為泛伊斯蘭網絡的新中心。[9]

作為開羅頗具影響力的《燈塔》（*al-Manar*）雜誌編輯，黎巴嫩籍埃及人拉須德．理達是泛伊斯蘭網絡的核心人物。第一次世界大戰前，理達在南亞旅行期間，幾乎每到一個城市，都會受到《燈塔》的讀者款待。他也曾是歐斯曼哈里發的擁護者，只是希望伊斯坦堡的歐斯曼政府能更為開放，讓更多的阿拉伯臣民參與進來。在一九〇八年至一九一四年對「青年土耳其人」統治的批判中，他尋求帝國權力的去中心化，但並不挑戰歐斯曼哈里發的合法性。直到第一次世界大戰前，他一直在找尋將哈里發留在伊斯坦堡的方法，同時促進帝國領土的自治。[10]

歐斯曼帝國戰敗後，理達不得不到其他地方尋找泛伊斯蘭的領導層。首先，他支持哈希姆家族王子費薩爾的阿拉伯國族主義事業。他希望費薩爾王子新建立的敘利亞阿拉伯國家能促成更大程度的阿拉伯團結，並阻止英法進一步對後歐斯曼帝國的阿拉伯土地進行殖民統治。然而，一九一六年祕密簽訂的《賽克斯－皮科協定》使這一希望破滅了，拉須德・理達發現，這一協定意味著費薩爾王子實際上並不掌握權力。他被趕出了大馬士革，他的阿拉伯國家也曇花一現，因為《賽克斯－皮科協定》把敘利亞允讓給了法國。一九二六年後，理達轉向了沙烏地國王的領導。他認為，如果費薩爾（此時在英國的庇護下擔任伊拉克國王）、葉門伊瑪目葉海亞（Imam Yahya）以及其他阿拉伯統治者與沙烏地人合作，就有可能在阿拉伯穆斯林中開創統一的局面。但這些君主無法就結盟達成一致，這使理達將阿拉伯團結作為未來泛伊斯蘭國際團結的心願落空了。在一九三〇年代初期，面對失敗，他喟嘆道，即使是面對傲慢的土耳其國族主義者，也好過屈居基督教帝國主義統治下的屈辱。

沙基布・阿爾斯蘭曾是堅定的歐斯曼主義者，而他也同樣試圖透過鞏固伊拉克、沙烏地阿拉伯和葉門國王之間的聯盟，在歐斯曼帝國之後的中東地區建立一個阿拉伯聯邦。[11] 鑑於謝里夫王朝和沙烏地王朝對阿拉伯領導權的爭奪，這是不可能完成的任務，但阿爾斯蘭試圖從中斡旋，並透過在自己出版的雜誌上撰文，使這個主張在一段時間內得以延續。他還得到了埃及赫迪夫阿巴斯・希爾米二世（Abbas Hilmi II）的財政支持，後者希望阿爾斯蘭能利用其廣泛的泛伊斯蘭網絡，在法國委任統治結束後支持赫迪夫成為敘利亞國王。如果阿爾斯蘭不切實際的夢想得以實現，那麼他就會組建起一個從北非一直延伸到印度洋的阿拉伯人統治聯盟，雖然，到底他真正傾向於由哪位阿拉伯國王來領導這個想像中的阿拉伯－穆斯林區域是不清楚的。

儘管費薩爾國王也設想建立一個阿拉伯王國，但這位被英國人安置在伊拉克的國王心中懷著不同的想法。不同之處在於，他與那個時代的帝國主義達成了和解。他希望在大英帝國世界秩序的保護傘下，一個新的阿拉伯國家能夠從戰爭的廢墟中誕生。

這些試圖打造穆斯林統一的努力都集中在阿拉伯王國，而沒有採納南亞穆斯林的意見，這說明了戰間期的泛伊斯蘭主義一個關鍵性的矛盾。新的哈里發或穆斯林世界領袖理應去英屬印度尋找，因為那裡的穆斯林更富裕、人口更眾。海德拉巴的尼扎姆（Nizam of Hyderabad）可能是更合適的人選。他統治的領土面積有法國那麼廣，是世界上最富有的君主之一。尼扎姆是許多傑出穆斯林知識分子的贊助者，從麥加、耶路撒冷到英國，他贊助的穆斯林慈善機構到處可見。他的首都有一所充滿活力的大學和國際期刊。二十世紀著名的泛伊斯蘭主義者，阿布．阿拉．毛杜迪將希望寄託在尼扎姆身上，並在一九三〇年代時在他的麾下效力。但英國對印度的控制意味尼扎姆只能對他的海德拉巴邦擁有有限的主權，他永遠不會真的被視為哈里發的繼承人。在一九三〇年代初，尼扎姆安排了自己的兒子迎娶了被廢黜的歐斯曼帝國哈里發的女兒，但他仍然沒有完全的主權，也從未作為可能的哈里發而被重視。

穆斯林除了懷抱各種以阿拉伯為中心的民族主義願景，他們還推動了學習西方的現代化項目。伊朗是穆斯林占多數的主權國家之一，也是國聯的創始國之一。阿爾巴尼亞是第二個加入國聯的、穆斯林占多數的國家，它主張多數阿爾巴尼亞穆斯林所屬的、獨特而自由化的貝克塔什蘇非道團（Bektashi Sufi order）與歐洲文明是相容的。在一九三〇年代初，阿富汗和伊朗統治者造訪了安卡拉，與穆斯塔法．凱末爾進行磋商，並觀察了土耳其正在進行的激進民族主義改革。雖然泛伊斯蘭主義者對凱末爾主義的政策感到失望，因為這些政策——比如用拉丁字母取代歐斯曼土耳其字母——造成了土耳其與其他穆斯林占多數的社會脫節，但土耳其擁有的國家主權還是為其他的許多穆斯林民族主義者樹立了榜樣。

例如，在一九二三年，廢黜了波斯卡札爾王朝的將軍禮薩沙（Reza Shah）曾萌生了建立伊朗共和國的想法——就像土耳其一樣。然而，廢除哈里發之後，伊朗的部分民眾，尤其是神職人員，擔心土耳其模式會產生世俗化的影響。他們只願擁立禮薩沙為波斯君主和國王，而不願冒建立世俗共和國的風險。[12]同樣在一九二三年，阿富汗的改革派和泛伊斯蘭國王阿曼努拉汗在親土耳其和親哈里發的公眾輿論的推動下，監督制定了該國的第一部憲法。這部阿富汗憲法受到了歐斯曼法律現代主義和印度穆斯林現代主義的啟發；歐斯曼和印度知識分子也幫助起草了這份文件。然而，哈里發被廢除的消息再次削弱了改革的合法性，由於擔心世俗化和西方化，憲法被多次修改。阿曼努拉汗保持與凱末爾的聯繫，但阿富汗公眾認為土耳其民族主義背叛了哈里發政權，他們對此感到失望。在一九三〇年代中期，印度的穆斯林輿論較為樂觀。凱末爾、阿曼努拉汗、禮薩沙和沙烏地阿拉伯國王都被認為是「偉大的穆斯林獨裁者」，這是他們感到自豪的來源。[13]即使在土耳其的改革沒有得到民眾支持的地方，這些改革也加強了「穆斯林世界」的思考方式，引發了關於凱末爾主義方法是否適合賦予全球穆斯林力量的討論。[14]

在戰間期的各種民族主義和自強運動都與伊斯蘭文明的論述有關，特別是在挑戰歐洲中心主義的文明和種族觀念方面。事實上，在戰間期，穆斯林世界需要拯救、提升和解放的信念變得越來越強烈。因此，甚至對土耳其、伊朗、阿爾巴尼亞和沙烏地阿拉伯的改革派菁英而言，對不可靠、邪惡的帝國主義西方的歷史記憶與穆斯林世界的身分認同是並存的。這些觀念在各國的學校課程中得到了複製和傳播，往往與以民族國家為中心的歷史敘事形成複雜的糾葛和聯繫。鑑於反殖民歷史的多樣性，穆斯林世界的文明概念能夠回應達爾文主義的穆斯林劣等論和東方主義的穆斯林落後論，這一點並不會令人感到驚訝。

在這些回應中，反傳統主義是其中一種對策，在一些激進的民族主義運動（如凱末爾主義）中很受歡迎，反傳統主義者認為，一貫以來的穆斯林實踐是伊斯蘭文明落後的根源。對於這種觀點的追隨者來說，西化工程才是解決之道。土耳其共和國成為這種自強的西化進程的象徵。除了在國內進行激進的世俗化改革，土耳其還在文化上與想像的穆斯林世界拉開距離，以避開地緣政治上的反伊斯蘭情緒。有關伊斯蘭文明和作為世界宗教的伊斯蘭教的著作對這一進程至關重要，土耳其領導人因此得以證明伊斯蘭文明是獨特的同時卻是落後的，必須摒棄，要代之以優越的西方模式。土耳其的西方化並沒有挑戰西方世界和穆斯林世界的概念；相反地，它聲稱土耳其可以透過改革透其政府、法律機構和文化，離開穆斯林世界，走向西方。土耳其清楚地表明，穆斯林世界的觀念並不一定會在西化和民族主義中消失。[15]

第一次世界大戰後，穆斯林民族主義訴求的強化，受到了歐洲自身日益狂熱的民族主義和種族主義所固有的文明論述的嚴重影響。西方公眾和一些菁英對自己的文明和宗教是如此的沙文主義，以至於讓親帝國的領導人感到尷尬。一九三〇年代在突尼西亞迦太基市舉行的天主教神職人員聖體大會（Eucharistic Congress of Catholic Clergy）就是一個很好的例子。大會部分由該市的穆斯林菁英主辦，法屬突尼西亞的穆斯林統治者阿赫瑪德二世（Ahmad II，一九二九年－一九四二年在位）擔任大會名譽主席。法國殖民官員本身也對融合——一個帝國式的古老使命感興趣。因此，他們謹慎地遵守政教分離的世俗原則，避免激起基督教針對穆斯林多數民眾的傳教激情。然而，在一個為期一個星期的活動中卻發生了多起令人不快的反穆斯林行為。身著十字軍服裝的天主教青年在街頭遊行，慶祝法國入侵阿爾及利亞一百週年。一本以阿拉伯文書寫的天主教小冊子試圖說服穆斯林改宗。教宗的使節紅衣主教亞歷克西斯・萊皮基耶（Alexis Lépicier）在一次公開布道中描述了伊斯蘭對於北非歷史和文明的黑暗影響。這種煽動性的反穆斯林言論，以及將法蘭西帝國在北非的行動作為十字軍東征的擴大來慶祝的做法，使聖體大會的穆斯林贊助人蒙羞。對於哈比布・布爾吉巴（Habib Bourguiba）等在後來統治突尼西亞約三十年的青年知識分子來說，這就是民族主義覺醒的時刻。[16]

在戰間期，有幾個主題在「穆斯林世界」的思考方式中得到了鞏固，這些主題有時候是對突尼西亞所表現出的沙文主義的回應。其一是關於受害者、歧視和歐洲帝國背叛的論述。

當然，一些被殖民統治的穆斯林早在戰前就感受到了歧視的刺痛，但以前受害者的立場並不那麼強硬。例如，在英國統治下的印度，一大部分的穆斯林並不認為自己是帝國的受害者；他們曾展望了穆斯林在帝國框架內的未來。但在一九一四年至一九二四年的創傷事件之後，受害於西方帝國的說法在穆斯林中越來越占有主導地位。

與此同時，蘇聯的改革與土耳其的改革一樣，在戰間期的穆斯林思想中培育了另一股世俗現代主義思潮，並導致了帝國時代泛伊斯蘭主義所沒有的意識形態分裂。儘管有伊斯蘭與共產主義不相容的口號，但相當一部分穆斯林認為布爾什維克的世界秩序願景和蘇聯對穆斯林公民的改革符合穆斯林的普遍利益。穆斯林對布爾什維克主義的看法顯然不是單一的，穆斯林對蘇聯統治下的穆斯林經歷所持的態度也與穆斯林對其他政治問題的態度一樣各不相同。例如，有些穆斯林共產黨人特別關注蘇聯穆斯林女性的公眾可見度、不戴頭巾和教育上的進步。

歐洲帝國用多樣的和解姿態來應對其合法性受到侵蝕的危機，而這些姿態本身又強化了一種穆斯林世界的思維。在一九三〇年代，英國試圖盡量讓穆斯林占多數的國家加入國聯，國聯代表了大英帝國的國際主義，從而反對德國、蘇聯和日本帝國的替代觀點。英國希望能恢復穆斯林的跨民族合作，讓穆斯林將自己視為大英帝國的朋友。因此，在一九三七年至一九三八年的任期內，印度穆斯林阿迦汗三世（Agha Khan III）擔任國聯的大會主席。[17] 阿迦汗曾代表印度穆斯林支持過守護哈里發運動，但是他對大英帝國的忠誠是毋庸置疑的，而且他並不認為自己對帝國的忠誠、在國聯中的領導地位以及對全球穆斯林認同和事業的擁護是矛盾的。土耳其和伊拉克於一九三二年加入了國聯，而阿富汗於一九三四年加入，埃及於一九三七年加入。伊拉克國王費薩爾和埃及國王法魯克（Farouk I）對於未來他們的國家將獲得完全主權懷抱憧憬，而國聯和大英帝國似乎是實現這一目標的機制。

哈里發王朝被廢除後，歐美人士繼續塑造穆斯林世界的種族和地緣政治形象，這些形象影響了穆斯林占多數的社會內外的穆斯林世界思想。巴西爾・馬修斯（Basil Matthews）的《年輕的伊斯蘭之旅：文明衝突研究》（*Young Islam on Trek: A Study in the Clash of Civilizations*）之類的著作堅持著伊斯蘭 vs 西方的框架。[18] 馬修斯代表倫敦傳教會在穆斯林社會旅行，自一九二四年起在世界基督教青年會聯盟（World Alliance of Young Men's Christian Associations）日內瓦總部工作。馬修斯在書中認為宗教與文明是等同的。他注意到穆斯林社會正在迅速現代化，充滿了能源燃燒、輪船和鐵路、電報電纜、電話、無線電台；西方電影和小說讓人著迷，他問道：「如果穆斯林土地上的文明解體，伊斯蘭教的信仰會怎樣呢？」[19]

馬修斯還將宗教與地緣政治混為一談：因為穆斯林在第一次世界大戰期間參加了敵對陣

營的戰鬥，所以「戰爭分裂了穆斯林世界。」[20]他認為泛伊斯蘭主義是每個穆斯林必要的政治認同。因此，他認為國族主義會對穆斯林的信仰和傳統產生負面影響。儘管泛伊斯蘭主義和國族主義在信奉這兩者的穆斯林看來並不矛盾，但對於穆斯林社會的歐美觀察家來說，國族主義破壞了穆斯林的基本團結。馬修斯感受到了受到西方啟發的各國世俗化改革之間的相似性，就像是在土耳其共和國那樣。「真正自由化的伊斯蘭只不過是一個非基督宗教的一位論（Unitarianism）」，他寫道。「它不再是本質的伊斯蘭教了。」[21]

在戰間期的歐美著作中，類似的觀點不勝枚舉，這些論述將伊斯蘭文明、歷史和信仰傳統包裝成穆斯林世界的概念。因此，土耳其的世俗主義是穆斯林世界的一項新嘗試，蘇聯對蘇聯內外的穆斯林政策也是如此。塞繆爾・茨韋默（Samuel Zwemer）在一九二五年出版的《縱橫伊斯蘭世界》（*Across the World of Islam*）和漢密爾頓・吉布（Hamilton Gibb）一九三二年出版的《凋零的伊斯蘭教？穆斯林世界現代運動調查》（*Wither Islam? A Survey of Modern Movements in the Moslem World*）等書試圖在混亂的政治發展中找出穆斯林的共同性。查爾斯・亞當斯（Charles Adams）一九三三年出版的《埃及的伊斯蘭教與現代主義：穆罕默德・阿布杜發起的現代改革運動研究》（*Islam and Modernism in Egypt: A Study of the Modern Reform Movement Inaugurated by Muhammad Abduh*）將穆斯林改革主義比作基督宗教中的新教改革，並對其大加讚賞。托馬斯・阿諾德一九三七年出版的《伊斯蘭教的遺緒》（*Legacy of Islam*）和吉布一九四五年出版的《伊斯蘭教的現代趨勢》（*Modern Trends in Islam*）將穆斯林信仰、伊斯蘭文明和戰時穆斯林社會的地緣政治緊密聯繫在一起。

穆斯林作家的著作也為這一類主題做出了貢獻。阿布杜拉・優素福・阿里（Abdullah Yusuf Ali）一九四〇年出版的《伊斯蘭的訊息》（*The Message of Islam*）、穆罕默德・伊克巴爾一九三四年出版的《伊斯蘭宗教思想的重建》（*The Reconstruction of Religious Thought in Islam*）、穆罕默德・阿薩德的《十字路口上的伊斯蘭》（*Islam at the Crossroads*）、阿布・阿拉・毛杜迪一九四〇年出版的《理解伊斯蘭教：充分理解伊斯蘭的宗教和教義之研究》（*Towards Understanding Islam: A Step towards the Study and Better Understanding of the Religion and Teachings of Islam*）、查德里・拉赫曼・阿里（Choudhary Rahmat Ali）一九四一年的《伊斯蘭教的米拉特和印度主義的威脅》（*The Millat of Islam and the Menace of Indianism*），以及神智學家安・貝桑特（Annie Besant）一九三二年出版的《伊斯蘭之美》（*Beauties of Islam*）。即使穆斯林社會在生活方式和政治方面表現出了深刻的多樣性，但所有上述著作都試圖闡明穆斯林政治思想、美學和價值觀的統一性。

從君主制到「伊斯蘭國家」

即使後哈里發時期的穆斯林知識分子試圖表達一種與種族化穆斯林認同相協調的新政治願景，我們也不應假定這種願景與冷戰後期以民族國家為基礎的伊斯蘭主義完全相同。在這之間的道路上還有許多變化和嘗試。戰間期的穆斯林政治思想兼容並蓄，逐步、非線性地適應國族主義時代，而不放棄帝國時代的穆斯林王道觀念。穆罕默德・阿薩德、哈桑・班納、阿布・阿拉・毛杜迪和沙基布・阿爾斯蘭這四位戰間期的穆斯林政治思想家被認為是伊斯蘭國家的主要理論家，他們的著作說明了穆斯林認同政治的發展歷程和跨越的不同地域。

穆罕默德・阿薩德是一名奧地利籍猶太記者，在阿拉伯城市生活了數年後，於一九二六年皈依伊斯蘭教。皈依後，阿薩德搬到了漢志和內志地區，並很快成了沙烏地國王的親信。在歐洲雜誌中，阿薩德對新生的沙烏地王國讚不絕口。他相信這個國王將是一位開明的領袖，能從穆斯林傳統和現代思想中找到靈感。但阿薩德對沙烏地王國緩慢的改革步伐和傳統主義感到失望，他在一九三二年離開了內志，前往英國統治的印度。在那裡，他在不同的教育機構裡任教，並為海德拉巴尼扎姆資助的國際期刊《伊斯蘭文化》（*Islamic Culture*）撰稿。在印度，阿薩德與詩人兼學者穆罕默德・伊克巴爾等有影響力的知識分子建立了深厚的友誼。一九三四年，阿薩德出版了他的第一本重要著作《十字路口上的伊斯蘭》（*Islam at the Crossroads*），這是一本反殖民主義的小冊子，明確反對西方帝國主義和東方主義，認為它們是十字軍敵意的延續。[22]他敦促穆斯林不要模仿西方，而是要恢復自己的傳統。阿薩德堅信，復興是穆斯林獨立和自主的先決條件。[23]

第二次世界大戰後，阿薩德參加了創建巴基斯坦的運動，他認為巴基斯坦可以成為穆斯林改革的工具，復興穆斯林信仰的真正精神。他於一九四九年加入了巴基斯坦外交部，一九五二年成為巴基斯坦駐聯合國外交官。他最終辭去了這一職務，將餘生奉獻給現代伊斯蘭思想的研究和寫作。他的英文譯著《古蘭經的訊息》（*The Message of the Quran*）及其注釋得到了沙烏地王子費瑟的部分資助。這本書和他的自傳《麥加之路》獲得了很大的成功，阿薩德也因而成為了一位享有聲望的跨國穆斯林知識分子。[24]

這本傳記的關鍵在於阿薩德政治承諾的轉變。他曾經堅信阿拉伯君主制與穆斯林信仰傳統之間的和諧，後來又追求一種更系統的穆斯林共和政府理念，他的這一理念在巴基斯坦得到了體現。一九五七年，阿薩德撰寫了《伊斯蘭國家與政府原則》（*Principles of State and Government in Islam*）一書，主張伊斯蘭教與現代民族國家之間的和諧。[25]因此，阿薩德終其一生都在為伊斯蘭教與各種政治結構（從王國到民族國家）之間的關係而奮鬥。也就是說，對於這位虔誠而博學的穆斯林來說，文本和傳統並不要求任何一種政治型態。根據具體情況，他可以支持各種政治項目，同時保留堅定的宗教承諾。

當阿薩德在探究伊斯蘭教與多種國家形式之間的關係時，埃及人哈桑．班納推動埃及君主制的培力，以此作為解放埃及和穆斯林世界其他國家的第一步。他是一九二八年成立的穆斯林兄弟會創立者，最初是為了應對歐斯曼哈里發王朝的衰落。然而，從穆斯林青年會成立之初到一九四八年哈桑．班納被暗殺，穆斯林兄弟會與其說是一個伊斯蘭政府項目，不如說是一個訴諸泛伊斯蘭團結的反殖民國族主義組織。其最大的成就是為一九三六年的巴勒斯坦起義提供慈善資助。哈桑．班納的主要關注點是挽回埃及穆斯林的尊嚴。他的追隨者尤其熱衷於回應基督教的傳教活動。[26]

當哈桑．班納和兄弟會關注治理問題時，他們更傾向於支持改革後的穆斯林君主。兄弟會試圖影響君主制，而不是捲入埃及複雜的議會政治。穆斯林兄弟會中的許多人認為，埃及的政黨及其在議會中的妥協會腐蝕由睿智而虔誠的穆斯林統治者推行的理想化政治。[27]哈桑．班納本人是一個實用主義者。他希望看到一個由更虔誠的穆斯林領導的自由埃及，但他不希望透過削弱現有的穆斯林統治者來增強大英帝國主義的力量。因此，他仍然希望赫迪夫能發揮政治領導作用，即使該王朝的合法性正在削弱。[28]

在南亞，最能代表後哈里發時代穆斯林混亂模糊的政治想像的人物，是巴基斯坦穆斯林復興黨伊斯蘭大會（Jamaat-e-Islami）的創始人阿布・阿拉・毛杜迪。他於一九〇三年出生在印度一個顯赫的穆斯林家庭，他的家族淵源可以追溯到前蒙兀兒帝國的首都德里和海德拉巴公國。毛杜迪在年輕時是一個戴著菲茲帽的現代主義者。作為語言學習的一部分，他將卡西姆・阿明（Qasim Amin）的《現代女性》（al Mir'ah al jadidah）從阿拉伯語翻譯成了烏爾都語，當時他年僅十一歲。第一次世界大戰結束後，他為支持守護哈里發運動的甘地寫了一本充滿讚辭的傳記。一九二一年，他開始為《穆斯林》（*Muslim*）雜誌工作，該雜誌是印度烏里瑪協會（Jamiati Ulama-i Hind）的雜誌，支持歐斯曼哈里發和守護哈里發運動。[29]

毛杜迪還在《集體》（*al-Jamiat*）雜誌上發表文章，為土耳其辯護，反對歐洲人的批評。兩本題為《土耳其基督徒的狀況》（*The State of Christians in Turkey*）和《士麥那希臘人的暴政》（*Tyrannies of the Greeks in Smyrna*）的小冊子都寫於一九二二年，回應了阿諾德・湯恩比及其同類人的親希臘和反土耳其的英國宣傳。毛杜迪還翻譯了穆斯塔法・卡米勒的阿拉伯語著作《東方問題》（*al-Masala al Sharqiyah*），該書將歐洲的反歐斯曼外交與穆斯林種族化和反伊斯蘭情緒聯繫在一起。

在這個階段，毛杜迪是守護哈里發運動模式下的泛伊斯蘭主義者。作為一個現代主義者，他認為在伊斯坦堡建立一個擁有哈里發頭銜的強大穆斯林王朝是展現殖民統治下穆斯林利益的最佳途徑。但當哈里發王朝被廢除後，毛杜迪重新思考了他的政治優先事項。他開始將哈里發統治的崩潰歸咎於國族主義和西化。雖然這整個議程都與守護哈里發運動的發展方向不一致，但是反國族主義和反西化並不是守護哈里發運動的主要關注議題。毛杜迪也開始擔心印度穆斯林在印度教領導的國族主義運動中的未來，尤其是在甘地對穆斯林宣稱：「不管是不是和你們在一起，也不管你們態度如何，我們都將贏得自由。」在這之後，毛杜迪不認為民主會給穆斯林帶來好處，也不同意由守護哈里發主義者轉變為國族主義領袖的阿布．卡拉姆．阿扎德（Abul Kalam Azad）關於印度教徒和穆斯林在南亞世界大同中團結一致的願景。

隨著時間的推移，毛杜迪逐漸形成了一種兼容並蓄的穆斯林政治意識。他與現代派的阿里格爾、傳統派的德奧班德學校以及埃及的穆斯林現代派保持著教育上的聯繫。阿拉伯人反叛了歐斯曼帝國，以及安卡拉政府的國族主義放棄了與南亞穆斯林的跨國聯繫，這都讓毛杜迪感到幻滅。在歐斯曼帝國滅亡後，他繼續把希望寄託在另一位穆斯林君主身上。事實上，在戰間期，毛杜迪在海德拉巴度過了十多年，尼扎姆在那裡統治著印度最重要、最強大的穆斯林君主國。毛杜迪支持尼扎姆的自強政策，並以各種身分為尼扎姆的教育和文化項目服務，例如編寫教科書。

一九三八年左右，毛杜迪不再戴菲茲帽了，他開始留鬍子，這一選擇也象徵著他對政治願景的重新定位。在對海德拉巴穆斯林君主制維護印度穆斯林的權利和尊嚴失去希望後，毛杜迪去了旁遮普，在那裡加入了一個主張以信仰原則為基礎建立穆斯林國家的政黨。在第二次世界大戰前夕，毛杜迪似乎開始相信，由宗教學者而非國王領導的群眾運動最符合穆斯林的利益。

關於以泛伊斯蘭主義思想為基礎的戰間期政治，沙基布・阿爾斯蘭提出了另一種同時存在正反情緒的觀點，但他比毛杜迪對西化的態度更為友好。應拉須德・理達的要求，沙基布・阿爾斯蘭的著作《我們的衰落：其原因和解方》（*Our Decline: Its Causes and Remedies*）是在一九三〇年代初動筆的，當時印尼的謝赫・穆罕默德・比蘇尼・烏姆蘭（Shaykh Muhammad Bisyooni Umran）正試圖了解歐洲人和日本人的力量，了解「他們輝煌的帝國和主權、權力和財富背後的因素，」並與穆斯林社會被認為的劣勢相比較。[30] 對此，阿爾斯蘭以大篇幅認真回應，這些文章首先連載於拉須德・理達的期刊上，隨後集結為一本暢銷書。在展示多種解釋的同時，阿爾斯蘭將新加坡、土耳其、中國、波士尼亞和北非穆斯林的不同經歷串聯在穆斯林世界衰落的單一敘事之中。

阿爾斯蘭一直夢想建立一個偉大的穆斯林王國或國家，並試圖為了達成這個目標而推動沙烏地阿拉伯國王紹德和伊拉克國王費薩爾的聯合。他與埃及被廢黜的赫迪夫希爾米二世也保持聯繫，後者是領導潛在的自由敘利亞王國的候選人。有時，阿爾斯蘭將穆塔瓦基利王朝（Mutawakkilite Dynasty）統治下的葉門描繪成一個安全、獨立、不受歐洲殖民干涉的新哈里發統治地。由於穆斯林在國際聯盟中的代表權薄弱，阿爾斯蘭主動為所有殖民地穆斯林的利益代言，代表他們向國聯委任統治委員會提交請願書。他還出席了多次國際大會，會見了歐洲試圖重寫勢力範圍的強國（尤其是德國和義大利）領導人，並透過他設在日內瓦的刊物《阿拉伯民族》（*Le nation arabe*）維持一個全球泛伊斯蘭網絡。這本刊物雖然有一個泛阿拉伯的名字，但是它的內容是更為泛伊斯蘭的。例如，該雜誌刊登了歐洲，尤其是西南歐的非阿拉伯穆斯林少數民族的問題和願望。[31]

將戰間期的泛伊斯蘭主義與冷戰時期的伊斯蘭主義進行比較，便可以看出兩者之間的裂痕。戰間期的泛伊斯蘭主義者們想像的是一個需要團結和獲得力量的、統一的、處於從屬地位的種族群體，而冷戰後期的伊斯蘭主義者則是做出了順尼派和什葉派、好穆斯林和壞穆斯林的區分。例如，沙基布·阿爾斯蘭從不關心穆斯林神學的改革，而這件事是後來的伊斯蘭主義者所關注的一個主要問題。他是德魯茲教派（Druze）的成員，這是一個少數教派，而當時似乎沒有人關心這件事。與未來幾十年的團結相比，戰間期的穆斯林團結仍然更為兼容並蓄，什葉派和其他穆斯林少數民族可以在泛伊斯蘭教的旗幟下輕鬆地加入到順尼派的事業中。

從屬階層的穆斯林國際主義

自一九二四年至第二次世界大戰爆發期間，世界各地的穆斯林都為了在帝國內獲得權利和代表權持續努力。特別是大英帝國在埃及、巴勒斯坦和印度的統治激發了這種要求，並鞏固了從中東到南亞的聯繫網。在國族主義時代，穆斯林世界的理念仍然至關重要，因為各種帝國和從屬行為者仍然將非殖民化政治、帝國競爭與穆斯林世界的身分認同融合在一起。正是在這種背景下，巴勒斯坦和印度的未來這兩個糾纏不清的問題成為了穆斯林世界討論的核心問題。

哈吉·阿明·胡賽尼是大英帝國在戰間期泛伊斯蘭政治的關鍵人物之一，作為穆夫提，他讓耶路撒冷成為全球穆斯林行動主義的焦點。人們對胡賽尼的最深印象可能是他作為巴勒斯坦領導人與德國人合作對抗英國人，為解放自己的祖國而努力。然而，在第二次世界大戰之前，他已經以一個巴勒斯坦國族主義者、泛伊斯蘭主義者和英國委任統治下的忠實臣民的身分為自己贏得了一席之地。胡賽尼於一八九七年出生在耶路撒冷一個顯赫的巴勒斯坦家庭，在第一次世界大戰期間，他曾在歐斯曼帝國軍隊中擔任軍官。到了一九一八年，當歐斯曼帝國在阿拉伯地區顯然已經窮途末路時，胡賽尼把希望寄託在英國許諾建立的，由謝里夫胡塞因的兒子費瑟領導的統一的阿拉伯王國上。但很快地，《賽克斯－皮科協定》和《貝爾福宣言》的背叛令胡賽尼大失所望。在同一年，他參加了早期巴勒斯坦反對英國統治的抗議活動，導致英國對他發出逮捕令。不過，年輕的胡賽尼沒過多久就與委任統治當局和解了；在一九二一年時，英國占領下巴勒斯坦的猶太復國主義高級專員赫伯特・塞繆爾（Herbert Samuel）任命了胡賽尼擔任穆夫提的職務。[32]

在擔任穆夫提的最初十年，胡賽尼利用委任統治法和英國的正義理念，努力地表達巴勒斯坦人對猶太復國主義的反對，並確保政治自治和尊嚴。例如，一九三〇年三月至四月，他參加了巴勒斯坦執行委員會（Palestinian Executive Committee）對倫敦的正式訪問，討論巴勒斯坦阿拉伯人的政治狀況。[33] 在透過帝國正式渠道開展活動的同時，胡賽尼還試圖動員帝國內外的穆斯林。他利用從國外，尤其是從英屬印度籌集到的資金修繕耶路撒冷的穆斯林聖地，大幅提升了自己的聲望。在這個過程中，他還讓耶路撒冷成為泛伊斯蘭主義的中心，人們可以搭乘飛機和輪船從南亞抵達耶路撒冷。他與印度的泛伊斯蘭主義者（包括以前親歐斯曼帝國的守護哈里發派）的聯繫，使他能夠代表帝國的所有穆斯林臣民向倫敦提出要求。

但是，正如殖民地穆斯林支持歐斯曼哈里發和早期的各種泛伊斯蘭活動一樣，這些努力並不一定是為了考驗帝國統治的基礎。其目標既不是完全非殖民化，也不是拒絕委任統治，而是為了撤回《貝爾福宣言》。事實上，巴勒斯坦領導人及其印度盟友不僅試圖透過英國機制開展工作，而且還透過國際聯盟向倫敦施壓，而國際聯盟恰恰是一個在日益高漲的自決呼聲下，為了合法化歐洲帝國和一次大戰後在中東的委任統治制度的機構。[34]

戰間期時，穆斯林對巴勒斯坦事業的支持是自覺的、無國界的。在和巴勒斯坦相關的活動上，全印度穆斯林聯盟（All-India Muslim League）的主要代表喬德里・卡里庫茲扎曼（Chaudhry Khaliquzzaman）將巴勒斯坦穆斯林和印度穆斯林，乃至整個穆斯林世界描繪成了一個整體，為平等和自決的相同目標而奮鬥（在第二次世界大戰後，卡里庫茲扎曼成為以卡拉奇〔Karachi〕為基地的穆斯林世界大會的主要召集者）。[35]穆斯林聯盟派代表參加了「阿拉伯和穆斯林國家保衛巴勒斯坦世界議會大會」（World Inter-Parliamentary Congress of Arab and Muslim Countries for the Defense of Palestine）。以印度穆斯林民權組織為宗旨成立的穆斯林聯盟也參與到了巴勒斯坦問題中，這一點很能說明問題。隨著穆斯林聯盟在國際上的存在，它與胡賽尼、葉門王室、埃及政府和華夫脫黨（Wafd Party）以及哈桑・班納領導的穆斯林兄弟會等阿拉伯領導人建立了密切聯繫。[36]

巴勒斯坦和印度活動分子經常提到第一次世界大戰的暗含契約，也就是印度穆斯林為英國服務，而英國則要尊重伊斯坦堡的哈里發和穆斯林聖城。活動人士認為，耶路撒冷就是這樣一座聖城，因此英國同意猶太復國主義在巴勒斯坦建立猶太人家園的要求，是對契約的背叛。在某些角度而言，這是最終的努力了：因為隨著哈里發的消失，麥加和麥地那被沙烏地人統治，巴勒斯坦穆斯林的命運成為英國對穆斯林不公的最有力的象徵之一。英國在很大程度上駁回了這一訴求，儘管它是根據帝國自己的利益條件發出的。英國軍官開始更多地談論美國支持猶太復國主義者的壓力，部分原因是把這件事作為藉口，以拒絕穆斯林對帝國內部正義和公平的訴求。[37]

主張巴勒斯坦人的權利的另一個可能策略是向國際聯盟提出請求，印度在國際聯盟中占有一席之地。在國際聯盟中，沒有任何穆斯林大國能夠闡明巴勒斯坦人的權利。因此，印度代表似乎是表達穆斯林世界不滿於巴勒斯坦未來的合理人選。但是，國聯從未考慮過巴勒斯坦人的權利與猶太復國主義的關係問題，總的來說，國聯更傾向於帝國利益而非殖民地人民的要求。

胡賽尼認識到對大英帝國和國際聯盟在法律和言論上的要求都是失敗的，因此他在基層動員了想像的穆斯林世界的力量。他呼籲於一九三一年十二月在耶路撒冷召開穆斯林世界大會，從而對英國和國聯施加更大的壓力。會議計畫是在守護哈里發運動領導人穆罕默德．阿里的葬禮上敲定的，在同年一月，穆罕默德．阿里在耶路撒冷下葬。這位英屬印度最重要的泛伊斯蘭主義領袖被安葬在英國控制下的耶路撒冷，而不是葬在他最初所希望的麥加，這一事實說明了戰間期穆斯林國際主義的狀況：沙烏地人在英國人的同意下從其他穆斯林手中奪下了自己的王國，並以瓦哈比的形象重塑了伊斯蘭朝聖的基本儀式，他們沒有資格主辦討論穆斯林世界問題的會議。而胡賽尼可以。胡賽尼有能力統一相互對立的穆斯林公眾，他於當年六月監督了謝里夫胡塞因國王在耶路撒冷「尊貴禁地」（Haram al-Sharif compound，即阿克薩清真寺建築群）的葬禮，他就安葬在穆罕默德．阿里旁邊。這樣，反歐斯曼叛亂的領袖就被安葬在了親歐斯曼的守護哈里發運動領袖的旁邊。正是這種強有力的形象使耶路撒冷成為十二月穆斯林世界大會的理想會址。[38]

一九三一年的大會引起了廣泛關注。奧馬爾．穆赫塔爾（Omar Mukhtar）在利比亞領導了反抗義大利統治的聖戰，成為穆斯林抵抗歐洲殖民主義的烈士和象徵。印度的英國殖民政府也同樣擔心，因為印度穆斯林在組織這次集會中發揮了關鍵作用。更重要的是，土耳其政府對末代哈里發參加會議的前景以及選舉新哈里發的可能性感到震驚。安卡拉拒絕了胡賽尼的邀請，並敦促其他穆斯林領導人也一起拒絕。伊朗、阿富汗、阿爾巴尼亞、埃及和伊拉克都與土耳其一道拒絕派出官方代表出席會議。土耳其甚至要求國旗不出現在會場，儘管國旗作為跨國穆斯林的象徵具有重要意義（同樣地，在一九三〇年代末，土耳其駐東京大使館曾拒絕在日本舉行的泛亞和泛伊斯蘭集會上使用土耳其國旗）。土耳其還成功地阻止了流亡國外的穆斯塔法・薩布里・埃芬迪（Mustafa Sabri Efendi）參加會議，他是前歐斯曼帝國的伊斯蘭大教長和世俗國族主義政府的反對者。阿爾斯蘭後來指責土耳其也阻礙了蘇聯、保加利亞和羅馬尼亞的代表參加會議，大大損害了大會的效果。

儘管如此，土耳其官員對在英帝國領土上組織的泛伊斯蘭會議感到擔憂這一事實本身就說明了會議本身的力量以及穆斯林世界帝國網絡的持續協同作用。大會討論的下一次會議的兩個地點——開羅和德里，也都在大英帝國的統治之下。

儘管沒有來自獨立穆斯林國家和其他地區的代表，一九三一年的大會還是迎來了一些有影響力的人物。阿布杜拉赫曼・阿扎姆（Abdurrahman Azzam），他此後將會成為阿拉伯聯盟的第一任祕書長，他出席了會議，直到他因為公開譴責義大利在利比亞的政策比猶太復國主義更惡劣，而遭到委任統治當局免職為止。[39]黎凡特地區和北非的代表有很多，有敘利亞人里亞德・蘇爾（Riyad al-Sulh）和舒克利・庫瓦特利（Shukri al-Quwwatli）、阿爾及利亞反法抵抗運動領袖阿布杜勒卡德爾・賈扎伊里的孫子賽義德・賈扎伊里（Said al-Jazairi）、突尼西亞的阿布杜阿齊茲・薩利比（Abd al-Aziz al-Thaalibi）以及摩洛哥的穆罕默德・馬基・納西里（Muhammad al-Makki al-Nasiri）和穆罕默德・卡塔尼（Muhammad al-Kattani）。印度代表團包括傳奇詩人穆罕默德・伊克巴爾，以及前守護哈里發運動活動家肖卡特・阿里（Shawkat Ali，穆罕默德・阿里的兄弟，也是一位重要的國族主義領袖）。著名的俄羅斯流亡穆斯林——阿雅茲・以沙奇（如Ayaz İshaki）、穆薩・卡魯拉・貝吉（Musa Carullah Bigi）和伊瑪目沙米爾（Imam Shamil）的孫子賽義德・沙米爾（Said Shamil）也參加了會議，伊瑪目沙米爾曾在十九世紀中葉領導高加索人抵抗俄羅斯的擴張。伊朗的非正式代表是流亡瑞士的前部長齊亞丁・塔巴塔巴伊（Ziya al-Din Tabatabai）。另一位重要的與會者是謝赫・穆罕默德・胡塞因・卡西夫・吉塔（Shaikh Muhammad al-Husayn al-Kashif al-Ghita），他是一位什葉派神職人員，曾在第一次世界大戰中響應歐斯曼帝國的聖戰而參戰。他在開幕的禮拜儀式上領拜，順尼派與會者在他的身後禮拜，這說明了那個時代泛伊斯蘭主義的非教派性質。

大會提出了一系列建議，包括為在耶路撒冷建立一所可與希伯來大學媲美的穆斯林大學籌集資金，成立一個常設執行委員會，以及在穆斯林社團之間建立強有力的合作關係。但是，塔巴塔巴伊代表大會提交的最後報告中提出的計畫，卻沒有人有意願、有能力、有地位來指導。塔巴塔拜的雇主——埃及的前赫迪夫希爾米二世支持了各種泛伊斯蘭項目，但他主要是希望加強自己在埃及王朝政治中的地位，他與伊斯坦堡和猶太復國主義者的務實聯繫引起了巴勒斯坦國族主義者和泛伊斯蘭活動家的懷疑。沙烏地阿拉伯國王本可以資助大會的提案，但沙烏地人與印度泛伊斯蘭主義者仍有矛盾。當拉須德．理達堅決建議由沙烏地人領導時，其他代表不同意。沒有帝國或強國的財政支持，大會的所有項目都失敗了。

即便如此，英國人還是感到震驚。漢密爾頓．吉布爵士等東方學觀察家認為，這次大會是穆斯林政治的轉折點，因為這是穆斯林政治領袖和知識分子第一次聚集在一起討論穆斯林世界的未來。儘管這次大會及其主要組織者並不反對英國，但殖民地官員對穆斯林團結的幽靈感到恐懼。是在幾年之後，穆夫提胡賽尼才轉而反對英國的委任統治當局的。一九三六年巴勒斯坦起義遭到了殘酷的鎮壓，胡塞因隨後被流放，這位穆夫提才轉向了德國人，開始利用自己的影響力達到反英目的。在整個一九三一年大會期間，胡塞因和肖卡特．阿里都緩和了反英言論，並建議與會者關注猶太復國主義的問題，而不是拒絕英國在巴勒斯坦的委任統治。

在軸心國開始贊助泛伊斯蘭思想並聲稱是穆斯林世界的保護人之前，穆斯林還於一九三六年在日內瓦召開過一次重要的穆斯林大會。這場大會的目的是向國際聯盟施加壓力，同時動員歐洲穆斯林的支持。一九三六年大會的主要組織者是沙基布．阿爾斯蘭，這位前歐斯曼帝國的擁護者和阿拉伯保皇派已成為敘利亞和巴勒斯坦人在國聯委任統治委員會的主要請願人和代表。根據與瑞士當局達成的協議，一九三六年的大會只討論宗教問題。因此，大會成員沒有譴責歐洲殖民統治。大會上唯一公開討論的政治問題還是猶太復國主義，理由是耶路撒冷的穆斯林聖地使猶太人對巴勒斯坦領土的控制發展成一個宗教問題。

一九三六年大會的與會者來自歐洲各地，他們對不同政權下的穆斯林生活進行了截然不同的討論。來自南斯拉夫、波蘭和匈牙利的代表讚揚了本國政府支持宗教自由和少數民族權利的政策。與此同時，來自帝國大都市的穆斯林則對殖民地的歧視性政策表示失望。與帝國相比，東歐國家似乎更加寬容，種族觀念更加開明。[40]這件事是國族主義和泛伊斯蘭活動地域分布的一個重要因素，這些活動在種族化的穆斯林占多數的帝國領地上激增，而在新獨立的東歐國家（如南斯拉夫）則沒有，因為在那裡，少數群體的權利已經得到了很好的保障。

大會還試圖透過在各種國聯會議和委員會中代表穆斯林民眾的利益和要求，從其與國聯的關係中獲益。然而，到了一九三六年，軸心國強權的崛起已經使國聯黯然失色。如果國聯裡的保皇派和國際主義者們的戰略失敗，那麼處於次等地位的穆斯林可能反而得到德國、義大利和日本的支持。

第二次世界大戰期間對穆斯林的動員

第二次世界大戰期間，戰間期那種混亂多向的泛伊斯蘭主義被穆斯林世界一統的復興論調取代了。新的一系列帝國：第三帝國（納粹德國）、日本帝國和法西斯統治下的義大利再度支持穆斯林世界的主張，認為穆斯林世界不僅存在，而且在地緣政治上扮演重要角色。上述三個國家都推動了和穆斯林世界結盟以打擊其對手的策略。[41]從軸心國的角度來看，這是一種工具性的合作關係，但他們是透過與其戰略目標關係不大的泛伊斯蘭論調和思想來實現這一目標的。在沒有哈里發和穆斯林大國的情況下，軸心帝國宣稱自己是穆斯林利益的代表，並代替穆斯林宣揚反帝聖戰。與第一次世界大戰時一樣，英國、法國、荷蘭和蘇維埃帝國認為他們必須回應軸心國的宣傳，即向穆斯林承諾更多的權利和自主權，甚至許諾獨立。

軸心國試圖動員穆斯林世界，部分原因是穆斯林世界需要動員——也就是說，各種從屬階層的泛伊斯蘭主義未能透過帝國正義、布爾什維克國際主義和國際聯盟實現其政治目標，這就為新的救世主創造了機會。不過，軸心國對胡賽尼、阿爾斯蘭和易卜拉欣等分別受到德國、義大利和日本青睞的人物的操作並不特別高明。到第二次世界大戰時，這些人已經不再代表那些重要的草根階層發起運動，他們的影響力已經被新一代的國族主義者或國家領導人超越了。胡賽尼、阿爾斯蘭和易卜拉欣之所以和義大利、德國和日本對穆斯林統一的支持保持互動，是因為他們已經被邊緣化了；沒有一個穆斯林統治的國家願意傾聽他們的聲音，呈現他們的要求。

阿爾斯蘭對義大利的開放態度是站在弱者的立場上才有意義的。在一九三六年的世界穆斯林大會期間，阿爾斯蘭與義大利政府建立了特殊的友好關係，這次大會接待了一個由東方學者組成的義大利代表觀察團。其中一名代表在大會期間皈依了伊斯蘭，以便作為代表參加大會，阿爾斯蘭同意讓他參加。鑑於阿爾斯蘭等人在一九一一年至一九一二年期間的反義大利活動，給予一名義大利人投票權和發言權的決定是非常矛盾的。更重要的是，就在大會召開的同一年，義大利入侵了衣索比亞，這打破了義大利對亞洲和穆斯林世界受壓迫的有色人種表示友好的說法。泛伊斯蘭主義者對義大利入侵歐斯曼帝國所屬的利比亞已經有了非常負面的看法，這引發了現代穆斯林對歐洲帝國的第一次抵制。阿爾斯蘭的妥協反映了他在日內瓦的孤立無援；他組織並主持會議，但由於前面十年的失敗，他不得不去四處尋找朋友。[42]

因此，就在德國－歐斯曼帝國聯手發起聖戰的二十年後，軸心國對穆斯林世界團結的呼籲在一個更加分裂的集團中再次響起。除了帝國、民族和王國之間的政治分裂外，穆斯林改良主義也出現了新的分歧。印度依然扮演著帝國效忠、國族主義運動和泛伊斯蘭鼓動的混合體這一陳舊的角色。但其他力量的出現使穆斯林占多數的社會的政治變得更加複雜。正如我們所看到的，社會主義者們推行親蘇聯的穆斯林現代化政策。凱末爾主義者主張世俗國族主義。沙烏地阿拉伯正在王室和宗教復興的雙重支柱上打造一個國家。

面對這種複合性，軸心國以收縮來應對。他們基本上重演了第一次世界大戰時的計畫，採用了一種舊式的、強烈的東方主義觀點，將穆斯林世界視為一個具有凝聚力的信仰傳統、文明和地緣政治單元。納粹黨人賞識並提拔相同的東方主義知識分子，這些知識分子的政策在第一次世界大戰時未能確保穆斯林統一的效忠。德國人及其盟友對穆斯林的統一如此深信不疑，以至於他們相信，即使義大利統治了非洲的穆斯林，他們也可以大肆宣揚穆斯林的反帝國主義。軸心國認為，說服一個人就意味著說服所有人，因此將宣傳重點放在英國、蘇聯、法國和荷蘭的霸權上，同時認為，只要有足夠的說服力，這些政權的穆斯林反對者在面對軸心國自己的帝國目標時就會睜一隻眼閉一隻眼。當然了，軸心國的領導者並不是唯一一個將不同群體捆綁在統一的伊斯蘭教標籤下的人。德國、義大利的菁英與英國、法國的菁英共享了歐洲人對於伊斯蘭教和穆斯林的論述，也將狂熱和侵略性等特徵歸於穆斯林世界。

儘管軸心國的做法不雅而且過時，但他們確實對穆斯林世界的言論產生了長期影響，在與猶太人有關的問題上尤其如此。德國政策制定者將阿拉伯穆斯林歸類為雅利安人而非閃米特人，並將一種反猶太人的本質歸到了伊斯蘭教上。這與多個世界性帝國統治下猶太人與穆斯林數百年來的共存是相互矛盾的，也與曾經適用於這兩個群體的閃米特人標籤是相互矛盾的。德國決策者意識到了《貝爾福宣言》所帶來的失望情緒，並將這種失望轉嫁到反猶主義上。這是一種新策略，一九三〇年代之前的泛伊斯蘭主義者對此並不熟悉，他們可能對《貝爾福宣言》感到失望，但並不把猶太人視為全球公敵。軸心國的宣傳將楔子深深地插入了穆斯林與猶太人之間之前尚可控制的裂痕。軸心國的宣傳還斷言伊斯蘭教與共產主義之間存在本質上的敵意，以便更能說服蘇聯穆斯林反對他們的領導人。

若非穆斯林對他們的帝國統治者真心感到不滿，軸心國對穆斯林的拉攏就會完全失敗。事實上，軸心國在國族主義者和泛伊斯蘭主義者中找到了合作者，為穆斯林解放計畫尋求贊助。畢竟，在戰間期時，穆斯林向獨立的穆斯林政體發出呼籲、建立跨國網絡、召開大會以及向國際聯盟和蘇聯發起請願的努力都失敗了。大多數穆斯林社會淪為殖民地，殖民官員繼續虐待和侮辱穆斯林。而土耳其、伊朗、阿富汗和沙烏地阿拉伯等少數幾個獨立的穆斯林政體則過於弱小或專注於自身的改革，無法在財政或軍事上參與到想像的穆斯林世界的命運中。因此，對於一些處在從屬階層的活動人士來說，與軸心國菁英結盟並在他們的穆斯林世界幻想中找到共同點似乎是務實的。

在軸心國中，日本制定的伊斯蘭政策最能體現出把地緣政治和作為一個世界宗教和非西方文明的伊斯蘭教聯繫起來，並將其作為聯盟基礎的理念。[43]日本政策制定者認為，由於穆斯林和日本人都是東方文明和有色人種，他們在接觸穆斯林方面特別能成功。正如一九三九年大日本伊斯蘭聯盟關於穆斯林世界政策的小冊子所表述的，「大多數穆斯林生活在亞洲。他們具有被壓迫的有色人種的自我意識，他們非常真實激烈地反對布爾什維克和西方思想。同時，他們對作為東方民族和亞洲領袖的我國保持非常熱切的感情。即使對於目前的中國事變（日本帝國自一九三一年以來發動的侵華戰爭），穆斯林的態度也與西方和蘇聯的立場不同，因為他們希望得到強大的日本支持，以復興自己的家園。」[44]

日本的擁護者否定了英國、俄國和法國對穆斯林的政策。在日本的理解中，穆斯林世界是反殖民主義、反基督宗教和反共產主義的，那些政策在這樣的穆斯林世界中是站不住腳的。考慮到歐斯曼－義大利戰爭和義大利在北非的軍事擴張，義大利聲稱自己是「穆斯林的朋友」也是可以一笑置之的。[45]日本菁英認為，只有德國的穆斯林世界政策是成功的，因為他們曾是歐斯曼哈里發的盟國，而且沒有任何大面積的穆斯林殖民地。與此同時，正如日本官員在二次大戰時經常指出的，日本與穆斯林沒有任何負面的殖民歷史。[46]與這些白人列強相比，日本領導人認為他們可以在穆斯林世界走得更遠。但實際上，日本在穆斯林領袖中並沒有什麼威望。小冊子作者能找到的日本在以穆斯林為主的社會中獲得認可的唯一證據，是葉門穆塔瓦基利王國的王子胡塞因發出的合作呼籲，他於一九三八年出席了東京清真寺的揭幕儀式。

日本對穆斯林世界的接納反映了其對歐洲學術的吸收，儘管日本人聲稱，基於泛亞洲主義，他們已經克服了像西方那樣對穆斯林的偏見。在《回教文化》（*Isuramu Bunka*）雜誌創刊號上，日本學者宣稱：

我們日本民族作為亞洲的一支，真誠地認為伊斯蘭教和穆斯林民族是東方和東方國家中的一個強大宗教。但是，我們曾經很少有機會與他們直接接觸。不幸的是，我們對基督教文明的了解要早於伊斯蘭文明，前者與後者非常對立，而後者在近代世界的政治地位並不高，我們對伊斯蘭教的理解也過於偏頗，這主要是因為基督教國家的反宣傳。現在，我們終於可以向穆斯林人民伸出熱情的雙手了。我們的友誼得到了保證，我們的大門向土耳其、波斯、阿富汗和埃及等伊斯蘭國家敞開。他們與我們之間的交通現在變得暢通無阻：我們可以透過直接和無偏見的媒體充分了解他們。[47]

在戰時日本政府的資助下，伊斯蘭研究所出版了月刊《回教圈》（*Kaikyôken*）。大日本回教協會和外務省研究部門分別出版了另外兩份有關穆斯林問題的期刊：《回教世界》（*Kaikyô Sekai*）和《回教事情》（*Kaikyô Jijyô*）。[48]

日本人和其他希望與穆斯林世界建立關係的人一樣，不得不面對穆斯林世界並不存在的事實。他們不可能接受一個穆斯林人物或團體，從而接受所有穆斯林。他們不能接受數百萬碰巧是穆斯林的人的政治機構和實踐的多樣性。他們將年邁的泛伊斯蘭主義者阿卜杜勒希德．易卜拉欣召回東京時，易卜拉欣早已過了他的全盛期。他們還冒著巨大風險尋求盟友。例如，在一九三三年的一次大膽嘗試中，日本政府接待了一位被廢黜的歐斯曼帝國王子，日本這麼做被認為是為了使其與蘇聯發生衝突時，給日本在中亞的穆斯林政策增加籌碼。這個計畫很快就被放棄了，但它從一開始就是魯莽和不現實的。日本官員受到自己亞洲主義理論的誘惑，不惜破壞與土耳其共和國的外交關係，希望找到一個虛構的全球穆斯林領袖。

日本對國內穆斯林的親善做法也誤入歧途了。日本的反帝政策違背了印度穆斯林商人的利益，他們的貿易依賴於英日之間的良好關係。事實上，一九三六年日本在神戶開放的第一座清真寺，就是日本與英國統治下的南亞之間穆斯林網絡的象徵。一九四一年日本對大英帝國宣戰後，印度穆斯林不得不離開日本，將清真寺留給布爾什維克革命後移民到日本的韃靼穆斯林管理。[49]

由於穆斯林缺少統一性，日本人分化中國穆斯林和中國國民黨的計畫也失敗了。為了讓穆斯林相信他們對中國的侵略在道義上是可以接受的，日本政府贊助了一次日本穆斯林的朝聖團。日本政府希望，透過前往麥加朝聖，朝聖者可以展示日本與假定的穆斯林世界志業的聯盟關係。中國國民政府也組織了一次中國穆斯林朝覲作為回應。雙方的作為都沒有產生什麼影響，因為事實上，朝聖從來都不是一個有用的宣傳機會。但至少，日本穆斯林和中國穆斯林在麥加的競爭象徵當時穆斯林社會混亂的政治局面，也表明沒有一個統一的穆斯林世界可被操控。

日本打造盟友關係的努力並非全然失敗，但在日本成功地培養出了穆斯林合作伙伴的地方，其成功並不是基於對穆斯林統一性的共同錯覺。例如，當日本入侵東南亞穆斯林占多數的地區時，它與當地的穆斯林組織和領導人進行了合作。在印尼，蘇卡諾等國族主義領導人與日本軍隊展開合作，以結束荷蘭殖民主義。但這些穆斯林合作者有自己的目標，希望利用日本達到自己的目的。也有一些印度穆斯林同情日本，還有一些日本人支持駐紮在新加坡的印度國民軍，這促使英國對穆斯林進行反宣傳。英國人聲稱，從道義上講，穆斯林有義務站在他們這些基督教「有經人」一邊，而不是所謂拜偶像的日本神道教徒。無需贅言，這種反宣傳也是無效的。穆斯林中的反帝國主義與宗教關係不大，而與現代穆斯林的政治理念息息相關，這導致了大部分的印度穆斯林並沒有理會招徠他們效忠的外部勢力。[50]

★ ☾ ★

由於軸心國主動向穆斯林示好，而同盟國消極應對，因此人們很容易相信軸心國與伊斯蘭教之間確實存在聯盟關係。然而，二戰期間穆斯林社會的狀況與當時國際政治背景的複雜性和混亂性一樣，根本無法對穆斯林在戰爭中的所作所為做出真實的單一描述。數以千計的穆斯林士兵在戰爭中為英國、法國和蘇聯的事業戰鬥犧牲。土耳其保持中立。伊朗國王禮薩希望保持中立，因此拒絕了盟軍提出的各種援助和驅逐德國國民的要求，但卻被與他的兒子穆罕默德·禮薩·巴勒維（Mohammad Reza Pahlavi）合作的英俄入侵軍事武力廢黜了。軸心國發出了大量的宣傳語彙，卻沒有贏得穆斯林的大力支持。在戰爭後期，當德國已經必敗無疑時，第三帝國的一些領導人承認他們的宣傳毫無成效，他們未能抗議、譴責義大利和維琪法國在中東和北非獲取殖民利益就是證明。穆斯林本身對德國和義大利的政策和行動持批評態度，就像他們對蘇聯、英國和法國的霸權一樣。[51]

雖然軸心國的宣傳沒有說服穆斯林，但盟軍卻被說服了。因此，盟軍做出了一些「太少了，也太遲了」的行動，如英國王室在戰爭期間對攝政公園清真寺的支持。更重要的是，美國戰略事務辦公室對日本在東南亞穆斯林中的成功政策感到擔憂，並敦促盟國在戰後願景中強調聯合國的作用。回歸帝國似乎是危險的，因為這將加強穆斯林國族主義的訴求並使他們的訴求更為正當合法，而且，以地緣戰略的角度來看，穆斯林國族主義的訴求看起來突然變得可行了。換句話說，無論盟國是否有任何感到恐懼的因素，他們都已經決定，要對穆斯林的主要要求做出妥協。

戰爭一旦結束，盟軍就意識到軸心國的宣傳是多麼膚淺。但是，盟軍即使想扭轉他們所倡導的自決新秩序也為時已晚。戰爭結束前，所有現有的穆斯林國家都已向軸心國宣戰，並因此加入了聯合國。這些國家的主權和在國際外交中的平等地位因此得到了保障。隨著想像的穆斯林世界變成了一個由獨立的、國際承認的主權國家組成的世界，殖民地穆斯林社會看到了獨立的機會。

戰後的秩序將完全不同於之前的每一種形式——無論是多元帝國、自治王朝，還是帝國環境下的半主權國家。在聯合國的支持下，所有民族最終都可以擁有自己的民族國家，每個民族國家在權利和義務上都是平等的。到了一九四〇年代後半段，多年來的泛伊斯蘭主義實驗和振興似乎全部落空。因為在守護哈里發運動試圖於伊斯坦堡拯救穆斯林世界的哈里發領袖之後的短短二十年內，似乎既沒有空間、也不再需要有這樣一號人物了。

第六章

穆斯林國際主義的復甦
（一九四五年－一九八八年）

一九六九年八月二十一日，一名患有精神疾病的基督教錫安主義狂熱分子丹尼斯・麥可・羅漢（Denis Michael Rohan）縱火點燃了耶路撒冷阿克薩清真寺的講台。對於伊斯蘭教第三大聖地被焚燒一事，沙烏地阿拉伯國王費瑟呼籲穆斯林占多數的國家召開領導人峰會。峰會於當年九月二十五日在摩洛哥首都拉巴特（Rabat）舉行，伊朗國王、土耳其外交部長、巴基斯坦總理以及其他許多人士參加了會議。這是獨立國家代表首次以穆斯林世界團結的名義聚集一堂。巴勒斯坦及其穆斯林聖地是會議的首要議題。

就在幾年前，這樣的活動可能還不會吸引這麼高級別的官員參加。一九六五年阿拉伯首腦會議期間，費瑟國王曾提議召開一次全球穆斯林領袖會議，但在埃及總統賈邁勒・阿布杜・納賽爾（Gamal Abdel Nasser）的世俗民族主義鼎盛時期，國際穆斯林團結是不可能實現的，因此會議計畫從未付諸實施。然而，事件會改變思想，為新的政治創造空間。在這個案例中，納賽爾及其盟友於一九六七年試圖解放巴勒斯坦時的軍事失敗，以及一九六九年縱火案帶來的羞辱和緊迫感改變了政治環境。世俗民族主義穆斯林領導人逐漸認識到穆斯林民眾面臨跨越國界的共同問題，並接受了沙烏地國王的邀請。

在近五十個殖民統治後的新興穆斯林國家中，沙烏地阿拉伯的君主似乎並不是領導泛伊斯蘭主義復興的合適人選。當費瑟國王的父親阿布杜阿齊茲・伊本・紹德於一九二六年宣布自己為漢志國王時，他的領地是世界上最貧窮的地區之一，既沒有多少錢，也沒有什麼可開發的自然資源。即使沙烏地王國不斷壯大，並從石油工業中獲得了財富，它仍缺乏先前歐斯曼帝國和印度的大城市（如伊斯坦堡和德里）的國際大都會素質。麥加和麥地那是所有穆斯林的朝聖地，統治麥加和麥地那讓沙烏地統治者有機會與全球各地的教親建立聯繫，但他們對哈里發統治毫無興趣，也沒有參與任何泛伊斯蘭項目。沙烏地王室奉行的清教徒式的伊斯蘭教——瓦哈比主義，使沙烏地人與世界上大多數的穆斯林出現嫌隙。沙烏地阿拉伯領導人與領導全球穆斯林的可能性之間存在著許多障礙。

費瑟親王（亦即後來的國王）改變了沙烏地王國在世界穆斯林公眾中的形象。從年輕時起，他就比阿布杜阿齊茲國王的其他兒子更積極地參與國際事務。一九二五年，內志的沙烏地國家征服了漢志地區，費瑟被授予了麥加和麥地那的統治權，這使他更接近穆斯林的精神中心。他參加了一九二六年舉行的麥加穆斯林大會，在第二次世界大戰後，他支持巴勒斯坦人的事業，將其挫折視為穆斯林屈辱的象徵。一九五八年費瑟成為首相後，他一直積極參與外交事務，重點關注其王國與非洲和亞洲新獨立的穆斯林占多數的國家之間的雙邊關係。與此同時，費瑟還幫助建立了麥地那伊斯蘭大學（Islamic University of Medina）和世界穆斯林聯盟（Muslim World League），這兩所大學都是向穆斯林民眾開展非政府外聯活動的重要機制。國際主義和泛伊斯蘭團結顯然是費瑟的優先考慮事項，甚至在他擔任國王之前就已經是這樣了。費瑟在一九六四年登基後，在聯合國大會上積極推動穆斯林集團的出現，穆斯林占多數的亞非國家也有參與大會。[1]

費瑟在位期間（他在一九七五年被侄子暗殺），一直致力於穆斯林世界的團結，但冷戰的急迫形勢也影響了他的決心。與納賽爾的泛阿拉伯和第三世界團結的願景相反，費瑟建立了一個以沙烏地阿拉伯為中心的穆斯林網絡。作為首相和國王，他加入了穆斯林現代化領導人的行列，投資於經濟發展、媒體和婦女教育；促進宗教包容；廢除奴隸制——這些舉措幫助沙特樹立了全球威望。透過由他所建立和激勵的機構，例如一九六九年峰會產生的伊斯蘭會議組織，他監督了社會、知識和文化資本從南亞和埃及向自強的沙烏地王國的象徵性轉移，有時甚至是實際轉移。

以各方面來說，費瑟都是那個時代的阿布杜哈米德二世，他在民族國家而非帝國時代重塑了穆斯林世界的團結。與阿布杜哈米德二世一樣，他務實地追求自己的國際目標，既不反對也不挑戰當時的超級大國，而是透過他所能利用的全球組織機構和原則開展工作。例如，他利用聯合國大會展示出了後殖民時期穆斯林占多數國家集體投票的力量。費瑟試圖在後殖民時期的國際秩序中領導這一新興國家集團，這幫助堅定的反共產主義者費瑟贏得了美國的信任和友誼，說明了穆斯林世界這一理念在冷戰對抗背景下的戰略價值。他還在麥加和麥地那建立了機構，將不同的穆斯林民間社會組織、個人和公眾與沙烏地領導層聯繫在一起，形成了一個想像的全球穆斯林社區。

費瑟國王在恢復穆斯林世界團結方面的領導作用是在戰後去殖民化和一九七〇年代末的過渡時期發揮的，當時《大衛營協議》（*Camp David Accords*）和伊朗革命在很大程度上借鑑了冷戰後期的不滿情緒，促使泛伊斯蘭運動和思想出現了反美轉向。透過對二戰後穆斯林世界思想的思想史的研究，我們可以回答這些關鍵問題：二戰剛結束時，穆斯林世界的理念發生了什麼變化？在埃及的納賽爾、印尼的蘇卡諾和伊朗的穆罕默德．穆沙迪克（Mohammad Mosaddegh）等世俗民族主義穆斯林領袖風頭正勁的時代，是否存在一個穆斯林世界？是什麼因素導致早先的穆斯林世界團結觀念在一九七〇年代中期重新活躍起來？

與費瑟國王的名字相連的冷戰泛伊斯蘭主義最終幫助恢復了早先帝國時代的傳統，包括穆斯林的種族化和穆斯林占多數的社會所感受到的屈辱，即使在殖民主義正式結束之後也是如此。由於泛阿拉伯主義顯然無法確保巴勒斯坦的自決，早期對新阿拉伯國家所取得成功的興奮逐漸被不滿所取代。一九六七年耶路撒冷的丟失打破了人們對世俗民族主義救贖能力的信心。去殖民化和冷戰的暴力——從中央情報局一九五三年在伊朗策動的政變、一九五六年的蘇伊士戰爭和一九五四年至一九六三年的阿爾及利亞獨立戰爭，都加劇了穆斯林對新國際秩序的不滿。

穆斯林世界的團結只是對這些弊端的一種潛在回應。社會主義、泛非主義、泛阿拉伯主義、冷戰聯盟和不結盟運動為集體表達和討價還價提供了相互競爭的工具。穆斯林世界的團結在這種意識形態的薰陶下產生，這在很大程度上是一九七〇年代偶然的政治鬥爭的結果。在一九七三年的以色列－阿拉伯戰爭後，一系列思想和地緣政治條件促成了各國接受費瑟國王提倡的泛伊斯蘭倡議的輿論氛圍，而另一種輿論氛圍則使泛伊斯蘭主義轉向了更激進的目標。在《大衛營協議》之後，埃及同意與以色列單獨媾和，將巴勒斯坦人拒之門外，從而放棄了領導想像的穆斯林世界的可能，而巴勒斯坦人的事業已成為泛伊斯蘭思想的核心，因此緊張局勢不可避免。

一八七〇年代的反俄泛伊斯蘭主義在第一次世界大戰中被「青年土耳其人」政府徹底改造為反英聖戰，與這個情況類似，一九六〇年代的反共泛伊斯蘭主義被伊朗阿亞圖拉．何梅尼的追隨者重新定義為反對美國在穆斯林世界的霸權的聖戰。因此，伊朗和沙烏地阿拉伯都在一九八〇年代裡大張旗鼓地開展了相互競爭的泛伊斯蘭運動——這些運動本身就是對世界事件（如巴勒斯坦人反抗以色列占領和阿富汗人反抗蘇聯入侵的持續鬥爭）的回應。伊朗和沙烏地阿拉伯的領導人都將穆斯林世界的團結視為解決全球和國內治理危機的辦法，但順尼派和什葉派之間新出現的衝突加劇了他們之間的競爭。伊朗的何梅尼從根本上重塑了阿布杜哈米德的帝國主義和費瑟國王以民族國家為導向的泛伊斯蘭主義，他們透過大眾媒體的工具直接吸引穆斯林公眾的輿論。無論其初衷如何，冷戰後期的泛伊斯蘭主義最終導致了西方種族化的反伊斯蘭情緒以及穆斯林和其他人群對文明衝突的妄想。

穆斯林世界的去殖民化

在第二次世界大戰期間，軸心國未能贏得穆斯林世界的效忠，這揭示了「穆斯林是一個單一的全球整體」這一說法的空洞性。但是這種統一的觀念是難以被拋開的，因為維持這種觀念的思想和做法依然存在。

一份一九五七年的美國政府報告提供直截了當的說明。這篇報告在說明研究伊斯蘭和關注穆斯林世界的必要性時，重點關注了全球穆斯林人口的規模。在當年聯合國的八十一個會員國中，有十六個會員國是穆斯林人口占多數的國家，有幾十個會員國的穆斯林人口超過了五萬。這份最新的報告結論，世界上的三億五千萬穆斯林可以在冷戰中成為美國的重要盟友。[2]換句話說，即使在後殖民民族主義時代，穆斯林占多數的國家也被視為一個集團，其潛在的力量來自於所謂的跨越國界的一致性。冷戰時期的超級大國和一些新獨立的穆斯林占多數的國家都沉浸在這種幻想中。

在現實狀況中，戰後的穆斯林國家缺乏任何政治統一的意識。在一八八〇年代至一九二〇年代的泛伊斯蘭主義形成時期，穆斯林在帝國統治下遭受種族主義對待的共同經歷造就了其團結意識。但隨著歐洲帝國在二次大戰後的衰落，穆斯林社會在政治上的統一性實際上不如以往，這些社會被分割成了越來越小的行政單位。也沒有穆斯林大國來填補大英帝國和歐斯曼帝國留下的真空。因此，一些美國觀察家以「分裂」、「群龍無首」、「停滯」和「貧窮」形容戰後的穆斯林世界。[3]例如，阿拉伯聯盟祕書阿扎姆・帕夏（Azzam Pasha）在一九四六年出版的《穆罕默德的永恆訊息》（*The Eternal Message of Muhammad*）一書中討論了種族平等、世界新秩序以及以伊斯蘭教義和先知穆罕默德生平為基礎的穆斯林普世主義，但書中並沒有哈里發、統一的穆斯林聯邦或國際泛伊斯蘭組織的願景。[4]

一九五五年在印尼萬隆（Bandung）召開的亞非新獨立國家會議，充分體現了穆斯林世界的地緣政治想像力被湮滅的程度。在與會的三十個國家裡，有十四個國家是穆斯林人口占多數的國家。[5]哈吉・阿明・胡賽尼代表巴勒斯坦人發言，印度代表團代表印度穆斯林。儘管會議發言借鑑了早先泛伊斯蘭（以及泛亞洲）對種族化帝國世界秩序的批判，與會代表也強調了穆斯林和亞洲身分的重要性，但會議的主要議題卻是世俗的第三世界國際主義。穆斯林世界一統的地緣政治幻想被新獨立國家聯盟的更為現實的渴望取代了。[6]在萬隆，追求以現代化救亡圖存的民族主義、尋求以聯合國為中心的國際體系的認可，為穆斯林的國際政治想像予以一種歷史的終結。

不過，新的穆斯林占多數的國家不會僅僅滿足於國際的認可。它們還希望根據各自不同的利益在全球舞台上採取行動。因此，在冷戰初期，穆斯林占多數的國家之間出現了很大的分歧。例如，一九四七年十一月，在聯合國大會上反對巴勒斯坦分治聯合國的行動中，僅剩的團結也未能延續。反對巴勒斯坦分治的十三個聯合國投票會員國（當時共有五十六個會員國）中，有十個是穆斯林占多數的國家。印度也支持穆斯林集團的立場。但是，有許多投了棄權票的國家也有大量穆斯林人口——大英帝國、中國、南斯拉夫、泰國和衣索比亞。[7]聯合國承認以色列為主權國家後，土耳其和伊朗也承認以色列並建立了外交關係，而大多數阿拉伯國家卻拒絕承認以色列。在整個冷戰期間，一些穆斯林占多數的國家與美國結盟，另一些則與蘇聯結盟。值得注意的是，在整個一九五〇年代，北約成員國土耳其沒有對任何支持阿爾及利亞自決權的聯合國決議投出贊成票。儘管阿爾及利亞和土耳其之間有著深厚的歷史淵源，而且阿爾及利亞人也非常崇拜被譽為穆斯林民族主義英雄的凱末爾，但土耳其還是優先考慮維護與法國的關係，因為法國作為阿爾及利亞的殖民者，反對任何阿爾及利亞的民族主義運動。[8]

在二戰後的很長一段時間裡，不斷有穆斯林占多數的新國家湧現和分裂出來，最終在一九七〇年代中期達到了在聯合國的最大代表人數。在這五十多個國家中，雖然巴基斯坦在一九四七年獨立後曾試圖扮演穆斯林大國的角色，但事實上沒有一個國家能夠勝任這個角色。巴基斯坦不僅有可能繼承哈里發對穆斯林在精神上的領導，還有可能繼承大英帝國作為最大穆斯林人口中心的地位。相比二十世紀初期之際，印度穆斯林將伊斯坦堡視為精神上的宗主，將倫敦視為政治上的統治者，如今的巴基斯坦既可以是穆斯林世界的主體，也可以是穆斯林世界的首腦。巴基斯坦的領導人也希望能夠發揮穆斯林的經濟、文化和政治力量，這些力量在英統治印度期間得到延續。簡單來說，巴基斯坦可以是一個「穆斯林的錫安」。[9]

巴基斯坦若是要領導穆斯林世界，就必須在眾多後殖民政治項目中確立在精神上至高無上的地位。在獨立前夕，巴基斯坦未來的領導人確實在這方面取得了一些成功，從印度國大黨（Indian Congress Party）的倡議中贏得了一些泛伊斯蘭主義者的支持。全印度穆斯林聯盟

（All-Indian Muslim League）是獨立巴基斯坦的主要支持者，它試圖透過削弱國大黨一九四七年在德里召開的亞洲關係會議（Asian Relations Conference）來證明自己的影響力。印度國大黨尋求從英國獨立出來的泛亞支持，以及印度對英國統治下的亞洲的領導權，這會使穆斯林聯盟關於建立獨立家園的呼籲黯然失色。馬來亞、西藏、蘇聯中亞、緬甸和錫蘭的代表團出席了亞洲關係會議，但穆斯林聯盟說服了敘利亞、黎巴嫩和葉門拒絕他們的與會邀請。阿拉伯聯盟和埃及穆斯林兄弟會只派出了觀察員。在一九四七年五月二十八日的一封信中，穆斯林兄弟會創始人哈桑－班納向穆斯林聯盟極具領袖魅力的領導人穆罕默德・阿里・真納（Muhammad Ali Jinnah）保證，他的代表只想與印度穆斯林建立聯繫，而不是支持國大黨。哈桑・班納重申了他的運動對「神聖的巴基斯坦運動」的支持，並寫道：「在今天之後，世界上沒有任何力量可以切斷伊斯蘭的兄弟之間的聯繫，也沒有任何力量可以壓制先知穆罕默德族群的自由和獨立，更沒有任何力量可以阻止他們實現正義的民族訴求。」[10]但是真納和哈桑・班納在一九四七年的這些交流都是以英語進行的，這個事實也反映出大英帝國框架的重要性，它促成了「溫瑪」這一宗教概念的連結。

在獨立之後，巴基斯坦領導人試圖透過在一九四九年至一九五〇年代末數度舉辦穆斯林世界大會贏得泛伊斯蘭的聲望。這些大會也是巴基斯坦與印度泛亞國際主義競爭的場所。印度憑藉其龐大的經濟和人口以及對後殖民地世界的政治號召力，自然而然地成為戰後亞洲的領導者。甚至各個穆斯林國家的領導人，從納賽爾到蘇卡諾，都對印度首任總理賈瓦哈拉爾．尼赫魯（Jawaharlal Nehru）表達了他們的欽佩之情。但是巴基斯坦的官員希望其跨國的穆斯林領導力可以加強巴基斯坦的影響力，從而在關於克什米爾的爭端中與印度抗衡。[11]因此，由巴基斯坦贊助的穆斯林大會的組織者將這次集會說成是一九二六年在麥加和一九三一年在耶路撒冷舉行的穆斯林世界大會的延續。約二十名來自不同穆斯林組織的代表參加了一九四九年第一次召開的會議，會議主要討論穆斯林占多數的國家之間的貿易和經濟發展問題。

然而，幾次會議之後，外國政府顯然對巴基斯坦領導穆斯林團結組織不感興趣。巴基斯坦政府發現，他們的國家並不是英屬印度的天然繼承者。十九世紀末穆斯林世界的力量和吸引力，在於大英帝國境內住著大量的穆斯林。帝國擔心來自內部的煽動，英國人對這件事的關切是印度穆斯林的影響力來源。但是，現在已經沒有帝國宗主國要傾聽巴基斯坦的聲音了，因此也就沒有人回應和擴大巴基斯坦的不滿和訴求了。

作為印度穆斯林的延續，巴基斯坦的實力更羸弱。以今天看來，巴基斯坦與印度的分離似乎是注定了的，但印巴分治並不是不可避免的，更不是由穆斯林和印度教徒之間的根本分歧預先決定的。有上百萬的穆斯林留在了印度。[12]支持複合民族主義的穆斯林支持者極力反對印巴分治。一些留下來的人在國大黨中擔任了重要的領導職務，獨立後還進入了印度內閣。如今，印度是世界上穆斯林人口最多的國家之一——有將近一億八千萬穆斯林人口，比巴基斯坦和孟加拉國的穆斯林人口都要多。反對分治的印度穆斯林認為，一個印度教－穆斯林統一的印度最終可以擊敗英國和西方在亞洲和非洲的殖民主義，從而幫助其他殖民社會獲得獨立和尊嚴，以此更能為穆斯林世界的利益服務。這削弱了巴基斯坦領導穆斯林世界的主張。同時，巴基斯坦的獨立也為印度的印度教認同主張奠定了基礎。若印度能夠維持統一，印度將擁有全世界三分之一的穆斯林人口。[13]與此相反，儘管當今的印度仍有大量穆斯林，但印度現在很容易被認同為一個印度教國家，印度成了巴基斯坦的競爭對手。印度的分裂剝奪了巴基斯坦所有的穆斯林人口，也削弱了巴基斯坦繼承英屬印度作為最偉大的穆斯林帝國的所有聲望，也減弱了擔任想像的全球穆斯林共同體首腦的能力。

巴基斯坦在冷戰期間持續擔任世界穆斯林大會祕書處的東道國，儘管顯而易見地，至一九五五年萬隆會議召開時，巴基斯坦就已經起不到什麼作用。但該祕書處一直堅持到了泛阿拉伯主義最強盛的時期。例如，早在一九六四年時，祕書處就曾主張建立一個穆斯林國家聯邦，並在一本小冊子中宣布：「伊斯蘭既不是部落的宗教，也不是種族的宗教，更不是民族宗教或地區宗教。它是一種世界性宗教。而且，伊斯蘭要比宗教更宏大，它是一種世界秩序。」[14]雖然這種以巴基斯坦為中心的泛伊斯蘭主義在某種程度上會促進和推動沙烏地人領導的反納賽爾泛伊斯蘭主義，但巴基斯坦領導人最終不得不承認，在他們與印度的競爭中，對穆斯林國際主義的呼籲沒有什麼用處。到了一九五〇年代中期，巴基斯坦已經轉向與英國和美國結成反蘇聯盟，以確保他們在與印度衝突中的利益，而印度則成為不結盟運動的領導者。在克什米爾問題上與印度發生衝突時，巴基斯坦經常向穆斯林公眾輿論示好，但東巴基斯坦獨立戰爭和一九七一年孟加拉國的分離，最終扼殺了巴基斯坦在全球穆斯林政體或運動中占據中心地位的前景。如果巴基斯坦自己都被分裂了，它又如何說服其他國家相信跨國團結的重要性呢？

泛伊斯蘭國際主義和泛亞國際主義在巴基斯坦和印度分治中的分歧，應被理解為削弱雙方穆斯林競爭的偶然卻重要的結果。在此之前，泛伊斯蘭國際主義和泛亞國際主義在英國統治下的南亞共存。在印度和印尼穆斯林中，這兩種形式的團結並不矛盾。英國人懼怕穆斯林的力量，部分原因是在一八五七年叛亂和一九一九至一九二三年的守護哈里發運動期間，穆斯林和印度教徒攜手合作。這種團結使一個擺脫西方種族主義和霸權的後殖民世界似乎成為了觸手可及的現實。[15]然而，在分治之後，印尼和埃及等國不得不在與尼赫魯的印度的良好關係和巴基斯坦的泛伊斯蘭團結運動之間進行權衡，有時甚至得在兩者之間取捨。在一九五〇年代初，蘇卡諾公開稱尼赫魯是自己的導師，並將泛伊斯蘭國際主義拒之門外。納賽爾則穿針引線，既以第三世界國家的身分與印度結盟，又表現出足夠的泛伊斯蘭情懷，以維持與巴基斯坦的關係。

巴基斯坦是英國統治下的南亞地區想像的穆斯林世界的一個較小的殘餘，而住在剛剛獨立的印度的穆斯林現在則是一個大大被削弱的少數群體。穆斯林王公國（Muslim princely states）的迅速解體削弱了他們在全球的權力和聲望。海德拉巴和博帕爾的穆斯林君主曾推動並資助泛伊斯蘭知識和文化網絡，但他們似乎並沒有把領導權交給巴基斯坦，而是交給了埃及和沙烏地阿拉伯等阿拉伯人占多數的國家。巴基斯坦沒能讓自己成為想像的穆斯林世界的領袖。[16] 早在一九五〇年代中期，穆斯林團結的幻覺就已經清晰可見了，南亞穆斯林在這一幻覺中的中心地位也無法延續下去。

巴基斯坦之所以能夠期望成為全球穆斯林領袖，首先是因為中東地區缺乏可信的替代者。統治著世界上最多阿拉伯人口的埃及及赫迪拉王朝的地位因一九四八年阿以戰爭（Arab-Israeli War）的失敗而蕩然無存。伊拉克、約旦和沙烏地阿拉伯的國王缺乏領導想像的穆斯林世界的能力和全球影響力。因此，當一九四八年的戰敗促使泛阿拉伯和泛伊斯蘭尋求地域性的團結、從而解決巴勒斯坦難民和建國問題時，卻沒有一個阿拉伯領袖可以被寄予厚望。

在一九四八年後，約旦在其當時控制下的耶路撒冷舉辦了數次穆斯林大會和集會。這些活動的地點表明了巴勒斯坦在跨國穆斯林公眾輿論中的象徵性中心地位，以及約旦對管理耶路撒冷的興趣，以此更加證明約旦對於巴勒斯坦的統治是合理的，而不是建立一個獨立的巴勒斯坦國。這些集會吸引了官方和非官方的參與，其中包括什葉派神職人員，如阿亞圖拉·塔拉加尼（Ayatollah Talagani），以及與穆斯林兄弟會有聯繫的知識分子，如賽義德·庫特布（Sayyed Qutb）。但最終約旦的這些倡議收效甚微。

直到一九五二年的埃及革命後，阿拉伯人的領袖真空才開始填補起來。開羅的新政府立即表示出對於穆斯林大會的支持。國務部長、未來的埃及總統艾爾·沙達特（Anwar Sadat）於一九五五年前往耶路撒冷，以鞏固埃及對巴勒斯坦事業的承諾。埃及與沙烏地阿拉伯的關係有了改善，當英國、法國和以色列軍隊於一九五六年入侵蘇伊士運河時，沙烏地阿拉伯驅逐了英國外交官。埃及、沙烏地阿拉伯和巴基斯坦甚至考慮建立一個泛伊斯蘭三國集團。

但從一九五六年開始，在納賽爾的領導下，埃及的對外倡議變得更加傾向於泛阿拉伯主義和不結盟。埃及－沙烏地阿拉伯伊斯蘭大會繼續在埃及外交部的管理下運作，但其主要目的是吸引國際學生到開羅愛資哈爾大學學習，並贊助與耶路撒冷有關的項目。從一九五六年到一九六七年的阿以戰爭期間，泛阿拉伯主義、後殖民民族主義以及冷戰時期的各種地緣政治爭奪掩蓋了帝國時代泛伊斯蘭主義的殘餘記憶。

將阿拉伯民族主義和第三世界的團結放在基於宗教身分的國際合作概念之上，對埃及國內來說是很有價值的，因為該國有大量信奉基督教的阿拉伯人。一九七〇年，泛非知識分子杜波依斯（W. E. B. Du Bois）的妻子雪莉．葛拉罕．杜波依斯（Shirley Graham Du Bois）在加州大學洛杉磯分校發表演講，將納賽爾和沙達特形容為支持有色人種復興的泛非英雄。埃及的亞非第三世界國際主義也可以包含穆斯林在這個大集團中團結一致的概念，儘管即使在這個早期階段，冷戰已經在穆斯林占多數的國家中造成了意識形態上的尖銳分歧。例如，在與北約結盟的土耳其，媒體將納賽爾描繪成容易受騙的阿拉伯領導者，其受狡猾的蘇聯帝國操縱。

一九五六年的蘇伊士戰爭（Suez War）期間，納賽爾作為一位對抗英國、法國和以色列軍隊的有領袖魅力的領導人，贏得了美國、聯合國和蘇聯的支持，埃及已經超過了巴基斯坦，成為最重要的穆斯林占多數的國家。這一穆斯林領袖的接力棒被埃及接到了手中，結束了長達一個世紀的時間裡（一八五七年到一九五六年），印度穆斯林在經濟、政治和文化上的優勢地位，及其在全球穆斯林種族想像中的核心角色。當麥爾坎X（Malcolm X）於一九六四年前往麥加進行歷史性的朝聖之旅時，他也訪問了埃及，並會見了親納賽爾的泛阿拉伯和泛非知識分子。如果要讓麥爾坎X在納賽爾和費瑟國王之間做出選擇的話，他很可能會選擇前者，因為納賽爾既是穆斯林又是非洲人，又倡導「有色人種」的覺醒和獨立。[17]然而，麥爾坎X並沒有想到要去造訪伊斯坦堡，在僅僅四十年前，這座城市還是歐斯曼哈里發的居所。在一九六〇年代中期，對於全球穆斯林的政治想像而言，從阿爾及利亞、埃及一直到沙烏地阿拉伯的阿拉伯地區才是最為緊要的地區。

納賽爾和他的同僚們從民族主義、社會主義、泛非主義、第三世界主義和有色人種聯盟等世俗普世主義意識形態的角度來看待他們的鬥爭和政治目標，而歐洲公眾和殖民地菁英卻無法擺脫種族主義和偏執的陳舊觀念。儘管一九五四年至一九六三年的阿爾及利亞獨立戰爭正值世俗泛阿拉伯主義的高峰期，但法國政府仍試圖將阿爾及利亞的自決要求描繪成狂熱的泛伊斯蘭反西方主義標誌。在血腥的鎮壓叛亂行動中，法國將矛頭指向納賽爾對阿爾及利亞事業的支持，指責他是挑釁法國北非帝國的大壞蛋。正是法國對納賽爾領導的埃及泛阿拉伯領導層的敵意，導致了法國對以色列的軍事支持，包括為以色列製造原子彈提供援助。

阿爾及利亞領導人反對將他們的民族鬥爭描述為一種宗教狂熱，並強調他們的努力體現全球共同的價值觀。然而，阿爾及利亞民族主義者，包括社會主義者，都為自己的穆斯林種族、傳統和身分感到自豪。用他們自己的話來說，他們的戰士是為主道奮戰者（*mujahid*），他們的民族鬥爭是一場吉哈德。阿爾及利亞獲得獨立後成為一個世俗的社會主義共和國，擁護泛阿拉伯、第三世界和社會主義國際主義。阿爾及利亞人並不認為穆斯林身分與世俗、社會主義政府之間存在著矛盾。[18]

阿爾及利亞證明自己是一個強有力的象徵和影響力的來源。阿爾及利亞在多個國際主義團結項目的基礎上爭取國家主權的鬥爭極為成功，以至遠在巴西和中國的民眾都對阿爾及利亞予以支持。阿爾及利亞從一個定居殖民政權下獨立了出來，激發了泛阿拉伯的普遍信念，即巴勒斯坦人也可以在多種國際主義和全球輿論的幫助下解放自己的家園。[19]

穆斯林的去殖民化和民族主義現代化項目打破了西方的東方學家和國際關係學者們持有的傳統觀點。這些知識分子與他們至少一個世紀以來的先輩們一樣，都傾向於將所有穆斯林捆綁成一個單一的地緣政治、種族和宗教團體，並主要透過他們共同的宗教來解釋他們的政治。但到了一九六〇年代初，即使在這一群體看來，伊斯蘭在由世俗民族主義和國際主義以及冷戰的緊張局勢所主導的世界政治中似乎並不重要。一九六三年，杜克大學國際關係委員會召開了一次關於伊斯蘭與國際關係的跨學科會議，當時正值阿爾及利亞獨立之後和冷戰對抗的高峰期，與會的二十六位學者無法就伊斯蘭教在全球政治中扮演何種角色這一問題達成共識。根據一本收集了研討會論文的書籍記載，「大多數主要發言人堅持，伊斯蘭在塑造穆斯林國家在當今國際關係中的態度和行為方面的意義其實非常有限，但其他與會者的意見卻與此針鋒相對，他們無法淡化伊斯蘭教在這個議題中的相關性。」[20]

與會者之一，美籍巴勒斯坦哲學家法耶茲・薩耶格（Fayez Sayegh）在一篇討論冷戰時期中立問題的論文中，質疑了伊斯蘭與國際關係之間存在聯繫的前提。「在『中立主義』這件事上，」他寫道，「伊斯蘭並沒有起到什麼影響力，在中立問題的推理、計劃、裁決，或是在穆斯林政策制定者的表達上，伊斯蘭與之無關。」[21] 關於共產主義在穆斯林中的吸引力、宗教在阿拉伯民族主義中的意義、伊斯蘭教在埃及外交政策中的作用以及伊斯蘭教對非洲新國家之間關係的影響的論文都指出，宗教在政治中很重要，但在多大程度上以及以何種方式產生影響卻沒有明確的表述。普林斯頓大學東方學者凱勒・揚（Cuyler Young）在他一篇結論性的論文「現代世界的泛伊斯蘭主義」（Pan-Islamism in the Modern World）中指出，巴基斯坦在蘇伊士運河危機* 期間並不積極支援埃及，導致埃及拒絕在加薩走廊的聯合國維和部隊中加入巴基斯坦的軍事特遣隊。[22]

事實上，研討會的與會者不僅關注穆斯林占多數的國家之間的政策差異，還反對對伊斯蘭教和穆斯林世界進行本質主義的概括。政治學家丹克沃特・魯斯托（Dankwart Rustow）引用了柏納・路易斯（Bernard Lewis）於一九五三年提出的關於伊斯蘭教與共產主義相似性的說法，認為兩者都「宣揚極權主義教義，對天地間所有問題都有完整而最終的答案，」雖然這兩種信仰的內容天差地別，但它們都懷有「信徒具有侵略性的宗教狂熱」。丹克沃特・魯斯托所以引述這段話，是為了質疑、否定路易斯的論斷。[23] 在當下，穆斯林的身分認同在世界政治中的地位和角色具有很多面向，不可能再像歐洲和穆斯林知識分子在一八七八年至一九二四年間那樣，堅持一種單一的泛伊斯蘭主義敘事。

隨著去殖民化進程進入一九七〇年代初，學術界出現了另一種思想爭論，一些學者想知道穆斯林對「溫瑪」的信仰是否與五十個民族國家的實際狀況相容。[24] 從現實層面上看，這是一個索然無味的問題，因為民族國家的獨立已經滿足了許多穆斯林在政治上和神學上的要求。從歷史上來看，這個問題就更無所謂了，因為在上個千年中，穆斯林從來沒有在政治上一統。事實上，民族國家框架確實容納了跨民族身分認同的持續存在，無論是應用於政治、歷史意識、慈善、宗教組織、旅遊、教育、體育還是流行文化上，都是如此。非裔美國人、重量級拳王、皈依伊斯蘭的穆罕默德・阿里在許多穆斯林占多數的社會中的英雄形象就是一

* 編者注：即一九五六年爆發的第二次阿以戰爭，起因為埃及與英、法、以色列因蘇伊士運河的利益爆發衝突。

個很好的例子。穆罕默德．阿里是全世界民權和反種族主義活動的標誌性人物，儘管他的穆斯林支持者似乎更看重拳王阿里對黑人民權和穆斯林事業的捍衛。然而，使穆斯林信仰與民族國家之間的相容性問題顯得緊迫的，是新成立的後殖民政府把同質化、世俗化的民族國家觀念強加在其社會上。關於穆斯林身分認同在民族主義意識形態中的作用，每個後殖民民族國家都有自己的說法，但每個民族國家都有一種民族忠誠和愛國主義至上的意識。這些爭論和強加在社會身上的觀念，為後來冷戰時期的伊斯蘭主義者提供了攻擊標的，伊斯蘭主義者認為，民族主義與穆斯林信徒的跨國社群之間存在著矛盾。

就像許多的歷史進程一樣，以回顧性的觀點來看，穆斯林社會的去殖民化過程似乎充滿了矛盾，除非人們能夠意識到，當初參與這個進程中的人並沒有感覺到這些矛盾。從一九五〇年代初到七〇年代中期，幾乎沒有泛伊斯蘭的動員獲得成功，但穆斯林卻贏得了自治的尊嚴，也獲得了非穆斯林政治領袖和知識階層越來越多的同情，而且有機會參與聯合國主持下的至少是形式上平等的全球體系。只有以後見之明來看——或者更準確地說，從現代伊斯蘭意識形態所助長了的健忘視角來看——冷戰時期的穆斯林社會政治與所謂永恆的穆斯林價值才會顯得格格不入。

伊斯蘭文明的後殖民政治

到了一九六〇年代中期，承接自帝國時代的穆斯林世界地緣政治已幾乎完全被拋棄。大英帝國和歐斯曼帝國之間的特殊紐帶早已消逝，地緣政治的泛伊斯蘭主義也已成明日黃花。取而代之的普世性意識形態，例如社會主義、第三世界主義、反阿拉伯主義、泛非主義、人道主義和國族主義，連同發展的經濟學理論，已經壓過了穆斯林身分認同。

與此相似的是，在主權民族國家的背景下，倡導穆斯林平等和尊嚴的種族辯護也不迫切。但與地緣政治的泛伊斯蘭不同，伊斯蘭文明和伊斯蘭教作為世界宗教的概念並沒有沉寂。相反地，它們從帝國時代的政治背景中脫離出來，成為對歐洲人關於穆斯林劣等性論調的反種族主義回擊，並被用在了新的目的上。在一九八〇年代的地緣政治泛伊斯蘭復興之前的幾十年後殖民時期中，伊斯蘭原則和文明被視為全球資本主義現代性弊端的解決方案。在這些原則和文明的基礎上，可以在國家和國際層面打造更為道德和公正的社會。因此，去殖民化進程雖然在穆斯林中產生了更多的領土分歧，伊斯蘭文明作為道德政治源泉的願景也將他們聯繫在一起。

人文主義穆斯林知識分子積極接受英國歷史學家阿諾德・湯恩比的思想，由此可見穆斯林世界文明論述持續存在。一九七五年去世的湯恩比認為，伊斯蘭文明是世界上最後一個在西化面前存活下來的文明之一。在冷戰期間，在一個被民族主義重新定義的世界中，湯恩比的各種著作成為當時文明觀點的標本庫。透過接受和重塑湯恩比關於世界文明的觀點，穆斯林作家們在去殖民化過程中保持了泛伊斯蘭思想史的生命。[25]

從一九一二年到一九五五年，湯恩比在學術界和公務員職業生涯中撰寫了大量關於穆斯林社會、歐斯曼帝國和現代土耳其政治的文章。第一次世界大戰期間，他曾為大英帝國精心策劃了反歐斯曼帝國的宣傳。在他的著作中，伊斯蘭和西方的地緣政治擁有至關重要的地位。他曾經對與伊斯坦堡有聯繫的印度穆斯林的忠誠度發出質疑。[26]他希望英國殖民官員能夠說明歐斯曼哈里發王朝是不具有正當性的，因為該王朝的血脈並非來自先知穆罕默德的部落，從而勸阻印度穆斯林支持歐斯曼帝國。[27]但是在戰間期，湯恩比與歐斯曼帝國滅亡後的土耳其的關係有所改善，他稱讚了共和國的西化計畫。[28]在後來與日本佛教領袖、和平活動家池田大作（Daisaku Ikeda）的討論中，湯恩比自豪地講述他對穆斯林土耳其人評價的徹底轉變——土耳其人是曾經的敵人，現在的朋友。[29]他還為大英帝國的未來傷感。在理察．奧弗里（Richard Overy）所稱的「病態時代」（morbid age）的英國，湯恩比是最有影響力的貴族知識分子之一，他堅信，在非歐洲社會現代化的過程中，西方最終會走向衰落。[30]

當湯恩比因為他的十二卷世界歷史鴻篇巨作《歷史研究》（*A Study of History*）（於一九三四年至一九六一年間出版）而成為世界名人時，作為大英帝國國際主義的代表和二戰後西方現代性的批判者，他已經在多個穆斯林占多數的國家廣為人知了。[31] 從一九五〇年至一九七〇年代中期，為了推廣他的著作，湯恩比幾乎在世界各大城市進行演講。其中包括開羅、貝魯特、喀布爾、德黑蘭、伊斯坦堡和伊斯蘭馬巴德，他在這些城市向大量聽眾發表演講，以客座教授的身分教授課程，受到政府當局和知識界的歡迎。[32]

湯恩比的影響力在一九五〇年至一九七五年間達到頂峰，而這正是他的主要思想與當時潮流最不相容的時候。這個時代主流的現代化理論同時受到美國與蘇聯的擁護，此理論與早期帝國主義的使命觀點不同，在早先的觀點中，殖民者宣稱由於落後人民的劣等性，這些人民必須被教導。[33] 然而，就在民族主義使殖民時代的文明等級論述顯得過時之際，穆斯林知識界卻接受了湯恩比的文明思想。其中許多知識分子來自土耳其、伊朗、巴基斯坦、黎巴嫩和埃及，這些國家的後殖民菁英致力於現代化和西化，而非文明的復興。但復興派、社會主義和自由派穆斯林知識分子以及現代化派菁英都經常引用湯恩比的話——尤其是他關於西方物質主義和軍國主義的批評，以及他對其他文明所提供的替代方案的讚許。[34]

鑑於湯恩比早期對英國聯邦理想的承諾、他對現代世界秩序表面上的希臘－基督教基礎的推崇以及他在第一次世界大戰前種族主義的地緣政治觀點，他在第二次世界大戰後的國際主義和人文主義展現了令人印象深刻的心靈和思想的轉變。湯恩比深受他的希臘歷史教授阿爾弗雷德·齊默恩（Alfred Zimmern）的影響，齊默恩是未來聯合國教科文組織（UNESCO）的創始人，他認為古希臘模式是解決二十世紀帝國合法性危機的良方。齊默恩和年輕的湯恩比都認為，大英帝國應該摒棄十九世紀末的白人種族優越感，從而摒棄羅馬模式。然而，他們也相信以西方為頂點的文明體系。他們所追求的是西方與倖存下來的競爭者之間展開的「文明對話」。[35]然而，到了一九二〇年代，文明論述已成為反殖民民族主義的工具，為種族平等和民族解放的訴求提供動力，而不是為大英帝國統治辯護。[36]從泰戈爾（Rabindranath Tagore）、岡倉天心（Okakura Tenshin）到孫中山、尼赫魯，亞洲知識分子利用了他們的文明遺產和偉大思想來駁斥西方殖民主義的文明原則。[37]

第二次世界大戰是湯恩比思想的決定性轉折點。隨著大英帝國的逐步退場，歐洲在又一場毀滅性的戰爭後舔舐自己的傷口，湯恩比對西方文明失去了信心。到了一九五〇年代，他已經不再認同或鼓吹西方文明的優越性了。他希望其他文明不要再模仿殘缺不全的西方文明，而是要保護各自不同的傳統。湯恩比不斷變化的思想支持著新的政治情勢。這位帝國主義曾經的的重要鼓吹者開始支持二次大戰後在世界各地湧現出的民族主義。一九五六年蘇伊士運河危機的消息傳到日本後，他強烈反對英國的進攻，從而提高了自己在阿拉伯和穆斯林知識分子中的威望。在回去英國的途中，他訪問了印度、巴基斯坦和伊朗，並經常在這些地方對西方帝國主義加以批判。在巴基斯坦，他受到阿尤布汗（Ayub Khan）總理的款待。湯恩比也反對錫安主義，支持巴勒斯坦人的訴求。[38]當歷史學家休・崔弗－羅珀（Hugh Trevor-Roper）於一九五七年六月發表了一篇著名的對湯恩比的嚴厲批判後，伊拉克知識分子扎基・薩利赫（Zaki Saleh）撰寫了一本書，捍衛這位穆斯林世界曾經的敵人。[39]湯恩比的大部分重要著作都被翻譯成土耳其語、阿拉伯語、波斯語和烏爾都語。[40]

在湯恩比的歷史框架中，伊斯蘭文明是少數幾個能夠抵禦西方物質主義和破壞性的持久文明之一，出於各種原因，湯恩比的著作吸引了後殖民時期穆斯林社會的各種思潮。但有一點，穆斯林知識分子的意見是一致的，無論他們各自的虔誠程度和政治傾向如何，那就是伊斯蘭世界和西方世界之間確實存在著明顯的區別。

湯恩比最忠實的擁護者是後來被稱為伊斯蘭主義者的思想家，因為他們反對土耳其、伊朗和埃及的民族主義政權發起的西化改革。對於伊斯蘭主義者來說，湯恩比的世界歷史模式是反對歐洲中心主義和世俗民族主義的堡壘。例如，土耳其伊斯蘭主義者塞扎伊・卡拉科赤（Sezai Karakoç）在提出將伊斯蘭復興作為社會主義和資本主義的替代方案時，就仰仗了湯恩比的思想。[41]湯恩比的現代世界模式認為，美國和蘇聯所倡導的現代性只是西方基督教文明的一個實例。因此，作為西方的批判者，湯恩比也是現代性的批判者。崔弗－羅珀和伊斯蘭主義者一樣理解這一點，他寫道：「湯恩比關於西方當前危機的觀點的基礎是一種深刻的反現代主義——反對當代的世俗墮落（contemporary secular decadence），呼籲新的中世紀來讓人逃離這個世界。〔哲學家〕卡爾．波普（Karl Popper）將這種觀點貶斥為『天啟式非理性主義』，代表了許多批評家的觀點。」[42]湯恩比的一些非伊斯蘭教穆斯林讀者認為，人們可以透過結合伊斯蘭文明與現代性的優點，擺脫當代西方的世俗墮落。不管他們開出的藥方如何，不同政治取向的穆斯林知識分子都在設想透過復興伊斯蘭文明來解決現代世界問題的辦法。

在這種復興伊斯蘭文明的例子裡，穆斯林學者和通俗作家再次關注了中世紀穆斯林在科學上的貢獻，並返回伊斯蘭黃金時代的論述。再一次地，人們可能會認為這種古早的泛伊斯蘭比喻，在殖民主義之後已經在政治上無足輕重了。然而，不僅穆斯林科學史仍然令人自豪和與眾不同，當代思想家還根據中世紀西方科學的發展更新了他們對這段歷史的解讀。與西方科學的唯物主義和破壞性相比，現在的穆斯林論述強調伊斯蘭科學在精神上的優越性，而西方科學則對環境惡化和原子彈負有責任。與此同時，這個時代的歐美科學史學者已經摒棄了埃赫內斯特．赫農等人公開的種族主義和謊言，但他們與赫農以及伊斯蘭文明復興者一道，堅持將西方科學與穆斯林和其他民族（如中國人）的實踐截然區分開來。[43]各類後殖民社會科學家和人文學者仍然認為存在著一種獨特的伊斯蘭文明，而且有必要強調其過去的輝煌和現代的貢獻。

最後，湯恩比的世界歷史文明觀吸引了非洲和亞洲的穆斯林及非穆斯林，他們希望在社會科學和歷史學術研究中取代以歐洲為中心的方法論。長期以來，文明論（Civilizationism）一直是反殖民主義論述的主導課題，無論是泛伊斯蘭、泛非、泛亞，還是民族主義都是如此。[44]因此，湯恩比的著作對穆斯林和其他第三世界知識分子而言並不新鮮，但仍然很有用。在湯恩比身上，穆斯林知識分子找到了一位著名的英國國際主義者，確認了他們一個世紀以來一直堅持的立場。

湯恩比的思想以及受到了第三世界知識分子贊同的思想在穆斯林社會的流行產生了令人不安的後果。在整個去殖民化過程中，改革派穆斯林菁英試圖強化社會並建立新的治理體系，他們尋求的是多重現代性的範式，他們並不把現代性等同於西方。許多人並不認為有選擇性和創造性地採納歐洲文化是對其宗教和文化遺產的侮辱。但是，如果像湯恩比所說的那樣，現代性是西方文明的延伸，那麼土耳其、伊朗、阿富汗和埃及的西化就拋棄了穆斯林文明的遺產，轉而支持一種帶有暴力、殖民主義和物質主義色彩的對立生活方式。根據這種觀點，凱末爾、納賽爾和禮薩沙都是文化異化的叛徒。[45]一些本來不會認為文明思想有任何利用價值的世俗和社會主義知識分子，也抱持上述觀點。伊朗知識分子賈拉勒・阿里・艾哈邁德（Jalal Ali Ahmad）的《西化瘟疫》（*Occidentosis: A Plague from the West*）就是這樣一個範例，此書瞄準了不公正的冷戰世界秩序，將穆斯林傳統和社會主義結合起來，批判了自上而下推行的、現代化過程的黑暗面。[46]不僅印度穆斯林復興者，甚至世俗的、受過法國教育的北非穆斯林知識分子也討論過類似問題。[47]

文明論為後來的伊斯蘭主義者提供了認識論基礎，他們認為，可以有一種穆斯林的方式來替代冷戰時期失敗的國際主義和被認定的現代化危機。賽義德・庫特布和阿里・沙里亞提等伊斯蘭主義者與西方後殖民現代性的批判者擁有如此多共同的思想領地，這說明了伊斯蘭主義的歷史新穎性——與其說它是傳統宗教信仰和教育的延伸，不如說它是全球對資本主義和啟蒙運動回應的參與者。[48]儘管伊斯蘭主義者和歐洲知識分子都認為破壞性的西方現代性與傳統穆斯林價值觀之間存在本質區別，但正是文明論述假定了伊斯蘭和西方傳統的本質上的統一性，才使得伊斯蘭主義者和歐洲知識分子有這種相似性。更重要的是，湯恩比那一派的知識分子區別伊斯蘭文明與西方文明的觀點，使伊斯蘭主義者得以將民族主義和社會主義視為異化的計畫，這些計畫試圖模仿穆斯林世界的敵人，從而削弱了穆斯林世界。在一九七〇年代，這些關於異化的論述被用來解釋穆斯林世界因為巴勒斯坦和克什米爾地區的苦難而遭受的屈辱，以及後殖民民族國家未能實現經濟進步、繁榮和政治參與的原因。

冷戰期間持續存在的文明論並沒有立即轉化為地緣政治衝突、反伊斯蘭情緒或泛伊斯蘭主義。一九七六年春，英國女王伊麗莎白二世在倫敦舉辦了「伊斯蘭世界節」，這個前大英帝國的首都舉辦了一系列令人印象深刻的文化活動、博物館和圖書館展覽以及其他活動，展示伊斯蘭文明的輝煌與貢獻。大約三十二個獨立的穆斯林國家為這次活動提供了資金或展覽材料。然而，在一九七三年阿以戰爭之後，當倫敦舉辦這一節日時，伊斯蘭文明的論述已經與阿以戰爭的地緣政治和穆斯林的種族重構糾葛在了一起。直到一九八〇年代為止，穆斯林世界的文明論概念可以適應任何意識形態和民族主義思潮，包括親西方的意識形態。在這方面，對穆斯林、中國和日本知識分子的比較很能說明問題。湯恩比的思想在中國也很流行，尤其是在毛澤東思想達到頂峰之後，但一九八〇年代並沒有出現關於儒家和佛教世界的大討論。在日本，湯恩比的思想與自由主義的佛教國際主義和商業全球主義融為一體。湯恩比的思想與泛亞主義或一個一統的亞洲世界概念並無關聯。湯恩比批評英國經濟表現低迷、勞工動亂頻發，而日本經濟增長迅速、管理技術更加有序，日本商界領袖對湯恩比的批評津津樂道。湯恩比以膚淺且高高在上的口吻讚揚伊斯蘭和神道教，他認為兩者比基督宗教更和平，與自然界更和諧。但是，從未出現過一個受湯恩比思想啟發的「神道世界」或「泛佛教世界」的概念。正是由於湯恩比式的文明論與地緣政治泛伊斯蘭主義的特殊結合，穆斯林世界的概念才得以帶著新得到的自信重生，而東亞國家則沒有一個具有重要性的類似概念。

冷戰時期的哈里發？費瑟國王的泛伊斯蘭主義

蘇聯和美國之間的冷戰對抗為現有的穆斯林團結理念增添了地緣政治色彩。由於納賽爾與蘇聯陣營關係密切，美國需要尋求盟友來領導想像的穆斯林世界朝著反共產主義的方向發展。但是，美國試圖在穆斯林世界培養反共產主義的現代性模式，卻遇到了帝國先輩們深有體會的問題：由於穆斯林團結的理念是建立在種族和文明共性的幻想上，因此不可能為多樣化的穆斯林社會推廣單一的標準。蘇聯對穆斯林世界的宣傳也是基於同樣的本質主義錯誤。事實上，超級大國在延續穆斯林世界統一假象的同時，實際上加深了穆斯林占多數的新國家之間的分歧。

土耳其是一個積極追求現代化、嚮往西化的國家，這似乎正是美國正在尋找的榜樣。在戰間期，土耳其封禁了蘇非派和伊斯蘭學校，也禁止了女性在公共場所佩戴穆斯林頭巾。國家放棄了阿拉伯字母和纏頭巾，而這兩者都是跨國穆斯林身分的象徵。伊朗和阿富汗領導人隨後也進行了類似的世俗化改革。大量有影響力的埃及人、印尼人和印度人也走上了土耳其的道路。

美國社會科學家和政府官員急於擴大資本主義現代化理論在穆斯林占多數的國家中的影響，以對抗蘇聯社會主義模式的吸引力，他們向全球穆斯林知識分子大力宣揚土耳其的世俗民族主義。美國的現代化理論讚揚了土耳其西化的成就，但同時也希望土耳其能在想像的穆斯林世界中占據一席之地，從而影響其他穆斯林社會。因此，就在英國人試圖摧毀歐斯曼帝國在想像的穆斯林世界的領導地位、美國人對「可怕的土耳其人」加以瘋狂抨擊的三十年之後，美國在土耳其身上看到了一種理想。這種觀念不僅僅是美國官方的立場。例如，一九五八年時由華特·克朗凱（Walter Cronkite）解說的一部關於土耳其的紀錄片《不可思議的土耳其人》（*The Incredible Turk*）就讚揚了凱末爾的世俗化改革。然而，凱末爾主義在穆斯林社會卻飽受爭議。到了一九五〇年代，穆斯林復興的各個組織都認為凱末爾主義是對穆斯林身分的背叛和疏遠。儘管這十年的多黨民主制緩和了土耳其在公共生活中對宗教立場的表達，但土耳其模式對其他穆斯林占多數的國家來說仍具有分裂性。

一直到一九六〇年代，美國人仍對土耳其的範例青睞有加，但在這一過程中，美國政府也避免表明自己的立場。雖然美國的政策制定者普遍擔心巴基斯坦的泛伊斯蘭主義，但美國國務院的一些官員確實將其視為反共戰略的福音。在一九五〇年代中期，隨著巴基斯坦與美國結盟，這種觀點逐漸加強。在阿尤布汗總理在一九六一年訪美期間，美國媒體標榜巴基斯坦是穆斯林世界的另一個反共典範。在這個時期，培養穆斯林合作夥伴的事務顯得尤為迫切，因為蘇聯已經開始嘗試對想像的穆斯林世界採取友好政策，並且強調蘇聯的穆斯林公民享有宗教自由。蘇聯的穆斯林公民可以在官方認可的穆斯林神職機構的指導下舉行一些宗教儀式，這與反蘇宣傳中「共產主義統治不容許宗教表述」的說法是相反的。[49]

儘管被美國寄予了希望，土耳其和巴基斯坦在穆斯林民眾中的聲望都不足以克服與蘇聯結盟的埃及總統納賽爾在後殖民阿拉伯國家的影響。納賽爾推動了敘利亞政權的更迭，並促成了埃及與敘利亞在阿拉伯聯合共和國（一九五八－一九六一年）的合併。在一九六六年時，埃及違背費瑟國王的明確意願，處決了穆斯林兄弟會的主要知識分子賽義德·庫特布，但此舉幾乎沒有引起跨國穆斯林公眾的反應，這說明了埃及政權的威望和力量。

美國的政策似乎也非常矛盾。一方面，美國讚揚沙烏地君主和伊朗國王的現代化改革。另一方面，美國又批評納賽爾和伊朗總理穆沙迪克，然而這兩個人是不折不扣的現代化的推動者。[50]蘇聯的現代化理論看起來更加持續一致。烏茲別克和亞塞拜然等穆斯林占多數的蘇維埃加盟國正取得經濟上的進步，擁有現代化的城市基礎設施，並為公民提供了就業機會，這向穆斯林占多數的國家表明，蘇維埃式的現代化與穆斯林的信仰和身分是一致的。在後史達林時期，中亞穆斯林（包括共產黨員）可以舉行以前被禁止的儀式，如割禮、開齋節慶典和到特定的一些穆斯林地點朝聖，這些事務加強了這種相容性。蘇聯還支持巴勒斯坦事業，這在穆斯林社會贏得了許多好感。

為了回應蘇聯的舉措，美國強調了穆斯林在共產黨統治下受到的壓迫。和二次大戰期間德國針對蘇聯穆斯林所做的宣傳如出一轍，美國的反蘇宣傳塑造了伊斯蘭和共產主義在本質上相衝突的概念。[51]有關蘇聯伊斯蘭教的學術研究強調了穆斯林宗教生活在共產黨統治下受到的嚴酷壓迫，以及伊斯蘭教如何透過地下和祕密活動試圖生存下來。儘管早期未能贏得想像的穆斯林世界，但美國仍毫不氣餒地追求一位全球穆斯林領袖來促進其利益。從這一點來看，西方陣營正在尋找一個新的哈里發，而且，作為穆斯林聖城的保護者，費瑟國王是一個再清楚不過的候選人。[52]沙烏地王朝在意識形態上也反對納賽爾激進的阿拉伯民族主義，並在一九六二年至一九七〇年間的北葉門內戰中與埃及針鋒相對。[53]

在一九六四年至一九七五年間，費瑟國王抓住了機會來主張自己作為全世界穆斯林的領袖的角色。他四處出訪，甚至訪問了非洲最小的獨立穆斯林國家，重振和更新了早期的泛伊斯蘭網絡。作為麥加和麥地那保護者，他的這一層身分有助於他塑造和宣傳自己是所有穆斯林的英明國王的形象。

費瑟看起來是一個天生的全球領導者。一九一九年，年僅十四歲的他曾經作為父親的代表和英國外交部的客人訪問了倫敦。在一九二六年至一九三〇年，他擔任了漢志地區的埃米爾，接觸了大量前往麥加的朝聖者，磨練了他的外交能力。自一九三〇年至一九六二年，費瑟擔任外交部長，他在登基後繼續擔任此職。他的旅行範圍之廣，以及他個人對穆斯林占多數的國家和穆斯林少數群體的外國領導人的關注，使他成為冷戰時期穆斯林跨國團結最重要的象徵。巴基斯坦泛伊斯蘭主義作家喬德里．納齊爾．艾哈邁德汗（Chaudri Nazir Ahmad Khan）在一九七七年出版的《關於巴基斯坦和泛伊斯蘭主義的思考》（*Thoughts on Pakistan and Pan-Islamism*）一書中明確提出了這一點，他把這本書獻給「沙烏地阿拉伯國王費瑟：現代最偉大的泛伊斯蘭主義者，一九七五年三月二十五日在利雅得被刺客的子彈擊中而成為了烈士，這是一場根深蒂固的、旨在除掉伊斯蘭世界舵手的險惡陰謀的結果。」[54]

對費瑟國王而言，他在巴基斯坦的聲望非常重要，因為他需要得到巴基斯坦知識分子和政治人物的認可，才能將自己對想像的穆斯林世界的領導權合法化。在孟加拉國獨立之前，巴基斯坦是人口最多的穆斯林國家，這為巴基斯坦贏得了相當大的影響力，儘管正如我們所看到的，它還不足以成功地宣稱自己是穆斯林世界的領導者。更重要的是，南亞穆斯林對沙烏地家族在聖城進行統治的態度代表了順尼派的主流反應。他們當中許多人對瓦哈比教派持強烈的保留態度，因為瓦哈比教派與順尼派和什葉派穆斯林奉為神聖的各種習俗相牴觸。例如，沙烏地人在一九二六年摧毀了麥加和麥地那的許多聖門弟子（先知穆罕默德的同伴們）的聖墓，理由是走墳的習俗背離了正統教義。

什葉派穆斯林持續反對瓦哈比派在聖地的統治，但順尼派逐漸原諒（並忘記）了這種衝擊。沙烏地人竭盡全力鼓勵順尼派大眾的這種寬恕，比方說，沙烏地家族於一九六九年出資，在伊斯蘭堡建造了一座國家清真寺。這座清真寺在費瑟於一九七五年遇刺後竣工，是當時世界上最大的清真寺。這座清真寺至今仍被叫作費瑟國王清真寺，它仍是沙烏地－巴基斯坦結盟的象徵。[55]一九六一年，受到毛杜迪和其他來自印度次大陸的穆斯林思想家的建議，費瑟國王設立了麥地那伊斯蘭大學，象徵著領導權從南亞轉移到了沙烏地阿拉伯。[56]勞倫斯、穆罕默德·阿薩德等作者都將漢志地區浪漫化為真正的阿拉伯和伊斯蘭的發源地。[57]隨著石油讓沙烏地阿拉伯變得富裕起來，阿拉伯半島的理想化變得至關重要——對於以沙烏地為基地的慈善和教育機構，以及阿拉伯版本的冷戰伊斯蘭主義而言都是如此。[58]

埃及的伊斯蘭主義者反對派也支持費瑟，幫助他在全球樹立威信。許多穆斯林兄弟會的知識分子和活動家都逃離了納賽爾的壓迫，在費瑟國王的麾下找到了職位和保護。他們還擴展到敘利亞、巴勒斯坦和約旦，幫助組織了一個反對納賽爾的世俗泛阿拉伯主義，支持沙烏地國王的泛伊斯蘭網絡。費瑟試圖從財政上增強這一支持基礎。例如，他的穆斯林世界青年聯盟（Muslim World Youth League）贊助翻譯了賽義德．庫特布等人的著作的土耳其語和烏爾都語版本。[59]

費瑟與麥爾坎X的關係進一步顯示了沙烏地阿拉伯在讓穆斯林世界重新活動起來這件事上的領導力。費瑟於一九六二年成立了一個非政府組織「世界穆斯林聯盟」（Rabitat Al Alam al-Islami），透過該組織，費瑟在協調穆斯林領袖前往麥加朝聖和其他旅行方面發揮了重要作用，對於少數族群領袖的協助尤其如此。[60]美國黑人民權領袖麥爾坎X就是其中之一。他在朝聖時受到了國賓級待遇，並得到了當時的費瑟親王的接見。

對麥爾坎X而言，這趟朝聖之旅是一個充分獲得精神滋養的時刻，同時也象徵了費瑟靈活的政治手腕。因為他們二人在意識形態上存在著很大分歧。麥爾坎是泛非主義的信徒。而且他和納賽爾都在公開場合表現了相互的欣賞，埃及總統還為在開羅學習的美國黑人穆斯林開設了獎學金。然而，麥爾坎在一封從麥加寫給他在哈林區的助手的信中富有滿腔熱忱地說：「在穆斯林世界的過去十一天裡，我和穆斯林同胞們用同一個盤子吃飯，用同一個杯子喝水，在同一塊地毯上睡覺——向同一個真主祈禱，他們有人的眼睛是最藍的藍色，頭髮是最金的金色，皮膚是最白的白色。然而在白人穆斯林的言行中，我感受到了與奈及利亞、蘇丹和加納的非洲黑人穆斯林一樣的真誠。」沒有什麼比這更能體現費瑟的外交才能了，因為他成功地將麥加去政治化了，表明了無論世界各地穆斯林的世俗觀點為何，麥加對所有穆斯林來說都是精神的中心；同時，費瑟又透過沙烏地的教育、慈善和外交網絡將麥加政治化了，使聖城成為泛伊斯蘭國際主義的象徵。

費瑟國王還透過與帝國時代的泛伊斯蘭主義的歷史淵源來提升自己在穆斯林世界的領導地位，他與阿布杜拉赫曼・阿扎姆的關係就是一個象徵，而阿扎姆正是將麥爾坎X介紹給沙烏地權力機構的人。當阿扎姆於一九六四年在吉達會見麥爾坎X時，他已是一名活躍了五十年之久的泛伊斯蘭活動家。一九一二年，年輕的阿扎姆離開在英國學習的醫學專業，志願加入歐斯曼軍隊參加巴爾幹戰爭。在巴爾幹和伊斯坦堡期間，他結識了幾位傑出的「青年土耳其人」領袖，包括戰爭部長恩維爾・帕夏（Enver Pasha），他是帝國末期最有權勢的人物之一。在第一次世界大戰期間，阿扎姆離開英國控制的埃及，加入了歐斯曼帝國在利比亞的聖戰，並支持利比亞對義大利的抵抗。之後，他幫助建立了新的利比亞共和國，並獲得了國際認可。阿扎姆在一九二二年回到埃及，成為埃及國王駐沙烏地王國的大使。一九三一年，他不顧英國和埃及官方的反對，參加了在耶路撒冷召開的世界穆斯林大會。隨後，隨著一九四五年大戰的結束，他成為阿拉伯聯盟的首任祕書長，在職期間，他向聯合國發起了反對巴勒斯坦分治的運動。[61]埃及一九五二年的革命結束了埃及王朝，阿扎姆離開了埃及和阿拉伯聯盟並前往沙烏地阿拉伯，在那裡他受到了費瑟國王的擁戴。從一九五〇到一九六〇年代中期，阿扎姆．帕夏和許多像他一樣的人物存在於沙烏地阿拉伯，象徵著費瑟親王身邊有一群具有泛伊斯蘭思想和論點的歷史記憶的人，當時他正在後殖民背景下重新開啟一個新的穆斯林世界網絡。

二次大戰後，日本泛亞洲主義者歐麥爾．三田了一（Umar Mita Ryoichi）的事蹟為費瑟試圖復興跨空間、跨世代的泛伊斯蘭網絡提供了另一幅圖像。戰時，三田住在滿洲，研究中國的伊斯蘭教。他從哈吉．歐瑪爾．山岡光太郎（Haji Omer Yamaoka）那裡得知伊斯蘭教，後者於一九〇九年成為第一位到麥加朝覲的日本穆斯林，並最終促使三田了一於一九四一年皈依伊斯蘭。在整個戰爭期間，日本政府一直贊助三田的泛亞主義著作，他也積極致力於日本的穆斯林世界政策。在日本戰敗並放棄泛亞主義後，三田並沒有停止他的穆斯林活動。他在一九六〇年代擔任了日本穆斯林協會會長，撰寫或翻譯了多本有關穆斯林宗教思想的書籍。一九七二年時，他成為第一個將《古蘭經》翻譯成其母語的日本穆斯林。三田在此期間的努力得到了麥加世界穆斯林聯盟以及費瑟國王本人的資助，費瑟國王指示沙烏地阿拉伯駐日本大使資助三田的翻譯工作。[62]

如果說這些歷史和地理上的聯繫幫助了費瑟成為冷戰時期的阿布杜哈米德，這也並不完全歸功於國王的外聯活動。正如阿扎姆的故事所呈現的，在費瑟尋找泛伊斯蘭主義者的同時，他們也在尋找費瑟。事實上，許多被後殖民民族主義邊緣化的伊斯蘭主義思想家都渴望得到一個穆斯林大國領導的泛伊斯蘭團結。巴基斯坦經濟學家和伊斯蘭學者胡爾希德・艾哈邁德（Khurshid Ahmad）曾是毛杜迪的伊斯蘭主義組織的發言人，他在一九六七年毛杜迪關於穆斯林世界團結的演講集的序言中寫道：

「穆斯林在當今構成了全人類的五分之一……儘管如此，穆斯林卻在世界事務中卻沒有有效的發言權。他們成了別人被動的追隨者。東西方的帝國主義列強在他們的土地上積極活動。他們的基本問題仍然無人問津，更不用說解決了。巴勒斯坦在流血，克什米爾人在呻吟，土族賽普勒斯人在哭泣，厄利垂亞的穆斯林正在被輾壓，奈及利亞人正在遭受內部的破壞，索馬利亞人在抱怨和抗議。但所有這些痛苦的聲音都被置若罔聞。問題變得越來越嚴重。局勢不斷惡化，而我們六億五千萬穆斯林卻茫然失措，驚愕不已，無助地看著自己的毀滅。這是一個悖論，我們必須擺脫這種不幸的狀況。解決這一問題的辦法是，穆斯林必須按照伊斯蘭的原則，真誠地重塑個人和集體的生活，匯集資源，在世界上發揮應有的作用。只有透過伊斯蘭復興和伊斯蘭團結，我們才能改變事態的發展，實現我們的命定之約。」63

甚至在石油繁榮將沙烏地阿拉伯變成一個富裕的大國前，毛杜迪等南亞伊斯蘭主義者就已經找到了費瑟國王這一新的贊助者，這件事表明，在地緣政治糾葛中的泛伊斯蘭主義者是多麼渴望領袖。毛杜迪幫助費瑟創建了麥地那伊斯蘭大學，並吸引了學生和教師。像毛杜迪這樣的伊斯蘭主義者可以將費瑟視為英明的國王，他可以贊助其他各種泛伊斯蘭項目。費瑟享受著國際社會對他和沙烏地阿拉伯的支持，而此時他正面臨著埃及及納賽爾的阿拉伯民族主義魅力的威脅。

費瑟透過雙邊關係以及與非政府知識分子和運動的聯繫，提升了自己在不同穆斯林國家的地位，而他的地域性冷戰對手納賽爾卻在一九六七年對以色列的戰爭中遭到了恥辱性失敗，喪失了政治信譽。費瑟和沙烏地輿論支持了埃及和阿拉伯國家在這場戰爭中的事業，他們不希望納賽爾戰敗。但是，戰敗和領土損失損害了納賽爾的跨國聲譽。儘管泛阿拉伯主義仍在繼續——一九六九年的利比亞政變讓親納賽爾的革命家穆阿邁爾・格達費上台，這件事說明了埃及領導人的影響力仍在持續。但在一九六七年之後，納賽爾已經不再被視為對美國領導的中東冷戰陣營的有力挑戰了。因此，費瑟作為英明的泛伊斯蘭領袖的形象在納賽爾逝世後獲得了新的政治意義。費瑟國王幾乎沒有參與國際軍事活動，但他是巴勒斯坦事業的堅定支持者，由於以色列控制了耶路撒冷的穆斯林聖地，巴勒斯坦的事業顯得更為迫切。儘管費瑟是美國的盟友，但他反對以色列對巴勒斯坦的殖民統治，這使他成為全球穆斯林團結的潛在領袖，可以幫助受到壓迫的巴勒斯坦人。[64]

費瑟利用其獨特的泛伊斯蘭聲望、與美國的良好關係，以及作為一個真誠關心巴勒斯坦人命運的統治者的信譽，將自己樹立成了巴勒斯坦問題的談判夥伴。他希望說服美國約束其客戶以色列。在這一過程中，費瑟再次證明了他是一個精明的運作者。雖然蘇東集團被廣泛視為是後殖民穆斯林社會的朋友，但費瑟透過將自己定位為反蘇分子來維持美國的信任。這種做法可能會疏遠與蘇聯結盟的穆斯林統治者，但透過確立自己在巴勒斯坦問題上的穆斯林領袖地位，費瑟能夠抵禦住來自穆斯林的因冷戰競爭而產生的強烈反對。這也是為什麼他在一九六九年組織關於耶路撒冷的泛伊斯蘭大會對他如此重要的部分原因。[65]

沙烏地和埃及的結盟從一九七一年一直持續到了一九七七年，此事也減少了來自埃及的競爭。沙烏地阿拉伯和埃及在葉門內戰中達成和解後，兩國關係得以改善。在一九六七年埃及戰敗後，沙烏地阿拉伯支持了埃及。當納賽爾的戰敗削弱了泛阿拉伯主義和世俗阿拉伯民族主義構成的挑戰後，沙烏地人對納賽爾更加放心了。因此，沙烏地阿拉伯大力支持了一九七三年阿拉伯國家對以色列的戰爭，一部分是透過沙烏地阿拉伯主導的石油禁運，而石油禁運被證明是沙烏地軟實力的最高體現。

在一九七三年的戰爭之後，沙烏地阿拉伯在拉合爾（Lahore）與巴基斯坦共同主辦第二屆伊斯蘭峰會，從而改善了與巴基斯坦的關係，而所有穆斯林占多數的國家都派官方代表參加了這次峰會。從許多方面來看，一九七四年的峰會是冷戰時期最成功的泛伊斯蘭活動，在埃及的沙達特、沙烏地阿拉伯的費瑟國王和巴基斯坦的佐勒菲卡爾．阿里．布托（Zul Ali Bhutto）的領導下，穆斯林團結達到了前所未有的高度。[66]儘管沙達特在峰會上很高興，他被稱讚為一九七三年戰爭的英雄和阿拉伯與穆斯林尊嚴的重塑者，但最重要的還是布托和費瑟的領導力。支持者認為，拉合爾峰會代表了穆斯林世界的集體力量，匯集了穆斯林占多數國家的軍事、經濟和政治資源。[67]

費瑟國王明智的泛伊斯蘭外交的成果也出現在聯合國大會上。在巴勒斯坦問題上，穆斯林國家逐漸與社會主義國家和第三世界國家結成聯盟，形成了一個投票集團。一九七五年十一月十日，這三個集團的團結幫助推進了聯合國第三三七九號決議的通過，該決議譴責猶太復國主義是種族主義的一種形式。投贊成票的國家還包括蘇聯、中國、印度和許多不結盟國家。[68]這一聯合國投票集團的出現，部分歸功於費瑟國王在創建伊斯蘭會議組織以及在一九六九年至一九七四年共同組織伊斯蘭峰會取得的外交成就。

然而，第三三七九號決議的通過也暴露了聯合國系統內穆斯林團結的一個關鍵弱點。儘管穆斯林在巴勒斯坦問題上團結一致，但生活在美國支持的以色列占領下的巴勒斯坦人的生活卻沒有任何改變。費瑟國王的活動和阿拉伯君主國家的石油財富提高了人們對穆斯林世界在國際舞台上的影響力的期望，但期望越高，挫折越大，因為沒有一個大國向巴勒斯坦人伸出援手。穆斯林有錢、有強大的軍隊、有眾多的人口，為什麼國際合作沒有取得成果？在一九七九年伊朗革命前夕，這個問題引發了新一輪批評沙烏地阿拉伯國際外交的泛伊斯蘭言論。[69]

費瑟國王的影響力來源之一，是社會主義和第三世界國際主義未能實現穆斯林的政治目標。但這些目標在他死後仍未實現。現在是採取新策略的時候了。自一九七五年至一九七七年間，泛伊斯蘭主義者與社會主義者和第三世界國際主義者結成聯盟，向美國施壓並孤立以色列。巴勒斯坦問題是泛伊斯蘭教認同的最有力支柱之一，在此時是有機會解決這一問題的。但是，自一九七八年至一九八〇年間發生的一系列意想不到的事件——大衛營協議、伊朗革命和蘇聯入侵阿富汗，將泛伊斯蘭民眾輿論不斷高漲的期望引向了新的政治項目和聯盟中，這些項目和聯盟都帶有明顯的反美觀點。伊朗的阿亞圖拉·何梅尼將在整個一九八〇年代表達這一種新的泛伊斯蘭主義，重新將穆斯林世界的含義定義為一個仍受羞辱的後殖民地區，造成這些羞辱的，有美國、其歐洲盟友英國、以及與西方結盟的後殖民穆斯林菁英，如沙烏地和埃及領導人等等。[70]

穆斯林世界的重新浮現，一九七九年—一九八八年

愛德華·薩伊德在他一九七八年出版的《東方主義》（*Orientalism*）一書中孤立並批判了許多關於穆斯林本質主義的認識論基礎。[71]他的批判敦促學術圈和一般大眾擺脫反伊斯蘭情緒和穆斯林世界地緣政治留下的種族主義影響。許多人對此做出了回應。但一九七九年以後發生的事件扭轉了這一趨勢。穆斯林世界很快就會在新聞記者、學者和全球公眾的想像中占據越來越重要的位置。儘管經歷了幾十年的戰爭和去殖民化，一九八〇年代關於穆斯林世界

的討論仍與一九一〇年代的討論十分相似。怎麼會這樣呢？一九七〇年代將泛伊斯蘭主義重塑為各種第三世界國際主義盟友的做法是部分重要原因。但是，要了解問題的核心，我們必須從一九七八年九月的《大衛營協議》開始考慮一些偶然事件。當納賽爾在一九七〇年去世後，沙達特接任埃及總統，這時候埃及國內的泛伊斯蘭情緒高漲，埃及在其他地方的泛伊斯蘭主義者中的地位也有所提高。沙達特瓦解了埃及激進的世俗民族主義，為伊斯蘭活動家的蓬勃發展創造了空間。他還與沙烏地阿拉伯結盟，這時候的沙烏地阿拉伯已經在費瑟國王的領導下把這個國家宣傳成了泛伊斯蘭思想的中心。一九七三年，當埃及軍隊在反以色列的鬥爭中展現出新的實力時，沙達特贏得了泛阿拉伯和泛伊斯蘭英雄的國際聲譽。沙烏地阿拉伯領導的石油禁運運動支持了埃及的行動，進一步推動了泛伊斯蘭地緣政治的願望，並幫助埃及在想像的穆斯林世界中重新確立了中心地位。

但沙達特卻在《大衛營協議》中浪費了這種善意和信心。作為埃及和以色列之間的雙邊和平協議，該協議在解決巴勒斯坦人的主要問題上毫無建樹，並使人們日益高漲的泛伊斯蘭期望落空。事實上，該條約承認了以色列對巴勒斯坦土地的剝奪和對巴勒斯坦國家地位的否定。因此，該協定背叛了圍繞巴勒斯坦的泛阿拉伯和泛伊斯蘭團結。聯合國大會也譴責該協定沒有將巴勒斯坦人包括在內，並剝奪了巴勒斯坦人返回家園的權利。透過單方面的和平，埃及實際上放棄了其在巴勒斯坦解放鬥爭中的關鍵作用。

當然，將國家利益置於泛伊斯蘭事業之上，並不是什麼新鮮事。歐斯曼帝國，以及後來的土耳其共和國，都曾利用哈里發和穆斯林世界的概念來為自己的利益服務，並最終放棄了這兩個概念。《大衛營協議》可以比作土耳其共和國在一九二四年對穆斯林世界的拋棄，當時土耳其議會在守護哈里發運動努力地施壓，促使英國簽訂了《洛桑條約》後不久就廢除了哈里發制度。在一些時候，巴基斯坦和沙烏地阿拉伯也會選擇有限的國家利益，而不是代表穆斯林世界的全球精神訴求。在泛阿拉伯主義的背景下，沙達特的選擇也沒有什麼獨特或反常之處。即使在納賽爾領導下的阿拉伯民族主義鼎盛時期，儘管阿拉伯國家大談阿拉伯統一，以民族國家為基礎的現實政治仍是阿拉伯國家的常態。埃及與敘利亞的聯合之所以失敗，部分原因是無法調和這個聯邦中兩個組成部分的國家利益。因此，泛阿拉伯民族主義的消亡是結構性的，而不是一九六七年戰敗或沙達特在大衛營等自利行動的偶然結果。[72]

大衛營的問題不在於埃及追求自己的目標，而在於沙達特首先利用全球泛伊斯蘭和第三世界輿論的預言，為埃及爭取到了最好的協議，然後卻不能為非埃及穆斯林和阿拉伯人帶來多少實際成果。他錯誤地估計了自己的籌碼來源。他以為自己在一九七三年戰爭後的英雄地位可以讓他以犧牲巴勒斯坦為代價單獨實現和平。但是，他在泛伊斯蘭話語中的影響力，主要來自於他所倡導的超越埃及國家利益的、更廣泛的國際事業。由於拒絕在大衛營處理巴勒斯坦問題，他被視為背叛了他那個時代最重要的泛伊斯蘭事業。

在各國的阿拉伯和穆斯林民眾看來，協議是不公平的，這導致他們傾向孤立埃及，埃及被阿拉伯聯盟驅逐十年就是一個象徵。泛伊斯蘭主義者的反沙達特情緒高漲。[73]當埃及敗下陣來，沙烏地阿拉伯雖與美國結盟，但仍成為下一個阿拉伯和穆斯林大國。在以色列和巴勒斯坦問題上，沙烏地人保有埃及現在所缺乏的誠意。

費瑟國王的繼任者哈立德國王（King Khalid）所統治的沙烏地王國比費瑟繼承的王國更加富裕、更有聲望。鑑於沙烏地人的石油財富和全球地位的提升，人們對其領導想像的穆斯林世界寄予厚望。然而，期望沙烏地領導泛伊斯蘭國家對大衛營造成的幻滅做出回應也是不現實的。沙烏地阿拉伯只有與其他阿拉伯國家和冷戰盟國結盟，才能施加國際壓力。鑑於巴勒斯坦鬥爭與社會主義越南和中國、拉美國家、歐洲左派和其他國家的緊密全球聯繫，蘇聯和阿拉伯集團之間的冷戰聯盟本可以得到加強，以幫助達成解決方案。畢竟，《大衛營協議》是中東地區的一種門羅主義，在美國的支持下重塑了地區版圖。[74]蘇聯當然不樂意看到這樣的發展。

但蘇聯也沒有對大衛營做出有效回應，而且在入侵阿富汗後，蘇聯在穆斯林公眾中的信譽已經大打折扣了。共產主義中國被視為另一個有能力支持第三世界團結的大國，但它也置身事外，不願冒險進行經濟改革和改善與美國的關係。沙達特最終於一九八〇年十月被激進伊斯蘭主義者暗殺。泛伊斯蘭主義者感到自己被非穆斯林盟友拋棄了，他們認為自己的國際主義才是平息穆斯林和阿拉伯不滿情緒最可靠的工具。[75]

一九七九年伊朗發生的伊斯蘭革命出乎意料、令人匪夷所思，它是地緣政治泛伊斯蘭主義復甦的產物，同時也使其更加複雜化。何梅尼宣稱自己是穆斯林世界的領導者，表達了許多泛伊斯蘭主義的不滿，包括西方帝國主義對穆斯林世界的羞辱和美國在中東的霸權。何梅尼和他的追隨者解散了伊朗國王與以色列和美國的聯盟，並將以色列大使館移交給了巴勒斯坦解放組織。伊朗資助了致力於泛伊斯蘭地緣政治團結的項目，與費瑟國王領導下的沙烏地阿拉伯所扮演的贊助者角色形成了有效競爭。伊斯蘭革命激發了穆斯林國際主義的新意識，這種意識遍及不同的穆斯林社會。但它與沙烏地阿拉伯的競爭演變成了宗派主義，並導致了穆斯林世界不同願景之間的鬥爭。[76]

革命發生時，什葉派和順尼派之間並不存在具有政治影響的分歧。伊朗一直在培養與其他穆斯林社會的關係，伊朗的泛伊斯蘭主義者認為自己是穆斯林世界的一部分，其中包含了所有伊斯蘭教派。例如，當伊拉克的什葉派神職人員在一九一四年支持歐斯曼帝國的聖戰呼籲，並與伊拉克庫德人、土庫曼人和順尼派阿拉伯人一起反抗一戰後英國的統治時，伊朗神職人員和公眾對戰爭中的歐斯曼帝國一方表示了同情。這種聯繫在整個戰間期都保持得很牢固，當時的土耳其、伊朗和阿富汗在沒有教派紛爭的情況下展開了密切合作。在一九三九年伊朗王子穆罕默德・禮薩沙與埃及公主法齊婭（Fawzia）的婚事中，什葉派與順尼派的分歧甚至沒有被視為一個需要考慮的問題。什葉派神職人員和知識分子是二戰前後泛伊斯蘭大會的主要參與者。阿亞圖拉・塔拉加尼是何梅尼的啟蒙者之一，他參加了一九五〇年代初舉行的不分教派的耶路撒冷大會。在一九七〇年代，伊朗人不分教派地加入了各種穆斯林組織。伊朗國王統治時期的外交政策與土耳其和印尼的外交政策類似，即與包括美國在內的西方大國保持聯盟關係，同時承認穆斯林身分的重要性以及與其他穆斯林社會的全球聯繫，不看教派。

革命的思想背景也比革命政府所頒布的死板教義所顯示出的背景更多樣化。伊朗穆斯林的國際主義有許多根源，不能只追溯到世俗君主制壓力下的初心宗教認同。阿里・沙里亞提的思想歷程就是一個很好的例子。沙里亞提是一位國際主義新左派作家，他重新塑造並動員了伊斯蘭的進步形象，並在此過程中成為左派和青年運動的思想試金石，這些運動與何梅尼結盟，並推翻了國王統治。沙里亞提聲稱，他將埃內斯托・切・格瓦拉和帕特里斯・盧蒙巴

（Patrice Lumumba）的思想與先知穆罕默德的孫子、什葉派早期殉教者之一伊瑪目胡笙（Imam Hussein）的宗教象徵意義融為一體。從這個意義上說，他與穆罕默德・阿布杜等十九世紀末的穆斯林現代主義者並無多大區別，後者將科學進步和普遍文明與對伊斯蘭文本的重新詮釋融為了一體。

沙里亞提在巴黎念研究所期間形成了他大部分的重要思想。他熟悉東方學家亨利・科爾賓（Henry Corbin）、社會學家喬治・古爾維奇（Georges Gurvitch）、尚・保羅・沙特（Jean-Paul Sartre）、弗朗茨・法農（Frantz Fanon）及其同時代人的著作，並找到了與沙特一致的批判資本主義和社會主義的方法。沙里亞提沒有引用過毛杜迪、庫特布等冷戰時期著名的伊斯蘭主義者的觀點，但他是知道穆罕默德・伊克巴爾（和阿爾及利亞學者馬利克・本納比（Malik Bennabi）以及其他許多後殖民時期的穆斯林思想家的。到了一九七〇年代初，沙里亞提已將這些混合來源綜合成一種新左派意識形態，並以穆斯林知識分子和伊斯蘭宗教遺產為榮。他關注全球南方（Global South）的未來，尤其是他所認為的全球南方的一個子類別：穆斯林世界。

一九七〇年代初，沙里亞提的思想對伊朗青年和學生活動家產生了重大影響。伊朗年輕人欣賞沙里亞提對國際主義願景的替代方案，當時的國際主義願景已經被證明是走不通的了。鑑於伊朗國王同時與美國和以色列結盟，伊朗年輕人也受到了地緣政治泛伊斯蘭復興的吸引。[77]人們已經知道伊朗國王是在一九五三年由美國中央情報局支持的政變中上台的；現在，他與以色列的密切關係讓他在人們心中的形象成了一個出賣穆斯林世界的、被厭棄的領導人。

不過，我們應該清楚了解，受到沙里亞提的思想影響的革命者與更親近何梅尼的人之間的聯盟在很多方面都只是一時的權宜之計。何梅尼是一名教士，與沙里亞提有不同的思想系譜，儘管兩人對穆斯林世界和西方有相似的看法。一九四四年，當何梅尼還是一名年輕學者時，他在亞茲德一座清真寺的訪客留言簿上寫道：「正是我們的自私並放棄為真主起身而戰，才導致了我們現在所處的黑暗時代，使我們受到世界強權的宰制。正是自私削弱了穆斯林世界的基礎。」[78]在一九五〇年代，他與泛伊斯蘭集會羸弱的努力嘗試保持著聯繫，討論了巴勒斯坦人、阿爾及利亞人或其他殖民地穆斯林的苦難。一九六三年，何梅尼因為嚴厲批評伊朗國王對美國的屈從關係，而被驅逐出伊朗。在冷戰後期，他被流放到一個吸引世界各地什葉派朝聖者的伊拉克城市，在此期間，他意識到了對新穆斯林國際主義的需求。因此，當他的追隨者推翻伊朗國王建立的伊斯蘭共和國時，支持穆斯林世界受壓迫的人民是伊朗革命政府的既定目標之一。

鑑於相互競爭的泛伊斯蘭論述之間的相互關聯性及其對穆斯林世界的共同願景，我們不應該把伊朗與沙烏地阿拉伯從一九八〇年代初以來的衝突視為教派分歧的必然結果。革命伊朗和沙烏地阿拉伯王國最初的共同點要多於他們和沙達特埃及的共同點，因為他們都批評《大衛營協議》，而且本有可能因為巴勒斯坦事業而結成盟友。革命的伊朗還與世俗的、順尼派占多數的土耳其保持著良好的關係。沙烏地阿拉伯和革命後的伊朗也都支持阿富汗的反蘇聖戰。

由於伊朗革命政府將美國稱為「大撒旦」，並譴責與美國結盟的海灣君主國和世俗阿拉伯民族主義政權使美國在中東的霸權永久化，沙烏地政權認為必須做出回應。從一九七九年十一月二十日開始，一群帶著末世論念頭的順尼派沙烏地人對麥加清真寺進行了為期兩個星期的劫持，這件事加深了沙烏地王國對於自己在伊斯蘭主義者眼中的合法性的不安全感。對伊朗煽動的中東阿拉伯伊斯蘭革命或什葉派叛亂的恐懼，再加上國內順尼派伊斯蘭主義者的挑戰，引發了新一輪的沙烏地國際主義，但這一次的重點是專門傳播順尼派教義，並支持順尼派反對近來伊朗強硬的什葉派領導權。[79]就在伊朗革命進入高潮之際，蘇聯入侵了阿富汗以扶持努爾·穆罕默德·塔拉基（Nur Mohammad Taraki）親蘇聯專制政府，這個政府剛透過一場政變奪權，並隨即處決了上千名政治犯。

因此，沙烏地阿拉伯為阿富汗抵抗蘇聯占領的行動投入資金，以此傳播其順尼派的訊息。伊朗也同情阿富汗聖戰，但由於伊朗反對美國，因此無法全力支持那些受到美國援助的聖戰者，這為沙烏地人騰出一個相對暢通的、散播影響力的渠道。一九八〇年，伊拉克總統薩達姆・海珊因擔心伊朗對伊拉克什葉派民眾的影響而向伊朗宣戰，沙烏地阿拉伯、其他親美的阿拉伯國家以及美國本身都支持伊拉克。[80] 一九八二年時，宗派主義分裂更進一步擴大，伊朗支持了哈菲茲・阿薩德（Hafiz al-Asad）領導的敘利亞復興黨政權，打擊了要求民主化的順尼派伊斯蘭組織。阿薩德是阿拉維派（Alawi），其家族被認為是什葉派伊斯蘭教的分支。出於各種政治因素，阿薩德領導的敘利亞復興黨政權在國內得到了阿拉維人的支持，並與伊朗結盟，對抗薩達姆・海珊的復興黨領導的伊拉克。

這些分歧中的各方都以穆斯林得救的地緣政治幻想為其衝突辯護。因此，審視冷戰最後十年穆斯林占多數的社會的政治，我們不難發現伊斯蘭主義者對超級大國的反抗。但這也是穆斯林不團結的新時代的誕生。沙烏地人以麥加和麥地那為中心，在全球瓦哈比網絡中推動伊斯蘭的團結，聯合起來反對蘇聯。伊朗則是完全拒絕任何一個超級大國，並聲稱他們這種伊斯蘭是解放所有穆斯林的真正道路。就在伊斯蘭主義作為一股全球力量崛起的同時，穆斯林自己也發現了地緣政治分歧和穆斯林內部衝突的新根源。[81]

相互競爭和衝突的泛伊斯蘭主義助長了歐洲和美國反穆斯林的種族主義政治。一些互相爭鬥的穆斯林也呼籲泛伊斯蘭團結起來反對基督教西方，從而挑戰了美國和歐洲的利益。當伊朗學生組織於一九七九年十一月將美國大使館人員扣為人質後，以及在整個一九八〇年代西方人在黎巴嫩被扣為人質的事件中，西方新聞報導呈現出強烈的反伊斯蘭情緒色彩，使得伊斯蘭社會強化了泛伊斯蘭團體的文明衝突論調。在德黑蘭被扣為人質長達一年多的美國大使館人員以及在黎巴嫩被扣為人質的歐洲和美國人，都被視為好戰、獨斷專行的伊斯蘭世界的西方受害者。何梅尼於一九八八年針對薩爾曼・魯西迪（Salman Rushdie）的小說《魔鬼詩篇》（*The Satanic Verses*）發布了教法裁決（*fatwa*），鼓勵對他展開追殺，一些英國穆斯林還組織了象徵性的焚書活動，此舉更加促使西方知識界和媒體界營造了一種穆斯林不可靠的論述，因為穆斯林以不變的伊斯蘭傳統來拒絕西方的現代性和自由價值。西方觀察家本來就對中東穆斯林的團結感到擔憂。媒體上反阿拉伯的言論不斷增加，以自從一九七三年以來就甚囂塵上的反阿拉伯輿論的形式給中東留下了傷疤。在這時候，那些針對被認為是反西方的中東穆斯林的恐懼和仇恨也延伸到了生活在歐洲和美國的穆斯林身上，這些地方的穆斯林的存在、要求和組織受到了反對。[82]英國穆斯林拿著一本點燃的魯西迪的書以示抗議的照片，以及其中一些穆斯林同意何梅尼贊成暗殺魯西迪的教法裁決，都為歐洲的反伊斯蘭情緒增添了新的主題：他們的穆斯林鄰居和公民不同意言論自由等自由的西方價值觀。

如果將一九八八年試圖禁止《魔鬼詩篇》的行為與一八九〇年倫敦取消托馬斯・亨利・霍爾・凱恩爵士的戲劇《穆罕默德》的行為做一番比較，我們就可以看出穆斯林世界種族想像的地緣政治後果既有連續性，也有巨大的變化。正如我們在第三章所看到的，儘管那齣戲劇對先知穆罕默德和伊斯蘭教進行了尊重的描繪，印度穆斯林領袖還是成功向大英帝國請願，要求取消該劇，以免冒犯穆斯林臣民的宗教情感。在這種情況下，大英帝國按照帝國戰略的要求行事，不僅考慮到其在印度穆斯林心目中的合法性，還考慮到其與歐斯曼帝國的關係。在當下起到主導作用的是帝國禮儀，沒有人呼籲聖戰。

以魯西迪在一個世紀後對伊斯蘭和穆斯林的侮辱的例子來說，聲稱領導想像的穆斯林世界的，不是一位急於在國際體系中維持其地位的哈里發蘇丹，而是一位聲稱反對全球穆斯林社會面臨的持續性壓迫和剝削的教士。被認為侮辱了伊斯蘭的作者，是一位有穆斯林背景的棕皮膚印度人，而不是一位英國白人作家。但魯西迪與十九世紀末的英國穆斯林一樣，都生活在歐洲穆斯林種族化的環境中（在他的案例中，歐洲穆斯林是移民而非帝國臣民），媒體驅動的反伊斯蘭情緒的泛濫與帝國時代並無二致。魯西迪本人批評了英國對印度人的種族化待遇；他對伊斯蘭寫下了言辭惡劣的著作，是針對作為信仰傳統的伊斯蘭，而不是針對作為棕色人種的穆斯林。何梅尼呼籲歐洲穆斯林抗議並懲罰魯西迪，這將阿布杜哈米德和費瑟國王的泛伊斯蘭主義推向了一個新的方向。阿布杜哈米德尋求與大英帝國合作，費瑟國王則希望與美國結盟，在聯合國世界秩序體系中增強穆斯林集團的力量，而何梅尼則是利用了西方的衛星電視頻道網絡，試圖直接接觸那些處在社會從屬階層的穆斯林和穆斯林公眾輿論，而西方的電視網絡看起來十分害怕一個反西方的穆斯林宗教人士發出針對一個作家的死亡命令。

沙烏地阿拉伯試圖採取一種不那麼激進的立場，在伊斯蘭會議組織的一次會議上譴責《魔鬼詩篇》，但沒有威脅魯西迪的生命，也沒有建議其他人這樣做。[83]但何梅尼成功地激起了對全世界處在社會從屬階層的穆斯林的不滿，表明他已成為虛幻穆斯林世界的代言人。美國、英國和歐洲其他國家的恐懼反應，就像穆斯林自己採取的任何行動一樣，表明生活在英國的後殖民穆斯林現在被視為帶來威脅的穆斯林世界向西方文明中心的延伸。

簡而言之，伊朗革命體現了一種新政治形式的可能性，它利用以德黑蘭為中心的泛伊斯蘭團結的名義挑戰冷戰的兩大陣營，一方面引起了其他伊斯蘭主義者的欽佩和效仿，另一方面也引起了以順尼派泛伊斯蘭主義的名義進行的競爭和反對。[84]考慮到愛德華・薩伊德當下正在學術界裡抨擊文明論的思考方式和歐洲中心主義，如今的發展可以說是一個頗具諷刺意味的轉折。因此，冷戰後期出現了一種更新的穆斯林世界觀，這種觀念不僅出現在歐洲和美國的地緣政治著作中，也出現在伊斯蘭主義團體挑戰世俗民族主義、資本主義和冷戰後國際秩序失敗的政治願景中。例如，當時的泛伊斯蘭主義者和西方的反伊斯蘭情緒患者都認為，伊斯蘭與民族主義和以民族國家為基礎的世界秩序格格不入，無論學術界如何有力地駁斥這一論點。[85]當時出現了一些激進的伊斯蘭主義者，他們認為民主是一種與他們的信仰格格不入的西方意識形態，而且也有人公開懷疑歐美的穆斯林公民是否會接受自由主義民主的標準規範，這是對穆斯林一種大而化之的概括，也成為了反伊斯蘭情緒的一部分。正是在這種背景下，美國媒體對穆斯林世界的東方主義觀點的傳播變得更加嚴重，這促使薩伊德於一九八一年撰寫了《遮蔽的伊斯蘭》（*Covering Islam*）一書，批評大眾傳媒針對穆斯林新形式的種族主義，認為它是東方主義的後遺症。[86]

在文明競爭的新論調中，即使是反東方主義的學術研究，在一些人看來也僅僅是反西方的。在一九八〇年代，許多泛伊斯蘭主義者將薩伊德的書解讀為捍衛真實而本質的伊斯蘭免遭西方反伊斯蘭情緒的錯誤表述。敘利亞學者薩迪克・賈拉勒・阿茲姆（Sadiq Jalal al-Azm）在對《東方主義》的評論中指出了這種「反向的東方主義」，即穆斯林知識分子在對西方進行本質論的譴責（essentialist condemnations of the West）的過程中，開始基本認同了穆斯林的普世主義和穆斯林世界的身分認同。[87]在阿拉伯世界的薩伊德讀者身上，阿茲姆觀察到的是一種當代的宣言，針對的是一個世紀以來，穆斯林在追求精挑細選過的政治目標時所進行的自我東方化的遺緒。穆斯林左派也是以這一角度解讀愛德華・薩伊德，擔心他支持了日益增強的伊斯蘭主義趨勢，從而削弱了左派的目標。[88]

★ ☾ ★

發生在一九九二年至一九九五年的波士尼亞穆斯林種族滅絕，為懶惰地概化無休止的文明衝突提供了又一次的機會。東南歐是前歐斯曼帝國和哈布斯堡帝國的邊境地區，在這裡發生的針對穆斯林的暴行讓人回想起反伊斯蘭情緒言論和情緒的西方誕生地，將十九世紀的種族主義與阿拉伯－以色列衝突和伊朗革命激發的新反伊斯蘭情緒聯繫起來。對波士尼亞穆斯林實施種族滅絕的塞爾維亞民族主義分子不僅使用了歐斯曼時代晚期的反穆斯林種族主義套路，而且還使用了一九八〇年代的反穆斯林種族主義套路，例如對穆斯林原教旨主義的恐懼，來為他們對歐洲的穆斯林進行種族清洗的行為背書。在一九九〇年代的泛伊斯蘭動員中，從土耳其到巴基斯坦，從伊朗到沙烏地阿拉伯，穆斯林占多數的各國都在試圖幫助因穆斯林身分而遭受種族滅絕的波士尼亞人。薩謬爾・杭亭頓觀察到從希臘到俄羅斯一開始都出現對塞爾維亞民族主義者的同情，以及看到西方政府不願意接受一個存在於歐洲的、穆斯林占多數的獨立波士尼亞，這種情況還伴隨著支持波士尼亞穆斯林的跨國穆斯林動員，這些因素促使他寫下了影響深遠的文章〈文明的衝突？〉，在這篇文章裡，他預測穆斯林世界將會在蘇聯倒台後成為西方世界的下一個敵人。[89]在這樣的背景下，穆斯林世界作為一個延續的想像共同體的重要性浮現了，這個穆斯林世界是從十九世紀末到二十世紀末被想像成一個地緣政治、宗教和文明的統一體。[90]

在此期間，從伊朗革命到波士尼亞戰爭結束，人們的注意力聚焦在伊斯蘭政黨和運動的崛起上。與西方、亞洲和非洲看似世俗和民族主義的政治相比，這些跨國穆斯林意識形態和運動似乎是穆斯林世界的一個獨特面向。但這種觀點在判別方式上錯估了形勢。穆斯林社會在主權民族國家內的主要政治經歷與世界其他國家並沒有不同。甚至伊斯蘭會議組織憲章也確認並普及了聯合國憲章中的全球準則，如尊重主權和自決權。[91]從社會主義者到女權主義者，穆斯林組織、人民和思想跨越了國界，但這並不是什麼罕見的現象。基督教和佛教傳教士、慈善機構和非政府組織——有些以非洲、亞洲或西方價值觀的名義開展活動——也遍布了全球各地。甚至連伊斯蘭政黨和組織的存在，以及其中一些政黨和組織的共同主題和口號，也並不是什麼特例。世俗主義、社會主義、自由主義和環保主義的思想也是跨越國界的。與此同時，從印尼到撒哈拉以南非洲，從蘇聯到美國，後殖民時期的穆斯林在個人和政治生活中經歷了極大的多樣性。宗教復興主義，甚至原教旨主義，並不能保證伊斯蘭主義者或反伊斯蘭情緒患者相信穆斯林世界獨一無二的統一性，就像是不能保證相信基督教、佛教或非洲人的統一性一樣。然而，一九八〇年代後的伊斯蘭教意識形態卻根據自己對穆斯林信仰傳統的詮釋，呼籲想像的穆斯林世界實現國際團結，這給西方觀察家造成了一種錯覺，即伊斯蘭主義者是虔誠穆斯林的真正代表，這種錯覺被用來為西方的反伊斯蘭情緒辯護。

對穆斯林世界地緣政治和文明統一的痴迷進一步提高了人們對穆斯林團結的期望，將其視為解決穆斯林社會問題的工具，這些問題從經濟發展、建立良善治理，到解決巴勒斯坦、克什米爾或阿富汗的國際衝突等等，不一而足。當這些期望落空時，對軟弱無力的溫瑪的挫敗感促使人們進一步呼籲團結，並對大多數穆斯林未能達到其信仰的要求感到憤怒。泛伊斯蘭的希望在很多時候是不合理的。正如單靠非洲聯盟軍隊或黑人溫瑪就能將南非黑人從種族隔離中解放出來的可能性微乎其微一樣，不太可能單靠穆斯林合作就能幫助巴勒斯坦、波士尼亞和克什米爾穆斯林解決其政治問題。例如，作為帝國主義世界秩序和聯合國製造的問題，巴勒斯坦阿拉伯人被征服的問題始終需要一個真正國際性的解決方案。但是，這種推理並沒有消除期望值和屈辱感不斷上升的循環反饋，導致反西方思想和反伊斯蘭情緒不斷加深，所有這些都強化了穆斯林世界不合時宜的地緣政治想像。

與以往一樣，關於穆斯林世界獨立而統一的錯誤假設表面上有利於泛伊斯蘭主義活動家，他們利用人們所認為的團結來爭取遠方穆斯林的支持。但是，訴諸種族和宗教身分認同的手段訴求也是泛伊斯蘭主義的一個弱點，削弱了其普遍主義的吸引力。長期以來，泛伊斯蘭主義一直包含著強烈的全球主義色彩，這在與神智主義者、泛非主義者、泛亞主義者、社會主義者、第三世界運動以及致力於全民自決的民族主義者結盟時可見一斑。然而，一個狹隘的穆斯林世界的持續假象限制了這種國際主義，並使穆斯林退踞到了回應性和狹隘性的立場，這往往與西方主張的普世性相悖。關於穆斯林世界的多層次論述——地緣政治的、宗教的和文明的，也使伊斯蘭主義政黨的國際主義在現存的穆斯林政治經驗的多元性面前占有優勢。在學術界和新聞界的分析中，穆斯林占多數的國家內多種多樣的治理風格在很大程度上變得無關緊要，而伊斯蘭主義作為所有穆斯林的意識形態，被認為是唯一的訊息，因而受到了偏愛和關注。到一九九〇年代中期時，伊斯蘭主義和反伊斯蘭情緒爆發的這種相互強化的循環已使穆斯林世界的形象根深蒂固，扼殺了世界各地實際穆斯林的不同聲音和政治訴求。

結論：重拾歷史，重振對正義的追尋

一九八〇年代見證了令人費解的重複性。緣起於一八八〇年代帝國時代的泛伊斯蘭主義和穆斯林世界的宗教觀念在冷戰後期得到了重新粉飾和復興。和這種思想背景同時發生的，是造成數百萬人死亡的政治和軍事衝突。

在巴勒斯坦、黎巴嫩、敘利亞、伊朗、伊拉克和阿富汗發生的衝突共同強化了伊斯蘭教與西方衝突的說法。就在這些衝突似乎即將結束的時候，伊拉克入侵科威特和隨後的第一次海灣戰爭、阿爾及利亞內戰以及對波士尼亞穆斯林的種族滅絕進一步強化了衝突感。從神職人員、世俗記者到美國學者、歐洲小說家以及各種類型的新聞消費者，眾多全球參與者都認為這種狀況很平常。誠然，冷戰時期的緊急情況有時會導致這些幻想的世界跨越其想像的邊界而成為盟友，但穆斯林世界和西方是由各自獨立、內部連貫、輪廓分明的實體所構成的這種觀點已成為了不可改變的常識。

這個時代催生了新一代激進的伊斯蘭團體和運動，他們以穆斯林世界被西方圍困和侵害的名義為合理化其暴力行為，這種敘事在二十一世紀之交持續獲得追隨者。[1] 儘管今天伊拉克、敘利亞、葉門和阿富汗的穆斯林相互之間發動了曠日持久的戰爭，穆斯林社會比以往任何時候都更加分裂，但理想化的穆斯林團結的訴求依然存在。儘管這種敘事抹殺了明顯的差異，但它仍繼續將穆斯林種族化，在歐洲和美國尤其如此。

針對這種現況，反種族主義的知識分子已經指出，現實中存在著很多種伊斯蘭，穆斯林的生活經歷也多種多樣。但這還不足以推翻種族化穆斯林世界統一的認識論和政治假設。反駁本質主義需要了解歷史，特別是歐洲帝國的歧視性和種族化統治實踐是如何將穆斯林聚居的社會的政治鬥爭和命運集體化的。

在二十世紀之交，在印度、西非、中亞或東南亞身為一個穆斯林是一件具有種族內涵的事情。因此，部分由這些地區構成的穆斯林世界被視為白人至上主義的競爭對手，有時甚至是對白人至上主義的威脅。在這種情況下，無論是在基督宗教帝國的統治下，還是在歐斯曼帝國的領地內觀察西方統治的影響，穆斯林在西方人手中的受辱都成為穆斯林社會的共同歷史。穆斯林世界與西方之間永恆衝突的說法起源於十九世紀末，但非穆斯林和穆斯林都認為這種說法反映了自七世紀以來普遍存在的歷史現實。

穆斯林人口占多數的社會在二十世紀所面臨的挑戰反映了帝國種族主義的遺留問題，因此，針對這種種族主義提出的解決方案——穆斯林團結起來進行抵抗，在去殖民化及其大量新的政治理想的影響下得以倖存是可以理解的。在穆斯林社會裡流行的後殖民民族主義和國際主義意識形態往往是追求拯救受害的穆斯林世界，使其擺脫西方霸權的侮辱。這些意識形態的追隨者有時是彼此的競爭對手，他們對問題的理解和解決方案也大相徑庭。然而，他們的目標始終是一致的：重新安置受到不公正壓迫的一體化穆斯林群體。

因此，今天對於伊斯蘭和穆斯林世界本質化論述的反駁必須說明產生這種本質化條件和內容的歷史背景。僅僅證明其一統性的假設是不夠的。伊斯蘭主義者和反伊斯蘭情緒患者都可以透過訴諸無休止的衝突以及穆斯林思想和身分認同的文本核心來做出回應。當代的多樣性可以被視為與持久信仰和歷史的疏離或偏差而被擱置一旁。必須要去證偽的事情是，穆斯林世界和西方之間存在長存的衝突這一套宏大敘事，這套敘事被數十億人重複或認定；無論是最近的還是偶然發生的，這套論述一方面是帝國種族主義的發明，另一方面是穆斯林改革者的泛伊斯蘭主張，他們都根據自己的政治計畫編造了歷史和信仰。

對十九世紀晚期穆斯林起源的失憶有助於解釋當代反伊斯蘭情緒和泛伊斯蘭主義最棘手的問題：為什麼在過去三十年裡，伊斯蘭與西方的本質論敘事在全球輿論中達到頂峰，在這段時期裡還前所未有的出現了一波書記、學者和組織揭穿使本質主義成為可能的種族和文明理論。無數的努力都在強調伊斯蘭及其同屬於亞伯拉罕系傳統的基督宗教和猶太教的共同之處。還有人強調伊斯蘭在理論和實踐上的人本主義和多元化。還有一些學者繼續打破所謂伊斯蘭文明迷思，展示其文明程度和對全球現代性的貢獻。科技史的學者們避免使用「伊斯蘭科學」等詞彙，以免助長將人類歷史劃分為伊斯蘭歷史和西方歷史的新本質主義。其他歷史學家致力於研究各民族相互聯繫的歷史，而不再是在文明框架之上建立理論。與此同時，穆斯林一直在各種正義事業中聲援非穆斯林。

但是，儘管當代學者和活動家成功避免了本質主義以及永恆不變的信仰和文明的陳詞濫調，但迴避的態度卻惡化了本質主義的創傷。我們不能只是迴避他人犯過的錯誤，還必須反思首先滋生穆斯林團結觀念的現代政治鬥爭。今天，與帝國時代一樣，頌揚良好的穆斯林信仰、真正的穆斯林信仰和伊斯蘭黃金時代的辯護詞本應消除反伊斯蘭情緒中固有的地緣政治恐懼，但它們只會強化本質主義，而本質主義正是反伊斯蘭情緒得以存在的先決條件。

相反地，如果我們追溯「穆斯林世界」的敘事在一百五十年來的演變，我們就會明白，適應一時之需的地緣政治項目是泛伊斯蘭主義和反穆斯林種族主義的基礎，這對孿生兄弟粗暴而虛假地宣揚持久的宗教和文明特性。我們如果對主要的泛伊斯蘭敘事活動的形成進行一種歷史性的梳理的話，還可以發現許多本可以實現卻沒有實現的可能性，從而使我們不再認為今天對穆斯林威脅的種族主義恐懼和穆斯林國際主義夢想有任何深層次的基礎，可以抵制偶然政治。

一旦我們認識到，赫農、格萊斯頓和赫格龍傑不僅僅是抱有偏見，而是在談論同為帝國臣民的權利；一旦我們認識到，穆斯林現代主義和泛伊斯蘭主義是以西方受眾為目標，試圖對抗為錯誤行為開脫的種族主義，我們不僅可以拋開深刻的歷史，還可以更加清醒地審視那些至今仍在令人痛心地、不假思索地重複的反種族主義策略。穆斯林自己戰略性地將穆斯林世界的概念本質化，這與穆斯林社會的帝國、民族、全球和地方經驗相矛盾。從賈拉魯丁・阿富汗尼和阿布杜哈米德二世到賽義德・阿米爾・阿里、沙基布・阿爾斯蘭、毛杜迪等泛伊斯蘭主義者，他們並不是像神聖文本裡揭示的那樣，作為虔誠的詮釋者，把真主的旨意詮釋出來（儘管他們有時可能會這樣宣稱）。與此相反，他們是受政治意願的驅使：將意識形態帶入了特定的歷史環境。

今天關於穆斯林世界和西方的非歷史敘事忽視了這些類別誕生的政治背景。這種政治背景就是帝國：保持帝國邊界的渴望，維持戰略聯盟，實現帝國內部和帝國之間權利和尊嚴平等的世界主義理想。與瓦哈比和其他原教旨主義者對伊斯蘭教的詮釋相比，歐洲東方主義者和穆斯林現代主義者在對話中建構的「穆斯林性」才是造成當下對於伊斯蘭文本痴迷的原因，而這種痴迷與穆斯林千年來不同的宗教和政治經驗是割裂開來的。

十九和二十世紀的反伊斯蘭情緒的歷史也清楚地表明，它是一種不談膚色的種族主義。讀者可以想想穆斯林現代主義者是如何努力避免伊斯蘭劣等性與特異性的污名的。凱末爾領導下的土耳其領導層做過嘗試，他們試圖按照自己的意願，透過抹去明顯的穆斯林身分認同而變成西方人。但從長期來看，這一計畫失敗了，因為無論怎樣的西化或世俗化都無法消除穆斯林與眾不同的種族標誌。波士尼亞人和科索沃阿爾巴尼亞人也經歷了相似的命運；他們的世界主義世俗主義和融入南斯拉夫文化都無法避免他們在一九九〇年代所面臨的種族滅絕。很顯然，透過泛伊斯蘭主義和反伊斯蘭情緒而建構起來的穆斯林身分，即使在沒有生物性種族概念的情況下，仍然會引來歧視和仇恨。

反伊斯蘭情緒也不需要透過不受時間影響的宗教差異來解釋。雖然基督教傳教士的論戰（有時借鑑中世紀基督教的偏見）助長了歐洲人對穆斯林的成見，但穆斯林世界的概念——穆斯林構成一個全球社群，具有與非穆斯林不同的共同習慣、關切的事和政治——本身就是一個世俗概念。對這件事的最佳證明，就是過去一百五十年來，反伊斯蘭情緒和泛伊斯蘭言論共同製造出的穆斯林世界。如果我們今天要就穆斯林的政治能動性和反伊斯蘭情緒展開新的對話，那麼這種本質區別的共同產物（不包括生物學或教義理論）就必須被視作最先需要解決的事項。

反伊斯蘭情緒既不是跨歷史的（transhistorical），也不是非歷史的（ahistorical）；把對穆斯林做法的任何批評都說成是反伊斯蘭情緒是錯誤的。與早期穆斯林軍隊作戰的波斯人並不是反伊斯蘭情緒患者。在十六世紀中葉，哈布斯堡帝國的政治宣傳文章反對歐斯曼帝國與法國結盟，這也不能公正地稱之為反伊斯蘭情緒。把這些事情稱為反伊斯蘭情緒的作法是在建構一個虛假的敘事，即從十字軍東征開始，歐洲基督教對所有穆斯林的敵意持續了千年之久。現代反伊斯蘭情緒的根源在於十九世紀末的特殊時刻，穆斯林社會與歐洲基督徒共享同一個帝國政治體系，並可以在這些帝國中主張自己的權利。

儘管十九世紀晚期與當前的穆斯林世界概念之間存在著連續性，但將這種近期演變描繪成線性的或不可避免的事情也是錯誤的。穆斯林世界是一個不斷創造的過程。圍繞哈里發、溫瑪和泛伊斯蘭主義，出現了斷裂、變異和再創造。儘管全印穆斯林聯盟的穆罕默德·阿里·真納和穆斯林兄弟會的創始人哈桑·班納被視為冷戰後期的政治伊斯蘭的鼻祖，但真納和班納都不會承認或願意為一九八〇年代的伊斯蘭聖戰負責。一九八〇年代的政治伊斯蘭是受到了冷戰意識形態的滋養和塑造。

在當今的伊斯蘭政治中，最能生動地給這種失憶症提供例子的，就是建立一個哈里發國家的熱忱。當今的哈里發運動所追求的生活方式和政治情感與他們視為前輩的歐斯曼哈里發完全不同。歐斯曼帝國的哈里發們建立的是世界性帝國，而今天的哈里發建立者則把他們各種原始的、真正的伊斯蘭作為民族國家政策強加於人。一九二〇年代初的印度守護哈里發運動明確追求穆斯林的團結，它似乎是當今伊斯蘭主義者更直接的前身，因為它的重點是維護現有的哈里發；但它也體現了一套與當今泛伊斯蘭主義者截然不同的價值觀。守護哈里發運動的積極分子為穆斯林在帝國世界中的權利和尊嚴而奮鬥。他們既不拒絕全球秩序，也不尋求將伊斯蘭律法強加於任何人群，無論是對穆斯林還是非穆斯林。當歐斯曼帝國和哈里發帝國相繼垮台時，守護哈里發運動的支持者們並沒有故步自封地拒絕民族主義，而是根據他們自己的生活，適應不斷變化的情感和環境。

事實上，即使是一九八〇年代的伊斯蘭主義者，他們大多試圖去控制一個民族國家，並按照自己的願景與國際社會和諧共處，就算是他們，也不容易理解ＩＳＩＳ在二〇一四年後在伊拉克和敘利亞的殘暴彌賽亞主義。雖然ＩＳＩＳ的根源在於二〇〇三年後美國占領伊拉克的政策，但其意識形態依賴於對哈里發的非歷史幻想，這種幻想似乎更多來自反伊斯蘭情緒的刻板印象，而非阿巴斯王朝或歐斯曼帝國的實踐。

美國和歐洲的政治菁英也同樣患有健忘症。他們否認自己參與創造了助長帝國時代穆斯林種族化、想像的穆斯林世界地緣政治異化、冷戰時期伊斯蘭主義、蓋達組織和ISIS的存在條件，而是將自己參與製造的暴力歸咎於穆斯林和穆斯林世界。這樣做的目的是為了延續西方自以為是的無辜敘事。其結果是，歐洲和美國的反伊斯蘭情緒愈演愈烈，造成了相當大的法律和政治影響。這種強烈的反伊斯蘭情緒使好戰的伊斯蘭團體受益，他們認為穆斯林世界仍在遭受屈辱，因此需要泛伊斯蘭團結。

作為這種羞辱的證據，伊斯蘭主義者指出，他們所助長和利用的正是混亂和分裂。將特定的泛伊斯蘭願景強加給穆斯林，這種強行統一的做法本身揭示並加劇了穆斯林在種族、語言、階級、性別和意識形態取向上的天然多樣性。在一九七九年後，泛伊斯蘭論述的盛行在穆斯林社會內部造成了一系列新的、各式各樣的衝突。可以說，所謂的「穆斯林世界」作為一種概括描述，把所有承認自己是穆斯林的人們都涵蓋其中，這樣的「穆斯林世界」從未像現在這樣成為一種幻覺。

如果伊斯蘭主義者和反伊斯蘭情緒患者都想擺脫這個誤導性的地緣政治術語，他們就必須認識到他們所珍視的思想的偶然政治性。在這一過程中，對以歐洲為中心的世界歷史、人文學科和社會科學觀念的修正也將是有益的，因為這些觀念往往繼續依賴於伊斯蘭文明和西方文明之間的二元區分。

我們必須摒棄歐洲帝國與非歐洲殖民地從屬者之間簡單化和非歷史性的框架，代之以實際存在的世界歷史。實際上，穆斯林和亞洲的帝國、王國和王公國在思想史和政治史上發揮了重要作用。例如，一七九八年拿破崙入侵埃及並不是西方帝國對穆斯林社會的霸權轉折點，因為許多穆斯林王朝，歐斯曼、波斯、阿曼、阿富汗和埃及，都據此做出了調整。他們在自己所處時代的世界秩序中尋求權力，實現現代化，並努力爭取帝國的合法性。即使是不公平和征服最終引發了關於穆斯林衰落與復興的辯論，產生了十九世紀晚期關於伊斯蘭文明和穆斯林世界的新論述，穆斯林王朝也務實地將新的泛伊斯蘭主義工具化。因此，對歐斯曼帝國統治者來說，穆斯林世界是外交政策的戰略工具。後來，巴基斯坦、埃及、沙烏地阿拉伯和伊朗等後殖民時期穆斯林人口占多數的民族國家的領導人從戰略上重新塑造了穆斯林世界的舊觀念，以適應他們的全球和地區競爭。今天，要克服種族化的文明衝突敘事，穆斯林必須進行自我反思和批判，恢復並承認他們在複製這些敘事中的作用。

當我們意識到不僅僅是歐洲和穆斯林的菁英人士擁護泛伊斯蘭團結和穆斯林世界的幻想時，這種自我批評就顯得更加重要了。喪失權力的穆斯林民眾也加入了他們的行列，以尋求與殖民統治者和全球治理機構討價還價的權力。處在從屬階層的穆斯林大聲疾呼，並撰文反對種族主義。他們展開回擊，質疑歐美人關於其宗教、種族和社群劣等性的言論。「好辯的印度人」的形象恰如其分地表現出以英國法律和帝國合法性概念為基礎闡述自身訴求的作法。[2]處在從屬階層的穆斯林也會利用帝國機制和國際機制，以及正義的概念。至關重要的是，他們在世界各地相互交談，並與非穆斯林的亞洲人和非洲人交談，共同反對帝國統治、種族主義、父權制和經濟剝削。他們旅行、閱讀書報雜誌、發動抗議和建立組織、出版書籍和小冊子、參加國際集會。現在是時候反思一下，他們的團結運動是否真正有利於那些參加這些運動的人。

泛伊斯蘭主義者通常認為自己是弱者，需要大國的支持，無論是歐斯曼帝國、英國、軸心國或盟國、聯合國，還是後殖民國際主義。然而，大國贊助者和普世主義理論的意識形態家們總是讓人失望，他們將自身利益置於為喪失權力的群體爭取權利的鬥爭之上。代表穆斯林世界的鬥爭尤其容易被收編，因為對於誰可以代表一個想像中的實體說話，並沒有明確的限制。幾乎任何人都可以聲稱自己是這個實體的監護人，然後背叛那些認為自己終於被代表的人民。無論是歐斯曼帝國、沙烏地王國、後殖民時代的埃及，還是革命的伊朗，國家利益都不可能與從屬者穆斯林國際主義的利益相一致。

穆斯林世界這一概念令人沮喪的發展軌跡，並不意味當代穆斯林無權想像他們在人道主義上或政治上的團結。恰恰相反，各類穆斯林完全有權利關注其教親的現狀和未來，抵制其種族化待遇，並有權根據其國際主義和人道主義願景採取行動，創造一個更加公正的世界。穆斯林的宗教和精神傳統將繼續激勵他們為正義和尊嚴而奮鬥。在尋求公平或抵制壓迫、剝削和種族主義的過程中，他們的信仰至關重要。許多穆斯林在反對不公正的鬥爭中將以先知穆罕默德或伊瑪目胡笙為榜樣，他們也可能受到納爾遜．曼德拉和馬丁．路德．金恩的啟發。但是，在調動他們的道德傳統時，穆斯林及其非穆斯林盟友應該能夠將他們的政治鬥爭從穆斯林世界和西方想像的地緣政治統一體牢籠中解放出來，這種統一體對於排斥他們並使他們種族化的理念至關重要。

有了這種更深刻的歷史認識，我們就更能理解穆斯林身分認同在國際政治中持續不變的重要性，以及伊斯蘭教的政治化，因為它們是源自帝國時代將穆斯林社會種族化與穆斯林世界和西方的地緣政治概念的長期遺留問題。透過對我們宗教、文明和世界秩序的分類和概念去殖民化（可能還有解構），我們可能面對歐洲和美國日益高漲的反穆斯林種族主義，團結一致地應對不公正的全球秩序所持續帶來的危機。

致謝

在我的上一本著作《亞洲的反西方政治》（*The Politics of Anti-Westernism in Asia*）出版之後，我最初打算寫一本續集，對二次大戰後泛亞洲和泛伊斯蘭思想的發展軌跡進行比較研究。我最終寫了另一本書，也就是現在這本書，只關注泛伊斯蘭主義的歷史和穆斯林世界的發明。這一決定源於對穆斯林在世界政治中再種族化進程的理解。在亞非帝國時代的所有泛民族主義項目中，泛伊斯蘭主義和伊斯蘭國際主義在過去三十年間似乎占據了更多的頭條和新聞。與此同時，在歐洲和美國，一波強烈的反穆斯林言論依靠製造對穆斯林世界的恐懼，已成為一股政治力量，影響這些社會中數百萬穆斯林的生活。正是二十一世紀初與二十世紀初關於穆斯林世界的辯論之間令人費解的相似性，促使我下定決心去寫一本關於穆斯林世界思想史的書，而不是寫一本關於後殖民時期泛民族主義的比較著作。

這本書的靈感有很大一部分來自於我與我的伴侶茱莉安．哈默（Juliane Hammer）之間的對話，我們就伊斯蘭作為一種宗教傳統的學術研究和理論，以及宗教概念本身的歷史和系統起源進行討論。我很幸運能與我最好的朋友和知識對話者結為夫妻。在本書的寫作過程中，我還受益於她為我們所有人打造出的美麗花園和家。我們的女兒萊拉和梅赫塔普不僅為我的生活增添樂趣，也為本書的內容做出貢獻。我很驚訝，作為美國的穆斯林，她們在上小學的時候就已經對種族主義和反伊斯蘭情緒提出了我所聽過的最好的批評。他們對自己老師和朋友關於「穆斯林世界」的觀點做出回應，既幽默又嚴肅，即使對看似無辜的阿拉丁演出也是如此。

我要感謝幫助我思考本書主要問題的同事、圖書館員、朋友、學生和家人。我在普林斯頓大學近東研究所從事博士後研究期間開始了本書的研究工作，我在當時和Michael Cook、Şükrü Hanioğlu、Bernard Haykel、Michael Laffan、Mike Reynolds以及Qasim Zaman的交談讓我受益匪淺。北卡羅來納大學教堂山分校歷史系的研究假，以及北卡羅來納大學藝術與人文研究所的埃普西家庭教員獎學金（Epsy Family Faculty Fellowship）為進一步的研究提供了支持。北卡羅來納大學和杜克大學校區研究穆斯林社會和亞洲的學者們與我進行了深入的交流，並給了我很多的回饋。我要特別感謝Hasan Aksakal、Fadi Bardawil、Carl Ernst、Emma Flatt、Kathleen Foody、Erdağ Göknar、Engseng Ho、Vasant Kaiwar、Lloyd Kramer、Charlie Kurzman、Sucheta Mazumdar、Ebrahim Moosa、Susan Pennybacker、Omid Safi、Iqbal Sevea、Sarah Shields

和Eren Taşar。北卡羅萊納大學的圖書館員也確保了我能擁有研究工作所需的所有圖書館資源。

一些朋友和同事對本書的主要觀點慷慨地提出了建議和評論。他們是Ali Vural Ak、Harun Anay、Ertan Aydin、Erol Çatalbaş、Ismail Coşkun、Ahmet Demirhan、Mehmet Süreyya Er、Cemal Kafadar、Michael Muhammed Knight、Sadaf Knight、Alison Kysia, Kareem Kysia、Fırat Oruç、Cengiz Şişman、Himmet Taşkömür、Hüseyin Yılmaz和Hayrettin Yücesoy。他們會在這本書裡找到我們在吃飯、喝咖啡時所討論過的觀點。Mustafa Aksakal、Seema Alavi、Lale Can, Houchang Chehabi、Sebastian Conrad, Marwa Elshakry、Nile Green, Madeleine Herren-Oesch、Ismail Kara、Michael Christopher Low、David Motadel、Dominic Sachsenmaier、Glenda Sluga、Carolien Stolte和Halil Ibrahim Yenigün是以電子郵件或是當面回答的方式回答了我提出的問題。東京大學的羽田正（Masashi Haneda）在個人談話和他自己的出版品中鼓勵我繼續這一研究方向。

在過去六年裡，我有機會在各種會議和講座上討論本書中的一些觀點。我要感謝劍橋大學、赫爾辛基大學、杜克大學、海德堡大學、哈佛大學、塞拉耶佛國際大學、波特蘭州立大學、哥倫比亞大學、紐約大學紐約分校、紐約大學阿布達比分校、加州大學柏克萊分校、喬治城大學、梨花女子大學、韓國產業大學、東京大學和北海道大學的同事們，感謝他們主辦這些會議並為思想交流提供便利。

我還要感謝哈佛大學出版社的喬伊斯·塞爾茨，她從一開始就支持這個項目，並將其推向了終點。西蒙·瓦克斯曼的細心建議和文案編輯讓本書受益匪淺。韋斯特切斯特出版服務公司的約翰·多諾霍監督了紙本的最終製作和索引的編制。

最後但並非最不重要的是，我要感謝伊斯坦堡和安卡拉的艾丁家族成員，以及柏林和加爾德萊根的哈默和斯特克爾家族成員，他們在暑假期間為我提供了住所和款待，並繼續為我加油打氣。

註釋

中文版序

1 Hans Kundnani, *Eurowhiteness : culture, empire and race in the European project* (2023)

緒論：穆斯林世界是什麼？

1 《紐約時報》線上版是這樣介紹這一演講的：「以下是歐巴馬總統為穆斯林世界準備的演講文字，二〇〇九年六月四日，白宮發布。」"Text: Obama's Speech in Cairo," *New York Times*, June 4, 2009, http://www.nytimes.com/2009/06/04/us/politics/04obama.text.html?pagewanted= all&_r = 0.

2 *A Call to Divine Unity: Letter of Imām Khomeinī, The Great Leader of the Islamic Revolution and Founder of the Islamic Republic of Iran, to President Mikhail Gorbachev, Leader of the Soviet Union* (Tehran, 2008) 線上版本見：http://www.fouman.com/ Y/Get_I _History_Today.php?artid=1387.

3 Samuel P. Huntington, *The Clash of Civilizations and the Remaking of World Order* (New York: Simon & Schuster, 1996); Erik Zurcher, *Jihad and Islam in World War I: Studies on the Ottoman Jihad on the Centenary of Snouck Hurgronje's "Holy War Made in Germany"* (Leiden: Leiden University Press, 2016).

4 Ansev Demirhan, "Female Muslim Intellectuals: Understanding the History of Turkey's Woman Question through the Construction of Islamic Tradition" (MA thesis, University of North Carolina– Chapel Hill, 2014); Nile Green, "Spacetime and the Muslim Journey West: Industrial Communications in the Making of the 'Muslim World,'" *American Historical Review* 118, no. 2 (April 2013): 401–429.

5 關於多元性的論述，請參考Jonathan Berkey, *The Formation of Islam: Religion and Society in the Near East, 600–1800* (New York: Cambridge University Press, 2003). 但這並不意味著十九世紀以前的穆斯林學者對任何形式的本質主義是免疫的。一本蘇尤提（al-Suyuti）的著作，《古蘭經學問之完美指引》（*The Perfect Guide to the Sciences of the Qur'an*, [*Al-Itqān fi 'Ulum al-Qur'an*],

Reading, UK: Garnet, 2010）就清楚顯示出作者對於如何解讀和理解《古蘭經》的堅定信念。但是蘇尤提和他同時代的許多其他作者們都不會認為需要去寫一本只是關於伊斯蘭或是「伊斯蘭和基督教」，把伊斯蘭作為一個抽象的、全球的、系統性的宗教傳統的書。在十九世紀末期以前，「哪種伊斯蘭的詮釋？什麼時候？什麼地方？以及是誰這樣理解？」之類的問題是穆斯林信仰傳統中的學問研究所涉及的內容。而在十九世紀末以後，穆斯林學者的辯護性、論戰性的文章會用同樣的本質主義抽象概念回應東方主義和基督教傳教士們關於伊斯蘭教的本質主義著作。

6 Katharina A. Ivanyi, "God's Custom Concerning the Rise and Fall of Nations: The Tafsir al-Manar on Q 8: 53 and Q 13: 11," *Maghreb Review: Majallat al-Maghrib* 32, no. 1 (2007): 91–103.

第一章　十九世紀前的帝國式溫瑪

1 Kate Brittlebank, *Tipu Sultan's Search for Legitimacy: Islam and Kingship in a Hindu Domain* (Delhi: Oxford University Press, 1997); Mohibbul Hasan, *Waqai-i manazil-i Rum: Tipu Sultan's Mission to Constantinople* (Delhi: Aakar Books, 2005). 關於印度－歐斯曼帝國聯絡之重要性的討論，請參考：Azmi Özcan, "Attempts to Use the Ottoman Caliphate as the Legitimator of British Rule in India," in Islamic Legitimacy in a Plural Asia, ed. Anthony Reid and Michael Gilsenan (London: Routledge, 2007), 71–80. 另見，Virginia Aksan, "Ottoman Political Writing, 1768–1808," *International Journal of Middle East Studies* 25, no. 1 (1993): 53–69; Azmi Özcan, *Pan-Islamism: Osmanlı Devleti, Hindistan Müslümanları ve İngiltere (1877-1924)* (Ottoman state, Indian Muslims and England, 1877–1924) (Istanbul: Isam, 1991), 20; Yusuf Bayur, "Maysor Sultan Tipu ile Osmanlı Padişahlarından Abdulhamid, III. Selim Arasındaki Mektuplaşma" (Correspondence between the Sultan of Mysore and Ottoman rulers Abdulhamid and Selim IIIrd), Belleten 12, no. 47 (1948): 617–654.

2 Ian Almond, *Two Faiths, One Banner: When Muslims Marched with Christians across Europe's Battlegrounds* (Cambridge, MA: Harvard University Press, 2009).

3 Sayyid Abu al-'Ala Mawdudi, *A Short History of the Revivalist Movement in Islam* (Lahore: Islamic Publications, 1963); Ali Shariati, *Ali Shariati's Red Shi'ism* (Tehran: Shariati Foundation, 1979).

4 Hamid Dabashi, *Being a Muslim in the World* (Basingstoke, UK: Palgrave Macmillan, 2013).

5 Mohammad Hassan Khalil, *Between Heaven and Hell: Islam, Salvation, and the Fate of Others* (Oxford: Oxford University Press, 2013).

6 關於世界歷史上各個穆斯林社會的更宏觀論述，見Marshall G. S. Hodgson, "The Role of Islam in World History," *International Journal of Middle East Studies* 1, no. 2 (1970): 99–123. 另見Edmund Burke III, "Islamic History as World History: Marshall Hodgson, 'The Venture of Islam,'" *International Journal of Middle East Studies* 10, no. 2 (1979): 241–264.

7 Talal Asad, *The Idea of an Anthropology of Islam* (Washington, DC: Center for Contemporary Arab Studies, Georgetown University, 1986).

8 Ahmet Karamustafa, "Kaygusuz Abdal: A Medieval Turkish Saint and the Formation of Vernacular Islam in Anatolia," in *Unity in Diversity: Mysticism, Messianism and Construction of Religious Authority in Islam*, ed. Orkhan Mir Kasimov (Leiden: Brill, 2013), 329–342.

9 Guy Burak, "The Second Formation of Islamic Law: The PostMongol Context of the Ottoman Adoption of a School of Law," *Comparative Studies in Society and History* 55, no. 3 (2013): 579–602; Zvi Ben-Dor Benite, *The Dao of Muhammad: A Cultural History of Muslims in Late Imperial China* (Cambridge, MA: Harvard University Asia Center, 2005).

10 關於基督徒和穆斯林的結盟情況，請參考Richard Tuck, "Alliances with Infidels in the European Imperial Expansion," in *Empire and Modern Political Thought*, ed. Sandar Muthu (New York: Cambridge University Press, 2012), 61–83.

11 Muzaffar Alam and Sanjay Subrahmanyam, "The Making of a Munshi," *Comparative Studies of South Asia, Africa and the Middle East* 24, no. 2 (2004): 61–72; Ebba Koch, "How the Mughal Padshahs Referenced Iran in Their Visual Construction of Universal Rule," in *Universal Empire: A Comparative Approach to Imperial Culture and Representation in Euroasian History*, ed. Peter Fibiger Bang and Dariusz Kolodziejczyk (Cambridge: Cambridge University Press, 2012), 194–209.

12 Cemal Kafadar, "A Rome of One's Own: Reflections on Cultural Geography and Identity in the Lands of Rum," in *Muqarnas: An Annual on the Visual Culture of the Islamic World*, vol. 24, ed. Gulru Necipoglu and Sibel Bozdogan (Leiden: Brill, 2007), 7–25; Giancarlo Casale, "The Ethnic Composition of Ottoman Ship Crews and the 'Rumi Challenge' to Portuguese Identity," *Medieval Encounters* 13, no. 1 (2007): 122–144; Anna Contadini and Claire Norton, *The Renaissance and the Ottoman World* (Surrey, UK: Ashgate, 2013); Gerald M. MacLean, *Re-orienting the Renaissance: Cultural Exchanges with the East* (New York: Palgrave Macmillan, 2005).

13 Hanifi Şahin, "Câmiu't-Tevârîh'e Göre Gâzân Hân'in Müslümanligi ve Bunun Ilhanli Toplumuna Yansimalari" (Gazan Khan's Muslimness according to Camiu't Trevarih and its reflection on Ilkhanid Society), *Bilig* 73 (Spring 2015): 207–230.

14 Denise Aigle, "The Mongol Invasions of Bilâd al-Shâm by Ghâzân Khân and Ibn Taymîyah's Three 'Anti-Mongols' Fatwas," *Mamluk*

Studies Review 11, no. 2 (2007): 89–120. See also R. AmitaiPreiss, "Ghazan, Islam and the Mongol Tradition: A View from the Mamluk Sultanate," in *Muslims, Mongols and Crusaders*, comp. G. R. Hawting (London: RoutledgeCurzon, 2005), 253–262.

15 A. N. Poliak, "The Influence of Chingiz-Khan's Yasa upon the General Organ ization of the Mamluk State," in *Muslims, Mongols and Crusaders*, comp. G. R. Hawting (London: RoutledgeCurzon, 2005), 27–41.

16 Ovamir Anjum, *Politics, Law and Community in Islamic Thought: The Taymiyyan Moment* (Cambridge: Cambridge University Press, 2012).

17 Azfar Moin, *The Millennial Sovereign: Sacred Kingship and Sainthood in Islam* (New York: Columbia University Press, 2012); Lisa Balabanlýlar, *Imperial Identity in the Mughal Empire: Memory and Dynastic Politics in Early Modern South and Central Asia* (London: I. B. Tauris, 2012); Said Amir Arjomand, "Perso-Islamicate Political Ethic in Relation to the Sources of Islamic Law," in *Mirror for the Muslim Prince: Islam and the Theory of Statecraft*, ed. Mehrzad Boroujerdi (Syracuse, NY: Syracuse University Press, 2013), 82–106.

18 Cihan Yüksel Muslu, *The Ottomans and the Mamluks: Imperial Diplomacy and Warfare in the Islamic World* (London: I. B. Taurus, 2014).

19 Namık Sinan Turan, *Hilafetin Tarihsel Gelişimi ve Kaldırılması* (Historical evolution and abolishment of the caliphate) (Istanbul: Altın Kitaplar, 2004).

20 Hüseyin Yılmaz, *Caliphate Redefined: The Mystical Turn in Ottoman Political Thought* (Princeton, NJ: Princeton University Press, 2017).

21 Gulru Necipoglu, "Süleyman the Magnificent and the Repr tation of Power in the Context of Ottoman-Hapsburg-Papal Rivalry," Art Bulletin 71, no. 3 (1989): 401–427; Dariusz Kolodjiejczyk, "Khan, Caliph, Tzar and Imperator: The Multiple Identities of the Ottoman Sultan," in *Universal Empire: A Comparative Approach to Imperial Culture and Representation in Euroasian History*, ed. Peter Fibiger Bang and Dariusz Kolodziejczyk (Cambridge: Cambridge University Press, 2012), 175–193; Koch, "How the Mughal Padshahs Referenced Iran."

22 Cornell Fleischer, *Bureaucrat and Intellectual in the Ottoman Empire: The Historian Mustafa Ali, 1541–1600* (Princeton, NJ: Princeton University Press, 1986); Kaya Şahin, *Empire and Power in the Reign of Süleyman: Narrating the Sixteenth-Century Ottoman World* (Cambridge: Cambridge University Press, 2013); Muzaffar Alam, "A Muslim State in a Non-Muslim Context," in *Mirror for the Muslim Prince: Islam and the Theory of Statecraft*, ed. Mehrzad Boroujerdi (Syracuse, NY: Syracuse University Press, 2013), 160–189.

23 關於摩洛哥蘇丹在地中海西部的哈里發國家主張，以及與此同時發生的歐斯曼人在印度洋的哈里發國家主張，可以對比以下兩本著作：Stephen Cory, *Reviving the Islamic Caliphate in Early Modern Morocco* (Surrey, UK: Ashgate, 2013) 和Giancarlo Casale, *The Ottoman Age of Exploration* (Oxford: Oxford University Press, 2010).

24 Cihan Yüksel Muslu, "Ottoman-Mamluk Relations and the Complex Image of Bayezid II," in *Conquête Ottomane De l'Égypte (1517): Arrière-plan, Impact, Échos*, ed. Benjamin Lellouch (Leiden: Brill, 2013).

25 John Obert Voll, "Islam as a Special World-System," *Journal of World History* 5, no. 2 (1994): 213–226.

26 Abdullah al-Ahsan, *Ummah or Nation? Identity Crisis in Contemporary Muslim Society* (Leicester, UK: Islamic Foundation, 1992), 26–27. 另可參考Sayyid Abul A'la Mawdudi, *Unity of the Muslim World* (Lahore: Islamic Publications, 1967), 14–15.

27 Ibn Batuta, *Ibn Battuta in Black Africa*, ed. Said Hamdun, trans. Noel Quinton King (Princeton, NJ: Markus Wiener, 1994). See also Ibn Batuta, *The Travels of Ibn Battuta in the Near East, Asia and Africa 1325–1354*, trans. Samuel Lee (Mineola, NY: Dover, 2004).

28 Robert Dankoff, "Ayp değil! (No Disgrace!)," *Journal of Turkish Literature* 5 (2008): 77–90.

29 Evliya Celebi, *An Ottoman Traveller: Selections from the Book of Travels by Evliya Celebi*, ed. and trans. Robert Dankoff and Sooyong Kim (New York: Eland, 2011); Evliya Celebi, *Evliya Chelebi Travels in Iran and the Caucasus, 1647–1654*, trans. Hasan Javadi and Willem Floor (Washington, DC: Mage, 2010).

30 Mehmet İpşirli, "Hasan Kafi Akhisari ve Devlet Düzenine Ait Eseri: *Usûlü'l-hikem fi Nizami'l Alem,*" *in Tarih Enstitütüsü Dergisi* (Journal of the Historical Institute) (Istanbul: Edebiyat Fakültesi Matbaasi, 1981), 239–278.

31 Şener Aktürk, "September 11, 1683: The Myth of a Christian Eu rope and Massacre of Norway," *Insight Turkey*, Winter 2012, 1–11.

32 Christos S. Bartsocas, "Alexander Mavrocordatos (1641–1709): Physician and Statesman," *Journal of the History of Medicine and Allied Sciences* 28, no. 4 (1973): 392–395.

33 Casale, *The Ottoman Age of Exploration*.

34 關於歐斯曼帝國在波斯反抗俄羅斯擴張時失敗一事上的無動於衷，可見Virginia Aksan, *Ottoman Wars 1700–1870: An Empire Besieged* (Harlow, UK: Longman / Pearson, 2007).

35 可參考Kate Brittlebank, "Islamic Responses to the Fall of Srirangapattana and the Death of Tipu Sultan (1799)," *South Asia: Journal of South Asian Studies* 22, no. 1 (1999): 79–86.

36 Kemal Karpat, *The Politicization of Islam* (Oxford: Oxford University Press, 2001), 48–67.

37 關於俄羅斯在一七七四年之後以新政策試圖整合其穆斯林人口的嘗試，請參考Alan W. Fisher, "Enlightened Despotism and Islam under Catherine II," *Slavic Review* 27, no. 4 (1968): 542–553. See also Alan W. Fisher, "Şahin Girey, the Reformer Khan, and the Russian Annexation of the Crimea," *Jahrbücher für Geschichte Osteuropas, Neue Folge* 15, no. 3 (1967): 341–364.

38 Ahmad S. Dallal, "The Origins and Early Development of Islamic Reform," in *The New Cambridge History of Islam*, vol. 6: *Muslims and Modernity: Culture and Society since 1800*, ed. Robert W. Hefner (Cambridge: Cambridge University Press, 2010), 107–147.

39 Juan Cole, *Napoleon's Egypt: Invading the Middle East* (New York: Palgrave, 2007).

40 Thomas Naff, "Reform and the Conduct of Ottoman Diplomacy in the Reign of Selim III, 1789–1807," *Journal of the American Oriental Society* 83, no. 3 (1963): 295–315. See also Nihat Karaer, "Fransa'da İlk İkamet Elçiliğinin Kurulması Çalısmaları Ve İlk İkamet Elçimiz Seyyid Ali Efendi'nin Paris Büyükelçiliği (1797–1802) Sürecinde Osmanlı–Fransız Diplomasi İliskileri" (Attempts to establish the fi rst Ottoman resident embassy in France, and the Paris embassy experience of Seyyid Ali Efendi, the fi rst resident ambassador [1797–1802]), *Ankara Üniversitesi Dil ve Tarih- Coğrafya Fakültesi Tarih Bölümü Tarih Araştırmaları Dergisi* (History journal of the History Department of Ankara University's School of Languages, History and Geography) 31, no. 51 (1963): 63–92.

41 Maya Jasanoff, *The Edge of Empire: Lives, Culture and Conquest in the East, 1750–1850* (New York: Vintage, 2006), 138–147.

42 'Abd al-Raḥmān Jabartī, *Napoleon in Egypt: Al-Jabartī's Chronicle of the French Occupation, 1798* (Princeton, NJ: Markus Wiener, 2004).

43 Ian Coller, *Arab France: Islam and the Making of Modern Europ 1798–1831* (Berkeley: University of California Press, 2011).

44 Kahraman Sakul, "Ottoman Attempts to Control the Adriatic Frontier in the Napoleonic Wars," in *The Frontiers of the Ottoman World*, Proceedings of the British Academy, ed. Andrew Peacock (Oxford: Oxford University Press, 2009), 253–271.

45 Brittlebank, *Tipu Sultan's Search for Legitimacy*.

46 歐斯曼巴勒斯坦的一個省級要人吉札爾・阿赫邁德・帕夏（Cezzar Ahmad Pasha）就是一個很好的例子，這個例子顯現出在面對外來入侵時，這些非中央化的人物對於歐斯曼中央的忠誠度。Thomas Philipp, *Acre: The Rise and Fall of a Palestinian City, 1730–1831* (New York: Columbia University Press, 2001).

47 一八〇一年至一八〇五年間，與美國在第一次柏柏戰爭（the first Barbary Wars）中交戰的正是這些位於利比亞、突尼西亞（Husainid dynasty）和阿爾及爾（外加獨立的摩洛哥）的歐斯曼帝國非中央管控的地方王朝。摩洛哥也主張要作為第一個承認年輕的美利堅共和國的國家。

48 關於納德爾沙（Nader Shah）的入侵及其留在印度的可能性的反事實歷史，可以參考Sanjay Subrahmanyam, "Un Grand Dérangement: Dreaming an Indo-Persian Empire in South Asia, 1740–1800," *Journal of Early Modern History* 4, nos. 3–4 (2000): 337–378.

第二章　帝國主義世界秩序的強化（一八一四年－一八七八年）

1 H. K. Sherwani, "The Political Thought of Sir Syed Ahmad Khan," *Indian Journal of Political Science* 5 (1944): 306–328.

2 Edward W. Blyden, "Mohammedanism and the Negro Race," *Fraser's Magazine*, November 1875.

3 Nihat Karaer, *Paris, Londra, Viyana: Abdülaziz'in Avrupa Seyahati* (Paris, London and Vienna: Abdulaziz's trip to Europe) (Ankara: Phoenix Yayınları, 2007).

4 Cemal Kutay, *Avrupa'da Sultan Aziz* (Sultan Aziz in Europe) (Istanbul: Posta Kutusu Yayýnlarý, 1977).

5 關於穆蘇魯斯・帕夏與其他為歐斯曼帝國服務的希臘人，請見Nicholas Doumanis, *Before the Nation: Muslim-Christian Coexistence and Its Destruction in Late-Ottoman Anatolia* (Oxford: Oxford University Press, 2012) and Christine Philliou, "Communities on the Verge: Unraveling the Phanariot Ascendancy in Ottoman Governance," *Comparative Studies in Society and History* 51, no. 1 (2009): 151–181.

6 關於赫迪夫伊斯瑪儀在一八六九年蘇伊士運河開通典禮上的演說，請參考Pierre Crabitès, *Ismail: The Maligned Khedive* (London: G. Routledge and Sons, 1933).

7 Aziz Aḥmad, "Sayyid Aḥmad Khān, Jamāl al-dīn al-Afghānī and Muslim India," *Studia Islamica* 13 (1960): 55–78.

8 Bağdatlý Abdurrahman Efendi, *Brezilya'da Ilk Müslümanlar: Brezilya Seyahatnamesi*（第1個在巴西的穆斯林：巴西旅行日誌）, trans. from Arabic to Ottoman and then Turkish by Mehmet Şerif and N. Ahmet Özalp (Istanbul: Kitabevi, 2006).

9 關於在不同的歐洲帝國裡的穆斯林的更宏觀討論，請參考David Motadel, "Islam and the European Empires," Historical Journal 55, no. 3 (2012): 831–856.

10 關於十九世紀埃及改革的進程，見Kenneth Cuno, "Egypt to c. 1919," in *The New Cambridge History of Islam*, vol. 5: *The Islamic World in the Age of Western Dominance*, ed. Francis Robinson (Cambridge: Cambridge University Press, 2010), 79–106.

11 Ilham Khuri-Makdisi, "Ottoman Arabs in Istanbul, 1860–1914: Perceptions of Empire, Experience of the Metropole through the Writings of Ahmad Faris al-Shidyaq, Muhammad Rashid Rida and Jirji Zaydan," in *Imperial Geographies in Byzantine and Ottoman Space*, ed. Sahar Bazzaz, Yota Batsaki, and Dimiter Angelov (Cambridge, MA: Harvard University Press, 2013), 159–182.

12 Kevin Reinhart, "Civilization and Its Discussants: Medeniyet and Turkish Conversion to Modernism," *in Converting Cultures: Religion, Ideology, and Transformations of Modernity*, ed. Denise Washburn and Kevin Reinhart (Leiden: Brill, 2007), 267–290, 281–282. See also Cemil Aydin, "Mecmua-i Fünûn ve Mecmua-i Ulûm Dergilerinin Medeniyet ve Bilim Anlayişi" (Discourses on civilization and science in the Ottoman journals of Mecmua-i Fünûn ve Mecmua-i Ulûm) (MA thesis, Istanbul University, 1995).

13 P. J. Vatikiotis, *The History of Egypt: From Muhammad Ali to Sadat* (Baltimore: Johns Hopkins University Press, 1980); Khaled Fahmy, *Mehmed Ali: From Ottoman Governor to Ruler of Egypt* (Oxford: Oneworld, 2009).

14 關於埃及統治蘇丹的種族和殖民面向，可參考Eve M. Troutt Powell, *A Different Shade of Colonialism: Egypt, Great Britain, and the Mastery of the Sudan* (Berkeley: University of California Press, 2003).

15 Beatrice Nicolini, *The First Sultan of Zanzibar: Scrambling for Power and Trade in the Nineteenth-Century Indian Ocean* (Princeton, NJ: Markus Wiener, 2012).

16 Jeremy Prestholdt, "From Zanzibar to Beirut: Sayyida Salme bint Said and the Tensions of Cosmopolitanism," in *Global Muslims in the Age of Steam and Print*, ed. James Gelvin and Nile Green (Berkeley: University of California Press, 2014), 204–226.

17 Khayr al-Dîn Tunisi, *The Surest Path: The Political Treatise of a Nineteenth-Century Muslim Statesman* (Cambridge, MA: Harvard University Press, 1967). 另見Carl Brown, *The Tunisia of Ahmad Bey, 1837–1855* (Princeton, NJ: Princeton University Press, 1974).

18 關於Khayr al-Din Tunisi近年來的重新評估，見Syed Tanvir Wasti, "A Note on Tunuslu Hayreddin Paşa," *Middle Eastern Studies* 36, no. 1 (January 2000): 1–20.

19 Ismael M. Montana, *Abolition of Slavery in Ottoman Tunisia* (Gainesville: University Press of Florida, 2013).

20 Hakan Erdem, *Slavery in the Ottoman Empire and Its Demise, 1800–1909* (Hampshire, UK: Macmillan, 1996).

21 關於十九世紀伊朗卡札爾王朝時期的改革，見Nikki Keddie, "Iran under the Later Qajars, 1848–1922," *Cambridge History of Iran*, vol. 7: *From Nader Shah to the Islamic Republic*, ed. Peter Avery, Gavin R. G. Hambly, and Charles Melville (Cambridge: Cambridge University Press, 1991), 174–212; Abbas Amanat, *Pivot of the Universe: Nasir al-Din Shah Qajar and the Iranian Monarchy, 1831–1896* (Berkeley: University of California Press, 1997). For reforms in Morocco during the nineteenth century, see Amira K. Bennison, "The 'New Order' and Islamic Order: The Introduction of the Nizami Army in the Western Maghrib and Its Legitimation, 1830–73," *International Journal of Middle East Studies* 36 (2004): 591–612.

22 Mehmet Yıldız, "1856 Islahat Fermanına Giden Yolda Meşruiyet Arayışlar: Uluslararası Baskılar ve Cizye Sorununa Bulunan Çözümün Islami Temeller" (Search for legitimacy in the process leading up to 1856 Reform Edict: International pressures and solving the jizya problem with Islamic foundations), *Türk Kültürü Incelemeleri Dergisi* (Journal for the Study of Turkish Culture) 7 (Fall 2002): 75–114.

23 關於突尼西亞在十九世紀的法律系統，見Julia Clancy-Smith, *Mediterranean North Africa and Europe in an Age of Migration, c. 1800–1900* (Berkeley: University of California Press, 2010).

24 H. L. Bulwer, *Life of Palmerston*, 3 vols. (London, 1870–1874), 2:298, quoted in M. E. Yapp, "Europe in the Turkish Mirror," *Past and Present* no. 137 (November 1992): 155. 關於梅特涅和歐斯曼改革派人士之間的聯繫和對比，見Ilber Ortaylı, "Tanzimat Bürokratları ve Metternich" (Ottoman bureaucrats and Metternich), in *Osmanlı İmparatorluğu'nda İktisadi ve Sosyal Değişim: Makaleler* (Articles on economic and social change in the Ottoman Empire), vol. 1 (Ankara: Turhan Kitabevi, 2000). 作者正確強調了坦志麥特運動中的改革派人士不像梅特涅那樣反改革和保守。

25 Thomas Sanders, Ernest Tucker, and Gary Hamburg, ed. and trans., *Russian-Muslim Confrontation in the Caucasus: Alternative Visions of the Conflict between Imam Shamil and the Russians, 1830–1859* (New York: RoutledgeCurzon, 2004).

26 Robert D. Crews, *For Prophet and Tsar: Islam and Empire in Russia and Central Asia* (Cambridge, MA: Harvard University Press, 2006).

27 關於歐斯曼帝國統治的巴爾幹領土上的基督徒，可參考Barbara Jelavich, *History of the Balkans: Eighteenth and Nineteenth Centuries* (Cambridge: Cambridge University Press, 1983).

28 Christine May Philliou, *Biography of an Empire: Governing Ottomans in an Age of Revolution* (Berkeley: University of California Press, 2011).

29 Stathis Gourgouris, *Dream Nation: Enlightenment, Colonization, and the Institution of Modern Greece* (Stanford, CA: Stanford University Press, 1996).

30 關於包括帝國內所有正教會基督徒在內的希臘民族主義的目標的宏觀分析，見Victor Roudometfor, "From Rum Millet to Greek Nation: Enlightenment, Secularization, and National Identity in Ottoman Balkan Society, 1453–1821," *Journal of Modern Greek Studies* 16, no. 1 (1998): 11–48.

31 關於親希臘主義（philhellenism），見Suzanne L. Marchand, *Down from Olympus: Archaeology and Philhellenism in Germany, 1750–1970* (Princeton, NJ: Princeton University Press, 2003).

32 Thomas Hope, *Anastasius; or, Memoirs of a Greek* (London: Harper, 1831).

33 David Urquhart, England, France, Russia, and Turkey (London: J. Ridgway and Sons, 1835); Nazan Çiçek, *The Young Ottomans: Turkish Critics of the Eastern Question in the Late Nineteenth Century* (New York: Tauris Academic Studies, 2010).

34 見Eric Weitz, "From the Vienna to the Paris System: International Politics and the Entangled Histories of Human Rights, Forced Deportations, and Civilizing Missions," *American Historical Review* 113, no. 5 (2008): 1313–1343, 1317.

35 Nurdan Şafak, "Bir Tanzimat Diplomatý Kostaki Musurus Paşa" (Portrait of Kostaki Musurus Pasha as a Tanzimat diplomat) (PhD dissertation, Marmara Üniversitesi Sosyal Bilimler Enstitüsü Tarih Anabilim Dalý, Istanbul, 2006).

36 Bruce Vandervort, *Wars of Imperial Conquest in Africa, 1830–1914* (Bloomington: Indiana University Press, 1998).

37 Jennifer Pitts, "Liberalism and Empire in a NineteenthCentury Algerian Mirror," *Modern Intellectual History* 6, no. 2 (2009): 287–313.

38 Candan Badem, *The Ottoman Crimean War, 1853–1856* (Boston: Brill, 2010).

39 William Dalrymple, *The Last Mughal: The Emperor Bahadur Shah Zafar and the Fall of Delhi, 1857* (London: Bloomsbury, 2006).

40 Azmi Özcan, "Attempts to Use the Ottoman Caliphate as the Legitimator of British Rule in India," in *Islamic Legitimacy in a Plural Asia, ed. Anthony Reid and Michael Gilsenan* (London: Routledge, 2007), 71–80.

41 William Wilson Hunter, *The Indian Musalmans: Are They Bound in Conscience to Rebel against the Queen?* (London: Trübner, 1871).

42 Aziz Ahmad, "Sayyid Ahmad Khan, Jamal al-Din al-Afghani and Muslim India," in *Studia Islamica* no. 13 (1960): 55–78. 作者引用賽義德．艾哈邁德汗的文章「關於哈里發的真理」的內容在第七一至七二頁。

43 Ali Altaf Mian and Nancy Nyquist Potter, "Invoking Islamic Rights In British India: Mawlana Ashraf ʻAli Thanawi's Huquq alIslam," *Muslim World* 99 (April 2009): 312–334.

44 A. A. Powell, "Maulânâ Rahmat Allâh Kairânawî and MuslimChristian Controversy in India in the Mid-19th Century," *Journal of the Royal Asiatic Society* 20 (1976): 42–63; Avril A. Powell, *Scottish Orientalists and India: The Muir Brothers, Religion, Education and Empire* (Woodbridge, UK: Boydell Press, 2010). 另可參考Christine Schirrmacher, "The Influence of German Biblical Criticism on Muslim Apologetics in the 19th Century," *in Festschrift for Rousas John Rushdoony,* http://www.contra-mundum.org /schirrmacher/rationalism .html.

45 Edward W. Blyden, *Christianity, Islam and the Negro Race* (Edinburgh: Edinburgh University Press, 1967), 3.

46 Ismail Hakkı Göksoy, "Ottoman Aceh Relations as Documented in Turkish Sources," in *Mapping the Acehnese Past*, ed. Michael Feener, Patrick Daily, and Anthony Reid (Leiden: KITLV Press, 2011), 65–96.

47 關於亞齊統治者向歐斯曼帝國要求援助，請參考Anthony Reid, "Nineteenth Century Pan-Islam in Indonesia and Malaysia," *Journal of Asian Studies* 26, no. 2 (February 1967): 275–276. 作者的文章表現了在一八六〇至七〇年代，朝聖者、學生、學者和商人在連結印尼和麥加、開羅和伊斯坦堡，以及在復興伊斯蘭團結的概念等方面所扮演的角色。Engseng Ho, *Graves of Tarim: Genealogy and Mobility in the Indian Ocean* (Berkeley: University of California Press, 2006).

48 Hodong Kim, *Holy War in China: The Muslim Rebellion and State in Chinese Central Asia, 1864–1877* (Stanford, CA: Stanford University Press, 2004), 146–150.

49 Mümtazer Türköne, *Siyasi İdeoloji Olarak İslamcılığın Doğuşu*（作為政治意識型態的伊斯蘭主義之起源）(Ankara: Lotus Yayýnlarý, 2003), 143.

50 Azmi Özcan, "İngiltere'de Hilafet Tartışmaları, 1873–1909" (Debates on the caliphate in England, 1873–1909), in Hilafet Risaleleri（關於哈里發的書籍和手冊）, vol. 1, ed. Ismail Kara (Istanbul: Klasik Yayınları, 2002), 65–67.

51 關於格萊斯頓發表的歐斯曼人在保加利亞犯下暴行的演講的影響力，可以參考W. E. Gladstone, *Bulgarian Horrors and the Question of the East* (London: John Murray, 1876).

52 關於迪斯雷利和歐斯曼帝國，見 Milos Kovic, *Disraeli and the Eastern Question* (Oxford: Oxford University Press, 2011).

53 Robert H. Patton, *Hell before Breakfast: America's First War Correspondents Making History and Headlines, from the Battlefields of the Civil War to the Far Reaches of the Ottoman Empire* (New York: Pantheon Books, 2014).

54 Azmi Özcan, *Pan-Islamism, the Ottoman Empire and Indian Muslims* (Leiden: Brill, 1997).

55 Weitz, "From the Vienna to the Paris System."

56 Nikkie Keddie, *An Islamic Response to Imperialism* (Berkeley: University of California Press, Berkeley, 1968).

57 Wilfred Scawen Blunt, *The Future of Islam* (London: Kegan Paul, 1882).

第三章　尋求女王和哈里發之間的和諧（一八七八年－一九〇八年）

1 Hakan Kırımlı and İsmail Türkoğlu, *İsmail Bey Gaspıralı ve Dünya Müslümanları Kongresi* (İsmail Bey Gaspıralı and the Muslim World Congress), Islamic Area Studies Project, Central Asian Research Series, no. 4 (Tokyo: Tokyo University, 2002).

2 出處同上，17。

3 哈里發之精神主權的概念，在Lale Can關於中亞穆斯林和歐斯曼哈里發之間的關係之研究中得到了清晰的闡述。請參考Lale Can, "Trans-Imperial Trajectories: Pilgrimage, Pan-Islam, and Ottoman– Central Asian Relations, 1865–1914" (PhD diss., New York University, 2011).

4 關於歐洲東方主義的政治和知性忠誠的多元性，見Katherine Watt, "Thomas Walker Arnold and the Re-evaluation of Islam, 1864–1930," *Modern Asian Studies* 36, no. 1 (2002): 1–98.

5 M. E. Yapp, " 'That Great Mass of Unmixed Mahomedanism': Reflections on the Historical Links between the Middle East and Asia," *British Journal of Middle Eastern Studies* 19, no. 1 (1992): 3–15.

6 Amira K. Bennison, "Muslim Internationalism between Empire and Nation-State," in *Religious Internationals in the Modern World: Globalization and Faith Communities since 1750*, ed. Abigail Green and Vincent Viaene (Basingstoke, UK: Palgrave, 2012), 163–185, 172–174.

7 Umar Ryad, "Anti-Imperialism and Pan-Islamic Movement," in *Islam and the European Empires*, ed. David Motadel (Oxford: Oxford University Press, 2014), 131–149.

8 我們仍然有相同名字的英文、德文和法文的學術期刊。日本期刊《回教世界》（*Kaikyo Sekai*）以此而言十分重要。見Syed Amir Ali, The Life and Teachings of Mohammed: The Spirit of Islam (London: W. H. Allen, 1891); Hindli Abdulmecid, Ingiltere ve Alem-i Islam (England and the world of Islam) (Istanbul: Matbaai Amire, 1910); Abdurreşid Ibrahim, *Alem-i Islam ve Japonya'da Intişarı Islamiyet* (The world of Islam and spread of Islam in Japan) (Istanbul: Ahmet Saik Bey Matbaasi, 1911).

9 埃赫內斯特・赫農在一八八三年發表的演講「伊斯蘭和科學」的英文翻譯，可參考：Ernest Renan, *The Poetry of the Celtic Races and Other Studies* (London: Walter Scott, 1896), 84–108.

10 關於多位穆斯林現代主義者針對赫農的回應，可參考：Dücane Cündioğlu, "Ernest Renan ve 'Reddiyeler' Bağlamında İslam-Bilim Tartişmalarina Bibliyografi k bir Katkı" (A bibliographic contribution to the Islam and science debate in the context of refutations against Ernest Renan's arguments), *Divan* no. 2 (Istanbul 1996): 1–94.

11 關於凱末爾對於赫農的演講所做的回應，可參考Namik Kemal, Renan Müdafaanamesi: Islamiyet ve Maarif (Refutation against Renan: Islam and education) (Ankara: Milli Kültür Yayınları, 1962).

12 Ahmed Riza, *La faillite morale de la politique occidentale en Orient*（西方的東方政策之道德破產）(Tunis: Éditions Bouslama, 1979); Ahmed Riza and Ismayl Urbain, *Tolérance de l'islam*（伊斯蘭中的寬容）(Saint-Ouen, France: Centre Abaad, 1992).

13 Marwa Elshakry, *Reading Darwin in Arabic, 1860–1950* (Chicago: University of Chicago Press, 2013).

14 Car ter Vaughn Findley, "An Ottoman Occidentalist in Europ Ahmed Midhat Meets Madame Gulnar, 1889," *American Historical Review* 103, no. 1 (1998): 15–49.

15 關於十九世紀末期的薩拉菲思想的現代主義，見David Dean Commins, *Islamic Reform: Politics and Social Change in Late Ottoman Syria* (New York: Oxford University Press, 1990).

16 Samira Haj, *Reconfiguring Islamic Tradition: Reform, Rationality and Modernity* (Stanford, CA: Stanford University Press, 2009), 91.

17 穆斯林現代主義者和反帝國主義在回應基督教傳教士時的所有重要主題都可以在一篇文章裡看到，這篇文章是專門為回應英格蘭聖公（安立甘）教會寫給伊斯坦堡的最高穆斯林機關（Seyhülislamlik）的一封信而撰寫的。當時正值英國於一九二三年占領了伊斯坦堡，阿布杜阿濟茲．加維什（Abdulaziz Jawish），一個摩洛哥和埃及出身背景的泛伊斯蘭主義者歐斯曼阿拉伯人，執筆發表了這篇文章。見Abdulaziz Jawish, *Anglikan kilisesine cevap*（對聖公會的回應）, trans. Mehmet Akif (Istanbul: Evkaf-i İslamiye Matbaası, 1923).

18 Jason Ānanda Josephson, *The Invention of Religion in Japan* (Chicago: University of Chicago Press, 2012).

19 Umar Ryad, *Islamic Reformism and Christianity: A Critical Reading of the Works of Muhammad Rashid Rida and His Associates* (1898–1935) (Leiden: Brill, 2009); Kazuo Morimoto, *Sayyids and Sharifs in Muslim Societies: The Living Links to the Prophet* (London: Routledge, 2012).

20 Syed Ameer Ali, *The Spirit of Islam: A History of the Evolution and Ideals of Islam with a Life of the Prophet* (London: Methuen, 1967).

21 Muḥammad 'Abduh, *The Theology of Unity* (London: George Allen and Unwin, 1966).

22 Tomoko Masuzawa, *The Invention of World Religions, or, How European Universalism Was Preserved in the Language of Pluralism* (Chicago: University of Chicago Press, 2005); Dietrich Jung, *Orientalists, Islamists and the Global Public Sphere: A Genealogy of the Modern Essentialist Image of Islam* (Sheffield, UK: Equinox, 2011).

23 Christopher Shackle and Javed Majeed, trans., *Hali's Musaddas: The Flow and Ebb of Islam* (Delhi: Oxford University Press, 1997).

24 關於大英帝國境內的哈德拉毛阿拉伯人離散社群的力量增長，可參考Engseng Ho, *The Graves of Tarim Genealogy and Mobility across the Indian Ocean* (Berkeley: University of California Press, 2006).

25 Halil Halid, *The Crescent versus the Cross* (London: Luzac, 1907).

26 在英格蘭大量出版關於穆斯林世界的著作的泛伊斯蘭主義者歐斯曼人。見Syed Tanvir Wasti, "Halil Halid: Anti-Imperialist Muslim Intellectual," *Middle Eastern Studies* 29, no. 3 (July 1993): 559–579.

27 Lothrop Stoddard, *The New World of Islam* (New York: Scribner's, 1921).

28 該著作的阿拉伯語翻譯，見Lûthrub Stûdard, *Hadir al-A al-Islami*, trans. 'Ajjâj Nuwayhid, ed. al-Amîr Shakîb Arslân (Cairo: Matbaa-i Salafiyah, 1924). 關於同一著作的歐斯曼語翻譯，見 *Yeni Alem-i Islam*, trans. Ali Riza Seyfi (Istanbul: Ali Şükrü Matbaasi, 1922).

29 Samuel Zwemer, *Islam, a Challenge to Faith: Studies on the Mohammedan Religion and the Needs and Opportunities of the Mohammedan World from the Standpoint of Christian Missions* (New York: Laymen's Missionary Movement, 1909).

30 Thomas Kidd, *American Christians and Islam: Evangelical Culture and Muslims from the Colonial Period to the Age of Terrorism* (Princeton, NJ: Princeton University Press, 2009); Samuel Marinus Zwemer, ed., *The Moslem World* (London: Published for the Nile Mission Press by the Christian Liter ature Society for India, 1911). 這一刊物後來在一九三八年移入到了哈特福德神學院（Hartford Seminary）並繼續出版。主要的德文刊物也使用同樣的名字：Deutsche Gesellschaft für Islamkunde, Die Welt des Islams = The World of Islam = Le Monde de l'Islam (Leiden: E. J. Brill, 1913). 關於穆斯林世界的法語刊物的創辦時間要更早，是在一九〇六年創立的：Mission sci du Maroc, Revue du monde musulman (Paris: Mission scientifique du Maroc, 1906).大約在同一時期，泛伊斯蘭主義人物也創立了相似名稱的刊物。見*Alemi-i Islam* (The Muslim world), Istanbul, 1911–1912, Abdurreşid Ibrahim主編。

31 Wilfrid Blunt, *The Future of Islam* (London: Kegan Paul, 1882).

32 Ryad, "Anti-Imperialism and the Pan-Islamic Movement."

33 Renee Worringer, " 'Sick Man of Europe' or 'Japan of the Near East'? Constructing Ottoman Modernity in the Hamidian and Young Turk Eras," *International Journal of Middle Eastern Studies* 36, no. 2 (2004): 207–223. 另 見Cemil Aydin, "A Global Anti-Western Moment? The Russo-Japanese War, Decolonization and Asian Modernity," in *Conceptions of World Order, ca. 1880–1935: Global Moments and Movements*, ed. Sebastian Conrad and Dominic Sachsenmaier (New York: Palgrave, 2007), 213–236.

34 Mustafa Abdelwahid, *Duse Mohamed Ali (1866–1945): The Autobiography of a Pioneer Pan-African and Afro-Asian Activist* (Trenton, NJ: Read Sea Press, 2011). 在一八九三年的芝加哥世界宗教議會上，穆斯林的代表人數相對少，主要是歐斯曼帝國的外交官Ismail Hakkı Bey和Alexander Russeli Webb。但是，有許多非穆斯林代表團發表了關於穆斯林和歐斯曼人的文明生活的演講，其中包括Esmeralda Cervantes, Herant Kiretchijian, Teresa Viele, 和Christopher Jibara。見Richard Hughes Seager, ed., *The Dawn of Religious Pluralism: Voices from the World's Parliament of Religions, 1893* (La Salle, IL: Open Court, 1993).

35 Umar F. Abd-Allah, *A Muslim in Victorian America: The Life of Alexander Russell Webb* (Oxford: Oxford University Press, 2006).

36 在Mushir Hosain Kidwai的著作*Pan-Islamism* 中提到，《神智學人》 雜誌在一九〇七年十一月號上發表了一篇關於倫敦的泛伊斯蘭協會成立的正面報導。Mushir Hosain Kidwai, *Pan-Islamism* (London: Lusac, 1908).

37 神智論者和國族主義者之間的聯絡，Mark Frost, " 'Wider Opportunities': Religious Revival, Nationalist Awakening and the Global Dimension in Colombo, 1870–1920," *Modern Asian Studies* 36, no. 4 (2002): 937–967. 關於實證論的影響力，見Axel Gasquet , "Ernesto Quesada, a Positivist Traveler: Between Cosmopolitanism and Scientific Patriarchy," *Culture & History Digital Journal* 1, no. 2 (2012): 1–17.

38 Michael Goebel, *Anti-Imperial Metropolis: Interwar Paris and the Seeds of Third World Nationalism* (New York: Cambridge University Press, 2015).

39 關於穆斯林在軍隊裡的忠誠度，見Nile Green, *Islam and the Army in Colonial India: Sepoy Religion in the Ser vice of Empire* (Cambridge: Cambridge University Press, 2009). 關於穆斯林對英國的反伊斯蘭情緒的批評，見Ron Geaves, *Islam in Victorian Britain: The Life and Times of Abdullah Quilliam* (Leicester, UK: Islamic Foundation, 2009).

40 Shrabani Basu, *Victoria and Abdul: The True Story of the Queen's Closest Condifdant* (New Delhi: Rupa, 2010).

41 W. E. Gladstone, *Bulgarian Horrors and the Question of the East* (London: John Murray, 1876).

42 許多為歐斯曼帝國辯護的印度穆斯林，將帝國吸收了希臘人和亞美尼亞人官僚擔任高層職位的作法與大英帝國限制穆斯林和印度教徒社會流動的作法加以對照。Cheragh Ali羅列出了當時為歐斯曼帝國工作的近一百名基督徒官員來證明這一點。Moulavi Cheragh Ali, *The Proposed Political, Legal and Social Reforms in the Ottoman Empire and Other Mohammadan States* (Bombay: Education Society's Press, 1883), 40–43.

43 Seema Alavi, *Muslim Cosmopolitans in the Age of Empire* (Cambridge, MA: Harvard University Press, 2014).

44 William Henry Abdullah Quilliam, *The Faith of Islam: An Explanatory Sketch of the Principal Fundamental Tenets of the Moslem Religion* (Liverpool, UK: Wilmer Bross, 1892).

45 William Henry Quilliam, *The Troubles in the Balkans: The Turkish Side of the Question. Verbatim Report of the Speech Delivered by the Sheikh-Ul-Islam of the British Isles (W. H. Quilliam) on the 22nd October, 1903, at the Town Hall, Liverpool* (Liverpool, UK: Crescent, 1904), 62.

46 Geaves, *Islam in Victorian Britain*, 66.

47 奎廉的刊物，《新月》和《伊斯蘭世界》都討論了亞美尼亞大屠殺，並常常捍衛歐斯曼帝國的立場。關於奎廉為歐斯曼帝國辯護的例子，見Quilliam, *The Troubles in the Balkans*.

48 Blunt, *The Future of Islam*.

49 和哈里發的有效性相關的許多文本，以及這一辯論的後續發展，見İsmail Kara, ed., Hilafet Risaleleri (Istanbul: Klasik Yayınları, 2002), 1:65–67.

50 在第一次世界大戰期間，就英國穆斯林而言，擁護對歐斯曼哈里發和英國國王抱持雙重忠誠的想法已經十分困難了，若是考慮到勞合．喬治的反歐斯曼基督徒言論，以及在巴勒斯坦的英國十字軍的觀念的話尤其如此。關於希臘軍隊入侵安納托利亞一事，勞合．喬治稱其為「巨大領土上的解放……〔打破〕突厥人的惡劣影響力，這是英國所從事過的最出色的文明任務之一」（(Humayun Ansara, *The Infidel Within: Muslims in Britain since 1800* [London: Hurst and Company, 2004], 80)）。

51 Amal N. Ghazal, *Islamic Reform and Arab Nationalism: Expanding the Crescent from the Mediterranean to the Indian Ocean (1880s–1930s)* (New York: Routledge, 2010), 51–57.

52 Edmund Burke, "Pan-Islam and Moroccan Resistance to French Colonial Penetration, 1900–1912," *Journal of African History* 13, no. 1 (1972): 97–118.

53 Faiz Ahmed, *Constituting Afghanistan* (Cambridge, MA: Harvard University Press, 2017).

54 一八七〇年，在蘇丹阿布杜阿齊茲統治時期，柔佛的阿布．巴克爾（Abu Bakar of Johor）曾於訪英途中造訪了伊斯坦堡；一八九三年，蘇丹阿布杜哈米德二世統治時期，阿布．巴克爾在前往麥加朝聖後又訪問了伊斯坦堡。歐斯曼王室的第一位妾室嫁給了阿布．巴克爾的兄弟（離婚後又嫁給了另外兩位馬來政要）。她的一個孫子胡先翁（Hussein Onn）後來成為了現代馬來西亞的首相。第二個妾室海迪嘉嫁給了阿布．巴克爾本人。

55 Lale Can, "Connecting People: A Central Asian Sufi Network in Turn-of-the- Century Istanbul," *Modern Asian Studies* 46, no. 2 (2012): 373–401.

56 關於伊朗—歐斯曼語境下的泛伊斯蘭主義，可參考Mehrdad Kia, "Pan-Islamism in Late Nineteenth-Century Iran," *Middle Eastern Studies* 32, no. 1 (1996): 30–52.

57 Nejat Göyünç, "Muzafferüddin Şah ve II. Abdülhamid Devrinde Türk Iran Dostluk Tezahürleri"（穆扎法爾丁國王和阿布杜哈米德二世蘇丹時期的土耳其－伊朗友誼）, in *İran Şehinşahliğinin 2500.uncu Kuruluş Yıldönümüne Armağan*（紀念波斯帝國建立兩千五百週年紀念冊）(Istanbul: Milli Eğitim Bakanlığı Yayınları, 1971), 140–145.

58 關於帝國全球化時代的朝聖之重要性，可以參考Michael Christopher Low, "Empire and the Hajj: Pilgrims, Plagues, and Pan-Islam under British Surveillance, 1865–1908," *International Journal of Middle East Studies* 40, no. 2 (2008): 269–290; Benjamin Claude Brower, "The Colonial Haj: France and Algeria, 1830–1962," in *The Hajj: Collected Essays*, ed. Venetia Porter and Liana Saif (London: British Museum Press, 2013), 108–114; John Slight, "The Haj and the Raj: From Thomas Cook to Bombay's Protector of Pilgrims," in *The Hajj: Collected Essays*, ed. Venetia Porter and Liana Saif (London: British Museum Press, 2013), 115–121; Eileen Kane, *Russian Hajj: Empire and the Pilgrimage to Mecca* (Ithaca, NY: Cornell University Press, 2015).

59 C. Van Dijk, "Colonial Fears, 1890–1918: Pan-Islamism and the Germano-Indian Plot," in *Transcending Borders: Arabs, Politics, Trade and Islam in Southeast Asia*, ed. Huub De Jonge and Nico Kaptein (Leiden: KITLV Press, 2002), 53–89.

60 Mustafa Akyol, "A Sultan with Swat," *Weekly Standard*, December 26, 2005, 16–18.

61 關於前往南非的歐斯曼學者們的回憶錄，見Ebubekir Efendi Ebubekir, *Ümitburnu Seyahatnâmesi*（開普敦之行）, ed. Hüseyin Yorulmaz (İstanbul: Ses Yayınları, 1994).

62 十九世紀末幾乎所有重要的國際法書籍都在歐斯曼帝國被翻譯和教授。當時也有歐斯曼穆斯林知識人原創的著作。比方說，可參考Celal Nuri, Kendi Noktai Nazarimizdan Hukuk-i Düvel（我方視角下的國際法）(Istanbul: Osmanlı Şirketi Matbaasi, 1911).另可參考Aimee Genell, "The WellDefended Domains: Eurocentric International Law and the Making of the Ottoman Office of Legal Counsel," *Journal of the Ottoman and Turkish Studies Association* 3, no. 2 (November 2016): 255–275.

63 Arnulf Becker Lorca, "Universal International Law: NineteenthCentury Histories of Imposition and Appropriation," *Harvard International Law Journal* 51, no. 2 (2010): 475–552.

第四章　地緣政治錯覺之戰（一九〇八年－一九二四年）

1 Hüseyin Âtıf, Bey Sultan II. Abdülhamid'in sürgün günleri 1909-1918: Hususi doktoru Âtıf Hüseyin Bey'in hatıratı（蘇丹阿布杜哈米德的流亡歲月，1909-1918：私人醫生阿提夫・胡塞因・貝回憶錄）（Metin Hülagu整理）(Istanbul: Pan, 2003).

2 這件事被湯恩比視作是歐斯曼－英國關係疏遠的一個重要原因。關於兩國在非洲和阿拉伯半島上的對峙，見Mostafa Minawi, *The Ottoman Scramble for Africa: Empire and Diplomacy in the Sahara and the Hijaz* (Stanford, CA: Stanford University Press, 2016).

3 See Azmi Özcan, "İngilitere'de Hilafet Tartışmaları, 1873–1909"（在英格蘭關於哈里發的辯論), in *Hilafet Risaleleri*, vol. 1, ed. Ismail Kara (Istanbul: Klasik Yayınları, 2002), 63–94.

4 Şükrü Hanioğlu, "1906 Yılında Sabahaddin Bey, MacColl, Vambery, ve Kidvai Arasında Geçen Osmanlı Hilafeti Tartışması"（一九〇六年在Sebahattin Bey王子,、MacColl、Vambery 和Kidwai 之間發生的關於歐斯曼哈里發的辯論）, *Hilafet Risaleleri*（關於哈里發的書籍和冊子）, vol. 2, ed. Ismail Kara (Istanbul: Klasik Yayınları, 2002), 419–437.

5 Muhammad Barakatullah, "A Mohammedan View of the Macedonian Problem," *The North American Review* 177, no. 564 (November 1903): 739–750.

6 Yusuf Akçura, *Üç Tarzı Siyaset*（三個宏觀政策方法）(Ankara: Türk Tarih Kurumu Basımevi, 1987), 39–40.

7 Ali Fehmi Muhammad, "Islam Hilafeti ve Osmanlı Ittihadi" (The Islamic caliphate and Ottoman unity), in *Hilafet Risaleleri*（關於哈里發的書籍和冊子）, vol. 3, ed. Ismail Kara (Istanbul: Klasik Yayınları, 2003), 77–100.

8 Renee Worringer, *Ottomans Imagining Japan: East, Middle East, and Non-Western Modernity at the Turn of the Twentieth Century* (New York: Palgrave Macmillan, 2014).

9 《旁遮普人》是一本由穆赫．昌德（Muh Chand）在拉合爾發行的英文三週刊。見Ikram Ali Malik, *Punjab Muslim Press and the Muslim World, 1888–1911* (Lahore: South Asian Institute, University of the Punjab1974), 59–60.

10 關於在巴爾幹人對穆斯林施行的種族滅絕，可以參考此書關於巴爾幹戰爭的相關章節：Justin McCarthy, *Death and Exile: The Ethnic Cleansing of Ottoman Muslims, 1821–1922* (Princeton, NJ: Darwin Press, 1995), 135–164.

11 歷經六個月的商談，在此期間爆發了第二次巴爾幹戰爭。隨後在一九一三年五月三十日，《倫敦條約》簽訂，巴爾幹戰爭結束。隨之而來的是土耳其喪失了絕大部分的歐洲領土。

12 關於艾哈邁德．希爾米的最全面的傳記，見M. Zeki Yazıcı, "Şehbenderzade Ahmet Hilmi: Hayatı ve Eserleri" (Life and works of Şehberderzade Ahmet Hilmi) (PhD diss., Istanbul University, 1997).

13 關於希爾米撰寫的關於全球神祕主義思想小說的英文版，見Ahmed Hilmi Şehbenderzade, Awakened Dreams: Raji's Journeys

with the Mirror Dede, trans. Refi k Algan and Camille Helminski (Putney, VT: Threshold Books, 1993).

14 Şeyh Mihridin Arusi（Şehbenderzade Ahmed Hilmi的化名）, *Yirminci Asırda Alem-i İslam ve Avrupa-Müslümanlara Rehber-i Siyaset*（二十世紀的穆斯林世界和歐洲：給穆斯林的政治指導）(Istanbul: Hikmet, 1911). Ismail Kara在他編輯的叢書中發表了這部作品的很大一部分內容（2–11, 66–73, 87–96），見*Türkiye'de Islamcılık Düsüncesi*（土耳其的伊斯蘭主義思想）, vol. 1 (Istanbul: Risale Yayınları, 1986), 86–101.

15 Kara, Türkiye'de Islamcılık Düsüncesi, 1:100–101.

16 出處同上，1:86-87。

17 Özdemir（Şehbenderzade Ahmed Hilmi的化名）, *Türk Ruhu Nasıl Yapılıyor? Her Vatanperverden, Bu Eserciği Türklere Okumasını ve Anlatmasını Niyaz Ederiz*（土耳其精神是如何形成的？我們要求每一個愛國者都要閱讀這本寫給所有土耳其人的小冊子）(Istanbul: Hikmet Matbaa-yı İslamiyesi, 1913).

18 Celal Nuri, *İttihad-i İslam: İslamin Mazisi, Hali, İstikbali*（穆斯林團結：伊斯蘭的過去、現在和未來）(Istanbul: Yeni Osmanli Matba'asi, 1913). 這部作品的阿拉伯語譯本在召開巴黎和會的一九二〇年於開羅出版。見Jalal Nuri Bek (Celal Nuri Bey), *Ittihad al-Muslimin: al-Islam, madihi wahadiruhu wa mustaqbaluhu*（穆斯林團結：伊斯蘭的過去、現在和未來）trans. Hamzah Tahir and Abd al-Wahhab ʿAzzam (Cairo, 1920). 就在第一次世界大戰爆發前夕，Celal Nuri出版了一本關於泛伊斯蘭主義的類似作品，但此書更聚焦穆斯林和德國的大政策之間的潛在關係。見Celal Nuri, *İttihat-i Islâm ve Almanya*（穆斯林團結和德國）(Istanbul: Yeni Osmanli Matbaasi, 1914).

19 Nuri, *İttihad-i İslam*, 3.

20 出處同上，5。

21 出處同上，10–11。

22 出處同上，479。

23 出處同上，480–482。

24 出處同上，139。

25 出處同上，139–140。

26 出處同上，141–142。

27 出處同上，292 - 320。

28 出處同上，150。

29 *Siyasetü'l-Etrak ve'l-Hilafe*（土耳其政策和哈里發）(Istanbul: Matbaatu'l-Adl, 1913 / 1331); Professor Vayt（化名）, *Muharebeden Sonra: Hilafet Siyaseti ve Türklük Siyaseti*（巴爾幹戰爭之後：哈里發的政策和突厥主義）, trans. Habil Adem (Istanbul: Ikbal Kütüphanesi, 1915). Habil Adem也寫了關於泛日耳曼主義和泛斯拉夫主義的著作，表示出他對世界事務中的泛意識形態政策的興趣。見Habil Adem (pseud.), *Pan Cermanizm, Pan Islavizm*（泛日耳曼主義和泛斯拉夫主義）(Istanbul: Seda-yi Millet Matbaasi, 1916).

30 Vayt, "Muharebeden Sonra."

31 David Motadel, *Islam and Nazi Germany's War* (Cambridge, MA: Harvard University Press, 2014).

32 Maia Ramnath, *Haj to Utopia: How the Ghadar Movement Charted Global Radicalism and Attempted to Overthrow the British Empire* (Berkeley: University of California Press, 2011), 189–193.

33 Azmi Ozcan, *Pan-Islamism: Indian Muslims, the Ottomans and Britain, 1877–1924* (Leiden: Brill, 1997), 179.

34 Kees van Dijk, "Religion and the Undermining of British Rule in South and Southeast Asia during the Great War," in *Islamic Connections: Muslim Societies in South and Southeast Asia*, ed. Michael Feener and Terenjit Sevea (Singapore: ISEAS, 2009), 109–133.

35 Hamdi Paşa, *İslam Dünyası ve İngiliz Misyoneri: İngiliz Misyoneri Nasıl Yetiştiriliyor?*（穆斯林世界和英國傳教行動：他們是如何訓練英國傳教士的？）(1916; reprint, Izmir: Tibran Yayıncılık, 2006); Hindli Abdülmecid, *İngiltere ve Alem-i Islam*（英格蘭和穆斯林世界）(Istanbul: Matbaa-i Amire, 1910); Şehbenderzade Ahmed Hilmi, *Senusiler ve Sultan Abdulhamid*（非洲的賽努西道團和蘇丹阿布杜哈米德）(Istanbul: Ses Yayınları, 1992).

36 *Mir Islama* (Petersburg) 1, nos. 2–3 (1912).

37 Carlo Alfonso Nallino, *Caliphate* (Cairo, 1918); Carlo Alfonso Nallino, *Notes sur la Nature du Califat en Generale et sur le Pretendu Califat*

Ottoman (Rome: Printed at the Press of the Foreign Office, 1919).

38 George Samne, *Le Khalifet et le Panislamisme* (Paris: Imprimerie Dudois et Bauer, 1919).

39 Arnold J. Toynbee, "The Question of the Caliphate," *Contemporary Review*, February 1920, 192–196.

40 A. T. Olmstead, *The New Arab Kingdom and the Fate of the Muslim World* (Urbana: War Committee of the University of Illinois, 1919).

41 E. Dinet 和Sliman Ben Ibrahim, *The Life of Mohammed: The Prophet of Allah* (Paris: Paris Book Club, 1918)。這本書是獻給為法蘭西帝國效力而喪生的穆斯林的。在這本書的介紹中，作者批評了宗主國法國對穆斯林所持有的反伊斯蘭情緒。

42 Michael A. Reynolds, *Shattering Empires: The Clash and Collapse of the Ottoman and Russian Empires, 1908–1918* (Cambridge: Cambridge University Press, 2011).

43 Michael J. Mortlock, *The Egyptian Expeditionary Force in World War I: A History of the British-Led Campaigns in Egypt, Palestine, and Syria* (Jefferson, NC: McFarland, 2011), 149.當耶路撒冷在一九一七年冬天陷落時，穆斯塔法．凱末爾正在柏林，他不斷重複地向Shakib Arslan Raja Adal，一位阿拉伯－歐斯曼主義知識分子，表達了他要收復耶路撒冷的渴望。Shakib Arslan Raja Adal, "Constructing Transnational Islam: The East-West Network of Shakib Arslan," *in Intellectuals in the Modern Islamic World*, ed. Stephane A. Dudoignon, Komatsu Hisao, and Kosugi Yasushi (New York: Routledge, 2006), 176–210, 180.

44 Seema Alavi, *Muslim Cosmopolitans across Empires* (Cambridge, MA: Harvard University Press, 2015).

45 Mark Mazower, *No Enchanted Palace: The End of Empire and the Ideological Origins of the United Nations* (Princeton, NJ: Princeton University Press, 2009), 28–65.

46 Mushirul Hasan and Margrit Pernau, eds., *Regionalizing PanIslamism: Documents of the Khilafat Movement* (New Delhi: Manohar, 2005).

47 Abul Kalam Azad, "Khilafat and Jaziratul-Arab" (哈里發和阿拉伯半島), 該文發表於孟加拉省級守護哈里發大會 (Bombay: Central Khilafat Committee, 1920). 另見Syed Mahmud, *The Khilafat and England* (Patna, India: Imtiyaz, 1920).

48 Perin Gürel, *The Limits of Westernization: A Cultural History of America in Turkey* (New York: Columbia University Press, 2017).

49 John Willis, "Debating the Caliphate: Islam and Nation in the Work of Rashid Rida and Abul Kalam Azad," *International History Review*

32, no. 4 (2010): 711–732.

50 Syed Ameer Ali, "Address by the Right Hon. Syed Ameer Ali on Islam in the League of Nations," in *Transactions of the Grotius Society*, vol. 5: *Problems of Peace and War*, Papers Read before the Society in the Year 1919 (London: Grotius Society, 1919), 126–144.

51 Lothrop Stoddard, *The New World of Islam* (New York: Scribner's, 1921).

52 Surendra Gopal, *Indian Freedom-Fighters in Tashkent, 1917–1922: Contesting Ideologies, Nationalism, Pan-Islamism and Marxism* (Kolkata: Maulana Abul Kalam Azad Institute of Asian Studies, 2002); John Riddell, *To See the Dawn: Baku, 1920—First Congress of the Peoples of the East* (New York: Pathfi nder, 1993).

53 Selçuk Esenbel關於日本在被占領的伊斯坦堡的外交通訊證明了這樣的磋商。見Selçuk Esenbel, "Friends in Opposite Camps or Enemies from Afar: Japa nese and Ottoman Turkish Relations in the Great War," *The Decade of the Great War: Japan and the Wider World in the 1910s*, ed. Tosh Minohara et al. (Leiden: Brill, 2014), 257–278.

54 Allied and Associated Powers (1914–1920), *Treaty of Peace with Turkey and Other Instruments Signed at Lausanne on July 24, 1923, Together with Agreements between Greece and Turkey Signed on January 30, 1923, and Subsidiary Documents Forming Part of the Turkish Peace Settlement* (London: Her Majesty's Stationery Office, 1923).

55 Esenbel, "Friends in Opposite Camps or Enemies from Afar."

56 Mim Kemal Öke, *Mustafa Kemal Paşa Ve İslam Dünyası: Hilafet Hareketi*（穆斯塔法・凱末爾帕夏和穆斯林世界：哈里發運動）(Istanbul: Aksoy Yayıncılık, 1999).

57 Lord Eversley, *The Turkish Empire from 1288 to 1914 (and from 1914 to 1924 by Sir Valentine Chirol)*, 3rd ed. (London: T. Fisher Unwin, 1924), 464.

58 Andre Servier, *Islam and the Psychology of the Musulman* (London: Chapman & Hall, 1924), 262–263.

59 Chiara Formichi, "Mustafa Kemal's Abrogation of the Ottoman Caliphate and Its Impact on the Indonesian National Movement," *Demystifying the Caliphate: Historical Memory and Contemporary Contexts*, ed. Madawi al-Rasheed et al. (New York: Columbia University Press, 2013), 95–115.

60 Sam Moyn uses the term "truncated discourses of rights." See Samuel Moyn, *The Last Utopia: Human Rights in History* (Cambridge,

MA: Harvard University Press, 2010).

第五章　戰間期的穆斯林政治（一九二四年－一九四五年）

1 Mona F. Hassan, *Longing for the Lost Caliphate: A Transregional History* (Princeton, NJ: Princeton University Press, 2009).另見Martin van Bruinessen, "Muslims of the Dutch East Indies and the Caliphate Question," *Studia Islamika* 2, no. 3 (1995): 115–140; Anthony Milner, "The Impact of the Turkish Revolution on Malaya," *Archipel* 31 (1986): 117–130.

2 Elie Kedouire, "Egypt and the Caliphate, 1915–1952," in *The Chatham House Version, and Other Middle-Eastern Studies* (New York: Praeger, 1970), 177–212.

3 Ali Abdul Raziq, *Al Islam wa usul al-hukm*（伊斯蘭和政府原則）, ed. Muhammad Amara (Beirut: al-Muasasa al-Arabiyaa lil Dirasat wa al-Nashr, 1972). 關於這本著作的英文翻譯，見Ali Abdelraziq, *Islam and the Foundations of Political Power*, trans. Maryam Loutfi, ed. Abdou Filali-Ansary (Edinburgh: Edinburgh University Press, 2012).

4 Joshua Teitelbaum, *The Rise and Fall of the Hashemite Kingdom of Arabia* (London: C. Hurst, 2001).

5 John Willis, "Azad's Mecca: On the Limits of Indian Ocean Cosmopolitanism," *Comparative Studies of South Asia, Africa and the Middle East* 34, no. 3 (2014): 574–581.

6 Amrita Malhi, "Raise the Bendera Stambul: The Ottoman Caliphate and Anti-colonial Action on the Malay Peninsula, 1870s1928," in *From Anatolia to Aceh: Ottomans, Turks and Southeast Asia*, Proceedings of the British Academy, ed. Andrew Peacock and Annabel Teh Gallop (Oxford: Oxford University Press, 2015).

7 Michael Francis Laffan, *Islamic Nationhood and Colonial Indonesia: The Umma below the Winds* (London: RoutledgeCurzon, 2003).

8 關於里夫戰爭對於在巴黎的反殖民知識網絡的重要性，見Michael Goebel, *Anti-Imperial Metropolis: Interwar Paris and the Seeds of Third World Nationalism* (Cambridge: Cambridge University Press, 2015), 263–267.

9 Rashid Khalidi, Lisa Anderson, Muhammad Muslih, and Reeva S. Simon, eds., *The Origins of Arab Nationalism* (New York: Columbia University Press, 1991).

10 John Willis, "Debating the Caliphate: Islam and Nation in the Work of Rashid Rida and Abul Kalam Azad," *International History Review*

32, no. 4 (2010): 711–732.

11 William Cleveland, *Islam against the West: Shakib Arslan and the Campaign for Islamic Nationalism* (Austin: University of Texas Press, 1985).

12 Homa Katouzian, *State and Society in Iran: The Eclipse of the Qajars and the Emergence of the Pahlavis* (New York: I. B. Tauris, 2006).

13 Mian Abdul Aziz, *The Crescent in the Land of the Rising Sun* (London: Blades, East & Blades, 1941).

14 M. Naeem Qureshi, "Atatürk's Impact on Muslim India, 1919-1938," "The Image of Atatürk and Turkey in Urdu Liter ature," and "Atatürk's Reforms and the Muslim World Bordering South Asia," in *Ottoman Turkey, Atatürk and Muslim South Asia: Perspectives, Perceptions and Responses* (Karachi: Oxford University Press, 2014), 143–160, 161–188, and 216–235.

15 關於凱末爾主義模式對後來的穆斯林政治和知識史的重要性，見Salman Sayyid, *A Fundamental Fear: Eurocentrism and the Emergence of Islamism* (London: Zed Books, 2003).

16 關於布爾吉巴在他的回憶錄中關於這段時期的討論，見Julia Clancy Smith, *Mediterraneans: North Africa and Europe in an Age of Migration, c. 1800–1900* (Berkeley: University of California Press, 2010).

17 在國聯中，大英帝國擁有六個獨立成員資格，分別是英國、加拿大、澳大利亞、南非、紐西蘭和印度。

18 Basil Matthews, *Young Islam on Trek: A Study in the Clash of Civilizations* (New York: Friendship Press, 1926); Lothrop Stoddard, *The New World of Islam* (New York: Charles Scribner's Sons, 1921).

19 Matthews, *Young Islam on Trek*, 17.

20 出處同上，22。

21 出處同上，196。

22 Muhammad Asad, *Islam at the Crossroads* (Lahore: Wassanpura, Arafat Publications, 1934).

23 Safvet Halilovic, *Islam and the West in the Thought of Muhammad Asad* (Leopold Weiss) (Sarajevo: Dobra Knjiga, 2013).

24 Muhammad Asad, *The Road to Mecca: An Autobiography* (New York: Simon and Schuster, 1954); Muhammad Asad, *The Message of the*

Qur'an (Mecca: Muslim World League, 1964).

25 Muhammad Asad, *Principles of State and Government in Islam* (Berkeley: University of Calfornia Press, 1961). 這本書的原版阿拉伯文書名叫作 *Minhaj al-Islam fi al-Hukm* (Beirut: Darul ilm vel Malayin, 1957)，其已翻譯成各大重要語言。

26 Beth Baron, *The Orphan Scandal: Christian Missionaries and the Rise of the Muslim Brotherhood* (Stanford, CA: Stanford University Press, 2014).

27 Hasan al-Banna, *Five Tracts of Hasan al-Banna (1906–1949): A Selection from teh Majmu'at Rasail al-Imam al-Shahid Hasan al-Banna*, translated from the Arabic and annotated by Charles Wendell (Berkeley: University of California Press, 1978).

28 Gudrun Kramer, *Hasan al-Banna* (Oxford: Oneworld, 2010).

29 S. V. R. Nasr, *Mawdudi and the Making of Islamic Revivalism* (New York: Oxford University Press 1996).

30 Shakîb Arslan, *Our Decline: Its Causes and Remedies*, new edition (Kuala Lumpur: Islamic Book Trust, 2004).該書是基於阿拉伯語原版的翻譯作品。Shakib Arslan, *Li Madha ta'akhhar al-Muslimun wa li madha taqaddam ghayruhum*?（穆斯林為何衰落以及別人為何進步？）(Cairo: Isa al-Babi alHalabi, 1939).

31 William L. Cleveland, *Islam against the West: Shakib Arslan and the Campaign for Islamic Nationalism* (Austin: University of Texas Press, 1985).

32 Basheer Nafi, *Arabism, Islamism and the Palestine Question, 1908 - 1941: A Political History* (Reading, UK: Ithaca Press, 1998); Zvi Elpeleg, *Through the Eyes of the Mufti: The Essays of Haj Amin* (London: Vellentine Mitchell, 2009).

33 Basheer M. Nafi, "General Islamic Congress of Jerusalem Reconsidered," Muslim World 86, nos. 3–4 (October 1996): 243–272; Philip Mattar, *The Mufti of Jerusalem: Al-Hajj Amîn al-Ḥusaynî and the Palestinian National Movement* (New York: Columbia University Press, 1988).

34 Aiyaz Husain, *Mapping the End of Empire: American and British Strategic Visions in the Postwar World* (Cambridge, MA: Harvard University Press, 2014).

35 Chaudhry Khaliquzzaman, *Pathway to Pakistan* (Lahore: Longmans, Pakistan Branch, 1961).

36 關於真納在穆斯林社會中的形象，見Atique Zafar Sheikh 和Mohammad Riaz Malik, eds., *Quaid-e-Azam and the Muslim World: Selected Documents, 1937–1948* (Karachi: Royal Book Co., 1978).

37 見Chaudhri Khaliquzzaman連署簽名，Abdur Rahman Siddique所做的報告，the Activities of the All-India Muslim League Palestine Delegation, 28 June 1939, Quaid-e-Azam Papers, fi le 49, pp. 117–132, 出處同上，84–106.

38 A. Nielsen, "The International Islamic Conference at Jerusalem," *Moslem World* 22 (1932): 340–354.

39 Abdul-Rahman Azzam, *Imperialism: The Barrier to World Peace*, Arab League Pamphlets on International Relations, no. 1: Causes of World Unrest (Cairo: Government Press, 1947).

40 Michael Goebel, *Anti-Imperial Metropolis: Interwar Paris and the Seeds of Third World Nationalism* (Cambridge: Cambridge University Press, 2015).

41 David Motadel, *Islam and Nazi Germany's War* (Cambridge, MA: Harvard University Press, 2014).

42 關於義大利的穆斯林和中東政策，見Nir Arielli, *Fascist Italy and the Middle East, 1933–1940* (New York: Palgrave Macmillan, 2010).

43 Cemil Aydin, "The Muslim World in Japanese Imperial Thought," in *Islam and Empire*, ed. David Motadel (Oxford: Oxford University Press, 2014), 287–302. 另見Abu Talib Ahmad, *The Malay Muslims, Islam and the Rising Sun, 1941–1945* (Selangor: Malaysian Branch of the Royal Asiatic Society 2003).

44 見Dai Nippon Kaikyô Kyôkai, Kunô Suru So-Ren Kaikyô Minzoku（穆斯林民族在蘇聯的苦難）(Tokyo: Dai Nippon Kaikyô Kyôkai, 1939), 13.

45 義大利的伊斯蘭政策也作為日本的潛在榜樣而被描述和討論，見Sakurai Masashi, Dai Toa Kaikyô Hattenshi（大東亞回教發展史）(Tokyo: Sanseido, 1943), 8.

46 Dai Nippon Kaikyô Kyôkai, *Sekai Kaikyôto Seisaku no Hitsuyôsei ni Tsuite*（發展對回教世界的特別對策之必要性）(Tokyo: Dai Nippon Kaikyô Kyôkai, 1939).當時有從俄國流亡出來的穆斯林國族主義者，他們得到了日本和德國的支持。見Matsunaga Akira, "Ayazu Ishaki to Kyokutô no Tatarujin Comuniti"（阿亞茲．伊沙奇和韃靼穆斯林社區）, in Kindai Nihon to Toruko Sekai (Modern Japan and the Turkic world), ed. Ikei Masaru and Sakamoto Tsutomu (Tokyo: Keisô Shobo, 1999), 219–263.

47 Isuramu Bunka (Islamic Culture) 1, no. 1 (November 1932). 這一宣言式的英語文本出現在雜誌的封底，表現出針對歐美學術社群

而言的一種看待穆斯林世界的獨特的日本視角。

48 這份刊物延續了六年半，從一九三八年七月至一九四四年十二月。

49 Nile Green, "Founding the First Mosque in Japan," in *Terrains of Exchange: Religious Economies of Global Islam* (Oxford: Oxford University Press, 2014), 235–279.

50 Abdul Rauf, "The British Empire and the Mujāhidīn Movement in the N.W.F.P. of India, 1914–1934," *Islamic Studies* 44, no. 3 (October 2005): 409–439.

51 Israel Gershoni, *Arab Responses to Fascism and Nazism: Attraction and Repulsion* (Austin: University of Texas Press, 2014).

第六章　穆斯林國際主義的復甦（一九四五年－一九八八年）

1 Gerald De Gaury, *Faisal: King of Saudi Arabia* (Louisville, KY: Fonts Vitae, 2007).

2 Matthew Jones, "Perils and Promise of Islam: The United States and the Muslim Middle East in the Early Cold War," Diplomatic History 30 (September 2006): 705–739, 730.

3 出處同上，705。

4 Abd al-Rahman Azzam, *The Eternal Message of Muhammad*, translated from Arabic by Caesar E. Farah (New York: Devin-Adair, 1964). 阿拉伯文原版出版於一九四六年，名為*Al-Risalah al-Khalidah* (Cairo: Matba'at Lajnat al-Ta'lif wa-alTarjamah wa al-Nashr, 1946).

5 Matthieu Rey, "Fighting Colonialism versus Non-Alignm Two Arab Points of View on the Bandung Conference," in *The NonAligned Movement and the Cold War*, ed. Nataša Miškoviæ, Harald Fischer-Tiné, and Nada Boškovska (London: Routledge, 2014), 163–183.

6 Richard Wright, *The Color Curtain: A Report on the Bandung Conference*, foreword by Gunnar Myrdal (Cleveland, OH: World, 1956).

7 關於一九四七年的巴勒斯坦在聯合國的投票，見"United Nations Vote for Palestine Partition," November 29, 1947, WOR Collection, Library of Congress.

8 關於土耳其在聯合國投票反對阿爾及利亞的主張，見Şinasi Sönmez, "Cezayir Baðýmsýzlýk Hareketinin Türk Basýnýna Yansýmalarý (1954–1962)"（土耳其媒體對阿爾及利亞獨立戰爭的報導）, *ZKÜ Sosyal Bilimler Dergisi* 6, no. 12 (2010): 289–318.

9 Faisal Devji, *Muslim Zion: Pakistan as a Political Idea* (Cambridge, MA: Harvard University Press, 2013).

10 "Letter from the President of Muslim Brotherhood, Cairo, to M. A. Jinnah, 29 May 1947," in *Quaid-e-Azam and the Muslim World: Selected Documents, 1937–1948*, ed. Atique Zafar Sheikh and Mohammad Riaz Malik (Karachi: Royal Book Co., 1990), 308; telegraph from Quaid-e-Azam Papers, fi le 138, 209–210.

11 Carolien Stolte, " 'The Asiatic Hour': New Perspectives on the Asian Relations Conference, New Delhi, 1947," in *The Non-Aligned Movement and the Cold War: Delhi–Bandung–Belgrade*, ed. Nataša Miškoviæ, Harald Fischer-Tiné, and Nada Boškovska (London: Routledge, 2014), 57–75.

12 Ayesha Jalal, *The Sole Spokesman: Jinnah, the Muslim League and the Demand for Pakistan* (Cambridge: Cambridge University Press, 1994).

13 Venkat Dhulipala, *Creating a New Medina State Power, Islam, and the Quest for Pakistan in Late Colonial North India* (Cambridge: Cambridge University Press, 2014).

14 *Studies on Commonwealth of Muslim Countries*, comp. Secretariat of the Motamar al-Alam al-Islami (Muslim World Congress) (Karachi: Umma Publishing House, 1964), 5.

15 關於印度教徒和穆斯林在一八五七年的團結和守護哈里發運動，見Zakir Husain, *Communal Harmony and the Future of India: The Study of the Role and Thoughts of Nation Builders for India's Unity, 1857–1985* (Bareilly, India: Prakash Book Depot, 1985).

16 關於海德拉巴王公國和泛伊斯蘭網絡，見Eric Lewis Beverley, *Hyderabad, British India, and the World: Muslim Networks and Minor Sovereignty, c. 1850–1950* (Cambridge: Cambridge University Press, 2015). 關於巴基斯坦分治造成的影響，見Srinath Raghavan, 1971: A Global History of the Creation of Bangladesh (Cambridge, MA: Harvard University Press 2013).

17 Edward Curtis, " 'My Heart Is in Cairo': Malcolm X, the Arab Cold War, and the Making of Islamic Liberation Ethics," *Journal of American History* 102, no. 3 (2015): 775–798.

18 Matthew Connelly, *A Diplomatic Revolution: Algeria's Fight for Independence and the Origins of the Post– Cold War Era* (Oxford: Oxford University Press, 2002).

19 Christiane-Marie Abu Sarah, "Palestinian Guerrillas, Jewish Panthers: 1960s Protest and Global Revolution in Israel-Palestine" (MA

thesis, George Mason University, 2011).

20 J. Harris Proctor, ed., *Islam and International Relations* (New York: Frederick A. Praeger, 1965), vii.

21 Fayez A. Sayegh, "Islam and Neutralism," in *Islam and International Relations*, ed. J. Harris Proctor (New York: Frederick A. Praeger, 1965), 61–93, 61–62.

22 T. Cuyler Young, "Pan-Islamism in the Modern World," in *Islam and International Relations*, ed. J. Harris Proctor (New York: Frederick A. Praeger, 1965), 194–221, 199.

23 Dankwar Rustow, "The Appeal of Communism to Islamic Peoples," in *Islam and International Relations, ed. J. Harris Proctor* (New York: Frederick A. Praeger, 1965), 40–60, 41–42. Rustow 摘自Bernard Lewis, "Communism and Islam," in *The Middle East in Transition*, ed. Walter Z. Laqueur (New York: Praeger, 1958), 302.

24 James P. Piscatori, *Islam in a World of Nation-States* (Cambridge: Cambridge University Press, 1986); Abdullah Ahsan, *Ummah or Nation? Identity Crisis in Contemporary Muslim Society* (Leicester, UK: Islamic Foundation, 1992).

25 關於湯恩比的自傳，見W. McNeill, Arnold J. Toynbee: A Life (New York: Oxford University Press, 1990) and M. Perry, *Arnold Toynbee and the Crisis of the West* (Washington, DC: University Press of America, 1982).

26 關於他對戰時英國—歐斯曼關係的思考，見A. J. Toynbee, *Turkey: A Past and a Future* (London: Hodder & Stoughton, 1917). 關於湯恩比的反歐斯曼宣傳著作，見A. Toynbee, *Armenian Atrocities: The Murder of a Nation* (London: Hodder & Stoughton, 1915) 和A. Toynbee, *The Murderous Tyranny of the Turks, preface by Viscount Bryce* (London: Hodder & Stoughton, 1917).

27 Arnold Toynbee, *Nationality and the War* (London: J. M. Dent & Sons, 1915), 399–404. 湯恩比對這本書的介紹寫於戰爭初始的一九一五年一月，在加里波利攻勢之前。反映出歐斯曼帝國剛發出聖戰宣言時的氣氛和印度穆斯林的公眾意見。

28 湯恩比對土耳其的態度的改變可以在他的後來作品中看到。A. J. Toynbee, The Western Question in Greece and Turkey: A Study in the Contact of Civilisations (London: Constable, 1923).

29 Daisaku Ikeda, *Words of Wisdom*, http://www.ikedaquotes.org /stories/arnold_toynbee.

30 Richard Overy, *The Morbid Age: Britain and the Crisis of Civilisation, 1919–1939* (London: Penguin, 2010).

31 A. J. Toynbee, *A Study of History*, 12 vols. (London: Oxford University Press, 1934–1961).該書是前十卷的單卷節選本，而不是多種語言譯本的多卷本國際暢銷書。A. J. Toynbee, *A Study of History*, abridgement of vols. 1–10 by D. C. Somervell (New York: Oxford University Press, 1957).

32 關於他在中東和亞洲演講的一些文稿，見*The Toynbee Lectures on the Middle East and Problems of Underdeveloped Countries* (Cairo: National Publications House, 1962); A. J. Toynbee, *Four Lectures Given by Professor Arnold Toynbee in United Arab Republic* (Cairo: United Arab Republic, Public Relations Dept., 1965).

33 關於現代化理論和冷戰的關聯，見D. C. Engerman et al., eds., Staging Growth: Modernization, Development, and the Global Cold War (Amherst: University of Massachusetts Press, 2003); N. Gilman. *Mandarins of the Future: Modernization Theory in Cold War America* (Baltimore: Johns Hopkins University Press, 2003); M. Latham, *Modernization as Ideology: American Social Science and "Nation Building" in the Kennedy Era* (Chapel Hill: University of North Carolina Press, 2000).

34 關於他對伊斯蘭文明在西方霸權下的生存狀況做出的相對積極評價的早期例子，見"Islam, the West and the Future," in A. J. Toynbee, *Civilization on Trial* (New York: Oxford University Press, 1948). 有一個很好的例子，可以說明湯恩比的思想如何與冷戰時期處於現代化頂峰的日本的佛教復興相聯繫，見A. J. Toynbee, *Choose Life: A Dialogue between Arnold Toynbee and Daisaku Ikeda*, ed. R. L. Gage (Oxford: Oxford University Press, 1976).

35 關於阿爾弗雷德．齊默恩的帝國國際主義，見A. Zimmern, *The Prospect of Civilization* (New York: Farrar & Rinehart, 1939) 和 *Spiritual Values and World Affairs* (Oxford: Clarendon Press, 1939).

36 P. Duara, "The Discourse of Civilization and Pan-Asianism," *Journal of World History* 12, no. 1 (Spring 2001): 99–130.

37 關於文明對話中的邊境政治，見C. Aydin, *The Politics of Anti-Westernism in Asia: Visions of World Order in Pan-Islamic and Pan-Asian Thought, 1882–1945* (New York: Columbia University Press, 2007).

38 見McNeill的*Arnold J. Toynbee*，第十章，"Toynbee as a World Figure,".

39 H. Trevor-Roper, "Arnold Toynbee's Millennium," *Encounter* 8, no. 6 (June 1957): 14–18; Z. Saleh, *Trevor-Roper's Critique of Arnold Toynbee: A Symptom of Intellectual Chaos* (Baghdad: Al-Ma'eref Press, 1958).

40 關於翻譯成土耳其語的湯恩比著作，見A. J. Toynbee, *Dünya ve Garp*（世界和西方）(Istanbul: Türkiye İş Bankası Kültür Yayınları, 1952); *Tarih Üzerine: İki Konferans*（考驗中的文明）(Istanbul: Fakülteler Matbaası, 1962); *Tarih Bilinci*（歷史研究）

(Istanbul: Bateş Yayınları 1978); *Medeniyet Yargılanıyor*（考驗中的文明）, trans. Ufuk Uyan (Istanbul: Yeryüzü Yay, 1980).

41 Cemil Aydin and Burhanettin Duran, "Arnold Toynbee in Cold War Era Islamism: Sezai Karakoç's Civilizational Cosmopolitanism," *Comparative Studies of South Asia, Africa and the Middle East* 3 (Summer 2015): 310–323.

42 Trevor-Roper, "Arnold Toynbee's Millennium," 18.

43 關於冷戰期間的伊斯蘭科學文獻歷史，見Aydin Mehmed Sayılı, "The Institutions of Science and Learning in the Moslem World" (PhD diss., Harvard University, 1941) and Seyyed Hossein Nasr, *Science and Civilization in Islam* (Cambridge, MA: Harvard University Press, 1968).

44 關於反殖民對話中對於文明論的使用，見S. N. Hay, Asian Ideas of East and West: Tagore and His Critics in Japan, China, and India (Cambridge, MA: Harvard University Press, 1970); C. Aydin, "Beyond Civilization: Pan-Islamism, Pan-Asianism and the Revolt against the West," Journal of Modern European History 4, no. 2 (Fall 2006): 204–223.

45 關於一本描述歐斯曼晚期和共和國時代土耳其的所有西化和現代化運動，並被視為對本土文明的疏離影響力很大的著作，見Mehmet Doğan, *Batılılaşma İhaneti*（一種叫作西化的背叛）(Istanbul: Dergah Yayınları, 1975).

46 Jalal Ali Ahmad, *Occidentosis: A Plague from the West*, trans. R. Campbell and Hamid Algar (Berkeley, CA: Mizan Press, 1983).

47 Abulhasan Ali Nadvi, *Mādhā khasira al-'ālam bi-inḥiṭāṭ alMuslimīn*（世界在穆斯林的衰落中失去了什麼）(Cairo: Lajnat al-Ta^līf wa-al-Tarjamah wa-al-Nashr, 1950); English translation: Abulhasan Ali Nadvi, *Islam and the World* (Lahore: Academy of Islamic Research & Publications, 1961); Turkish translation: Ebü'l Hasan Ali el-Haseni Nadvi, *Müslümanların gerilemesiyle dünya neler kaybetti*（世界在穆斯林的衰落中失去了什麼）(Istanbul: Tevhid Yayınları, 1966); Hichem Djait, *Europe and Islam: Cultures of Modernity* (Berkeley: University of California Press, 1985).作者的這本書最先是以法文出版的，書名為*L'Europe et L'Islam* (Paris: Editions du Seuil, 1978).

48 Roxanne Euben, *Enemy in the Mirror: Islamic Fundamentalism and the Limits of Modern Rationalism* (Princeton, NJ: Princeton University Press, 1999).

49 Eren Murat Tasar, "Soviet and Muslim: The Institutionalization of Islam in Central Asia, 1943–1991" (PhD diss., Harvard University, 2010).

50 Hemant Shah, *The Production of Modernization: Daniel Lerner, Mass Media, and the Passing of Traditional Society* (Philadelphia: Temple University Press, 2011); Daniel Lerner, *The Passing of Traditional Society: Modernizing the Middle East* (Glencoe, IL: Free Press, 1958).

51 Alexandre Benningsen and Chantal Lemercier- Quelquejay, *Islam in the Soviet Union* (New York: Praeger, 1967).

52 Salim Yaqub, *Containing Arab Nationalism: The Eisenhower Doctrine and the Middle East* (Chapel Hill: University of North Carolina Press, 2004).

53 關於埃及在葉門的行動，見Jesse Ferris. *Nasser's Gamble: How Intervention in Yemen Caused the Six-Day War and the Decline of Egyptian Power* (Princeton, NJ: Princeton University Press, 2013).

54 Chaudri Nazir Ahmad Khan, *Thoughts on Pakistan and Pan-Islamism*, intro. by David Iqbal (Lahore: Al-Ahibba, 1977).

55 Nehemia Levtzion, *International Islamic Solidarity and Its Limitations* (Jerusalem: Manges Press of the Hebrew University, 1979).

56 Michael Farquhar, "Saudi Petrodollar, Spiritual Capital, and the Islamic University of Medina: A Wahhabi Missionary Project in Transnational Perspective," *International Journal of Middle East Studies* 47 (2015): 701–721.

57 T. E. Lawrence, *Seven Pillars of Wisdom: The Complete 1922 Text*, new edition (Fordingbridge, UK: J. and N. Wilson, 2004); Muhammad Asad, *The Road to Mecca* (New York: Simon and Schuster, 1955).

58 也存在不把伊斯蘭限定在阿拉伯人身上的非阿拉伯的伊斯蘭本質化。Tom Reiss, *The Orientalist: Solving the Mystery of a Strange and Dangerous Life* (New York: Random House, 2005).

59 William Ochsenwald, "Saudi Arabia and the Islamic Revival," *International Journal of Middle East Studies*, 13, no. 3 (1981): 271–286.

60 關於二戰後的穆斯林國際主義，見Reinhard Schulze, *A Modern History of the Islamic World* (New York: NYU Press, 2002), 200–201.

61 Ralph Coury, *The Making of an Egyptian Arab Nationalist: The Early Years of Azzam Pasha, 1893–1936* (Reading, UK: Ithaca Press, 1998).

62 Mita Ry　ichi, Sei kuruān: *Nichia taiyaku chūkai* (T　ky　: Nihon Musurimu Ky　kai, 1982); Hans Martin Kramer, "Pan-Asianism's Religious Undercurrents: The Reception of Islam and Translation of the Qur'ān in Twentieth-Century Japan," *Journal of Asian Studies* 73, no. 3 (2014): 619–640.

63 S. Abul A'la Maududi, *Unity of the Muslim World* (Lahore: Islamic Publications, 1967). 胡爾希德・艾哈邁德的介紹序落款日期是一九六七年二月十七日。

64 關於費瑟國王的統治時期和後續影響，見A. M. Vasil'ev, *King Faisal of Saudi Arabia: Personality, Faith and Times* (London: Saqi, 2012).

65 Saad Khan, *Reasserting International Islam: A Focus on the Organization of the Islamic Conference and Other Islamic Institutions* (Karachi: Oxford University Press, 2001); Stephane Lacroix, *Awakening Islam: The Politics of Religious Dissent in Contemporary Saudi Arabia* (Cambridge, MA: Harvard University Press, 2011).

66 Robert Tignor, *Anwar al-Sadat: Transforming the Middle East* (New York: Oxford University Press, 2016).

67 *Report on Islamic Summit, 1974 Pakistan, Lahore, February 22–24, 1974* (Islamabad: Department of Films and Publications, Ministry of Information and Broadcasting, Government of Pakistan, 1974). See also Zahid Malik, *Re-Emerging Muslim World* (Lahore: Pakistan National Centre, 1974).

68 Walid Khalidi, *From Haven to Conquest: Readings in Zionism and the Palestine Problem until 1948* (Washington, DC: Institute for Palestine Studies, 1987).

69 東南麻塞諸薩大學的政治學教授肖開提・阿里（Shaukat Ali）曾根據和泛運動有關的西方文獻於一九七六年時出過一本關於這個主題的書，當時是在泛伊斯蘭主義在一九八〇年代的復興發生之前，見*Pan-Movements in the Third World: Pan-Arabism, Pan-Africanism and Pan-Islamism* (Lahore: Publishers United, 1976).

70 關於泛伊斯蘭沙烏地經由ARAMCO和美國保持緊密聯繫的反諷之處，見Robert Vitalis, America's Kingdom: Mythmaking on the Saudi Oil Frontier (Stanford, CA: Stanford University Press 2007).

71 Edward W. Said, *Orientalism* (New York: Vintage Books, 1978).

72 Rashid Khalidi, "The 1967 War and the Demise of Arab Nationalism: Chronicle of a Death Foretold," in *The 1967 Arab-Israeli War: Origins and Consequences*, ed. Wm. Roger Louis and Avi Shlaim (Cambridge: Cambridge University Press, 2012), 264–284.

73 Fawaz A. Gerges, "The Transformation of Arab Politics: Disentangling Myth from Reality," in *The 1967 Arab-Israeli War: Origins and Consequences*, ed. Wm. Roger Louis and Avi Shlaim (Cambridge: Cambridge University Press, 2012), 285–313.

74 Rashid Khalid, *Soviet Middle East Policy in the Wake of Camp David* (Beirut: Institute for Palestine Studies, 1979).

75 Paul Thomas Chamberlin, *The Global Offensive: The United States, the Palestine Liberation Organization, and the Making of the Post-Cold War Order* (Oxford: Oxford University Press, 2012).

76 Simon Mabon, *Saudi Arabia and Iran Soft Power Rivalry in the Middle East* (London: I. B. Tauris, 2013).

77 Ali Rahnama, *An Islamic Utopian: A Political Biography of Ali Shari'ati* (London: I. B. Tauris, 1996).

78 關於何梅尼在一九四四年時的政治觀點，見Baqer Moin, *Khomeini: Life of the Ayatollah* (New York: Thomas Dunne Books, 2000), 60.

79 Thomas Hegghammer, *Jihad in Saudi Arabia: Violence and PanIslamism since 1979* (Cambridge: Cambridge University Press, 2010).

80 Lawrence Potter and and Gary Sick, eds., *Iran, Iraq, and the Legacies of War* (New York: Palgrave Macmillan, 2004).

81 Odd Arne Westad, *The Global Cold War* (Cambridge: Cambridge University Press, 2007), 288–330.

82 David Farber, *Taken Hostage: The Iran Hostage Crisis and America's First Encounter with Radical Islam* (Princeton, NJ: Princeton University Press, 2005).關於魯西迪事件，見Talal Asad, "Multiculturalism and British Identity in the Wake of the Rushdie Affair," *Politics and Society* 18, no. 4 (December 1990): 455–480.

83 Naveed S. Sheikh, *The New Politics of Islam: Pan-Islamic Foreign Policy in a World of States* (London: Routledge Curzon, 2003), 67.

84 John L. Esposito, ed., *The Iranian Revolution: Its Global Impact* (Miami: Florida International University Press, 1990); Maryam Panah, *The Islamic Republic and the World: Global Dimensions of the Iranian Revolution* (London: Pluto Press, 2007).

85 James P. Piscatori, *Islam in a World of Nation States* (Cambridge: Cambridge University Press, 1986).

86 Edward W. Said, *Covering Islam: How the Media and the Experts Determine How We See the Rest of the World* (New York: Pantheon Books, 1981).

87 Sadiq Jalal al-Azm, "Orientalism and Orientalism in Reverse," *Khamsin* no. 8 (1988): 5–26, reprinted in Alexander Lyon Macfie, ed., *Orientalism: A Reader* (New York: New York University Press, 2000), 217–238.

88 Fadi Bardawil, "Sidelining Ideology: Arab Theory in the Metropole and Periphery, c. 1977" (unpublished conference paper, Princeton University, October 2011).

89 Samuel Huntington, "The Clash of Civilizations?," *Foreign Affairs* 72, no. 3 (Summer 1993): 22–49.

90 Michael Anthony Sells, *The Bridge Betrayed: Religion and Genocide in Bosnia* (Berkeley: University of California Press, 1998).

91 Saad S. Khan, *Reasserting International Islam: A Focus on the Organization of the Islamic Conference and Other Islamic Institutions* (Karachi: Oxford University Press, 2001).

結論：重拾歷史，重振對正義的追尋

1 關於現代伊斯蘭主義者自一九二〇年代至二〇〇〇年代的思想轉型，見Roxanne L. Euben and Muhammad Qasim Zaman, *Princeton Readings in Islamist Thought: Texts and Contexts from al-Banna to Bin Laden* (Princeton, NJ: Princeton University Press, 2009). See also Peter Mandaville, Global Political Islam (New York: Routledge, 2007).

2 Barbara Metcalf, "An Argumentative Indian: Maulana Husain, Ahmad Madani, Islam, and Nationalism in India," in *Islamic Legitimacy in a Plural Asia*, ed. Anthony Reid and Michael Gilsenan (London: Routledge, 2008), 81–97; Barbara D. Metcalf, *Husain Ahmad Madani: The Jihad for Islam and India's Freedom* (Oxford: Oneworld, 2009).

國家圖書館出版品預行編目 (CIP) 資料

揭開穆斯林世界：伊斯蘭共同體概念是如何形成的？／賈米勒．艾丁（Cemil Aydin）作；江孟勳、苑默文譯——初版——新北市：臺灣商務印書館股份有限公司，2024.06　面；公分（Thales）
譯自：The Idea of the Muslim World: A Global Intellectual History

ISBN　978-957-05-3570-9（平裝）

1. 伊斯蘭教　2. 族群認同　3. 歷史

258　　113005226

歷史．世界史

揭開穆斯林世界

伊斯蘭共同體概念是如何形成的？

原著書名　The Idea of the Muslim World: A Global Intellectual History
作　　者　賈米勒．艾丁（Cemil Aydin）
譯　　者　江孟勳、苑默文
發 行 人　王春申
總 編 輯　林碧琪
選書顧問　陳建守、黃國珍
責任編輯　洪偉傑、陳儒玉
封面設計　張　巖
內文排版　康學恩
版　　權　翁靜如
業　　務　王建棠
資訊行銷　劉艾琳、謝宜華
出版發行　臺灣商務印書館股份有限公司
　　　　　23141 新北市新店區民權路 108-3 號 5 樓（同門市地址）
電話：（02）8667-3712　　傳真：（02）8667-3709
讀者服務專線：0800-056193　　郵撥：0000165-1
E-mail：ecptw@cptw.com.tw　　網路書店網址：www.cptw.com.tw
Facebook：facebook.com.tw/ecptw

局版北市業字第 993 號
2024 年 6 月初版 1 刷
印刷　鴻霖印刷傳媒股份有限公司
定價　新台幣 490 元

法律顧問　何一芃律師事務所